Othmar Keel   Das Recht der Bilder, gesehen zu werden

ORBIS BIBLICUS ET ORIENTALIS

Im Auftrag des Biblischen Instituts
der Universität Freiburg Schweiz,
des Seminars für Biblische Zeitgeschichte
der Universität Münster i. W.
und der Schweizerischen Gesellschaft
für orientalische Altertumswissenschaft
herausgegeben von
Othmar Keel
unter Mitarbeit von Erich Zenger und Albert de Pury

Zum Autor:

Othmar Keel (1937) studierte Theologie, Exegese und altorientalische Reli-
gions- und Kunstgeschichte in Zürich, Freiburg i.Ue., Rom, Jerusalem und
Chicago. Er ist seit 1969 Professor für Exegese des Alten Testaments und für
Biblische Umwelt an der Theologischen Fakultät der Universität Freiburg
i.Ue. Wichtigste Buchveröffentlichungen: Feinde und Gottesleugner. Studien
zum Image der Widersacher in den Individualpsalmen (Stuttgart 1969); Die
Welt der altorientalischen Bildsymbolik und das Alte Testament (Zürich/
Neukirchen 1972, ⁴1984; engl. 1978; holländisch 1984); Jahwe-Visionen und
Siegelkunst (Stuttgart 1977); Jahwes Entgegnung an Ijob (Göttingen 1978):
Deine Blicke sind Tauben. Studien zur Metaphorik des Hohen Liedes (Stuttgart
1984); Das Hohelied. Zürcher Bibelkommentare (Zürich 1986); zusammen
mit M. Küchler Autor und Herausgeber von Orte und Landschaften der Bibel.
Ein Handbuch und Studienreiseführer zum Heiligen Land. Band I: Geogra-
phisch-geschichtliche Landeskunde (Zürich/Göttingen 1984); Band II: Der
Süden (ebd. 1982); zusammen mit H. Keel-Leu, S. Schroer u.a., Studien zu den
Stempelsiegeln aus Palästina/Israel I-III, OBO 67,88 und 100 (Freiburg
Schweiz/Göttingen 1985, 1989 und 1990); zusammen mit Ch. Uehlinger,
Altorientalische Miniaturkunst. Die ältesten Massenkommunikationsmittel.
Ein Blick in die Sammlungen des Biblischen Instituts der Universität Freiburg
Schweiz (Mainz 1990); Göttinnen, Götter und Gottessymbole. Neue Erkennt-
nisse zur Religionsgeschichte Kanaans und Israels aufgrund bisland uner-
schlossener ikonographischer Quellen, Quaestiones disputatae 134 (Freiburg
i.Br. 1992).

Orbis Biblicus et Orientalis   122

Othmar Keel

Das Recht der Bilder gesehen zu werden

Drei Fallstudien zur Methode
der Interpretation altorientalischer Bilder

Universitätsverlag Freiburg Schweiz
Vandenhoeck & Ruprecht Göttingen

Die Deutsche Bibliothek – CIP-Einheitsaufnahme

Keel, Othmar:
Das Recht der Bilder, gesehen zu werden. Drei Fallstudien zur Methode der
Interpretation altorientalischer Bilder. – Freiburg, Schweiz: Univ.-Verl.; Göt-
tingen: Vandenhoeck und Ruprecht, 1992
    (Orbis biblicus et orientalis; 122)
    ISBN 3-525-53756-5 (Vandenhoeck und Ruprecht)
    ISBN 3-7278-0853-5 (Univ.-Verl.)
NE: GT

Veröffentlicht mit Unterstützung des Hochschulrats der Universität Freiburg i.Ue.
und der Schweizerischen Akademie der Geistes- und Sozialwissenschaften

Die Druckvorlagen wurden vom Verfasser
als reprofertige Dokumente zur Verfügung gestellt

© 1992 by Universitätsverlag Freiburg Schweiz
    Vandenhoeck & Ruprecht Göttingen
    Paulusdruckerei Freiburg Schweiz

ISBN 3-7278-0853-5 (Universitätsverlag)
ISBN 3-525-53756-5 (Vandenhoeck & Ruprecht)

Für David

"No other kind of relic or text from the past can offer such a direct testimony (as an image) about the world which surrounded other people at other times."

BERGER 1972: 10

INHALT

EINFÜHRUNG

Die drei Arbeiten, die dieser Band vereinigt, beschäftigen sich mit einem mesopotamischen (Tierkampfszenen des 3. Jt.s), einem ägyptischen (Baumgöttinnen der 2. Hälfte des 2. Jt.s) und einem palästinischen Thema (Tauben, Stier- und Schlangenfigurinen). Gemeinsam ist allen dreien ein methodologisches Interesse.

Bei zahlreichen Gastvorlesungen zu Themen aus dem Bereich "Bibel und altorientalische Ikonographie" ist in den anschliessenden Diskussionen die Frage nach der Methode gestellt worden. Die Frage nach der Methode ist eine Grundsatz- und Bekenntnisfrage und beansprucht von daher die Qualität des Ernsten und Respektablen. "Methode ist die auf die Hauptsache gerichtete Fragestellung." Der von ihr beanspruchte Respekt kann ihr aber nur zugebilligt werden, wenn sie auch der Fortsetzung von WELLHAUSENs lapidarem Satz gerecht wird: "Es gehört dazu weiter nichts als Sachverständnis" (1899: 233).

Da Methode von Sachkenntnis und -verständnis nicht zu trennen ist, werden hier einige Probleme eines auf die Hauptsache gerichteten, systematisch-methodischen Zugangs zu altorientalischen Bildern nicht *in abstracto*, sondern anhand dreier Fallstudien durchgespielt. Das *erste* Beispiel (Tierkampfszenen) beschäftigt sich mit dem Problem, dass europäische BetrachterInnen, sobald ihr Blick auf ein Bild fällt, in ihrem Kopf sofort nach dem Text zu suchen beginnen, den dieses Bild illustrieren könnte. Diese vor allem von der jüdisch-christlichen, dann aber auch von der Renaissance-Kunst suggerierte, wenn auch dort durchaus nicht immer berechtigte Rezeptionsweise ist unbesehen auf die altorientalische Kunst übertragen worden, als hätten auch altorientalische Kulturen ihre Existenz auf heilige Bücher gegründet und als sei z.B. das Gilgameschepos für Alt-Mesopotamien etwas wie eine Bibel gewesen. Der erste Beitrag zeigt, wie stark dieses Rezeptionsschema eine sachgemässe Wahrnehmung der Tierkampfszenen behindert und dazu geführt hat, die Bilder in immer neue Prokrustesbetten zu zwängen. Bilder haben ein Recht darauf, angesehen und in ihrer eigenen Darstellung der Wirklichkeit so ernst genommen zu werden wie Texte. Es geht nicht an, den einen Zeugen zugunsten des andern zu relativieren. Nur wer die Komplementarität ihrer Zeugnisse ernst nimmt, hat eine Chance, eine sachgemässe, dichte und kohärente Vorstellung einer Kultur zu gewinnen. Der Titel dieses Buches "Das Recht der Bilder gesehen zu werden" bedeutet natürlich nicht, dass jedes Bild jederzeit das Recht hat, von allen zur Kenntnis genommen zu werden, sondern dass da, wo eine Kultur rekonstruiert werden soll, das

Zeugnis ihrer bildlichen Darstellungen nicht sogleich und dauernd unter die Vormundschaft der Texte gestellt werden darf.

Der *zweite* Beitrag (ägyptische Baumgöttinnen) demonstriert, wie Bild und Schrift in einer Kultur, in der beide von Anfang an eng verbunden waren und das auch blieben, immer wieder neu und immer wieder anders aufeinander bezogen wurden. Die zwei Zeichensysteme "Bild" und "Wort" sind nicht inkompatibel. Sie sind korrelierbar. Aber die Art ihrer Relation ist nicht einförmig, sondern sehr vielfältig und muss von Fall zu Fall bestimmt werden. Die bildliche Darstellung, die eine anthropomorphe numinose Macht mit einer Sykomore oder Palme kombinierte, lebte von der Erfahrung der Nützlichkeit der Sykomore und der Palme für den Menschen und von der Vorstellung von anthropomorphen göttlichen Mächten. Diese im Bild chiffrierten Vorstellungen und Erfahrungen wurden durch die Beischriften mit der verbalen bzw. literarischen Tradition in Verbindung gebracht. Das Material zeigt, wie vielfältig diese Beziehungen waren. Bild und Text können parallel laufen, so wenn der Text die Sykomere parallel zur bildlichen Darstellung ganz einfach als "die nützliche, erhabene Sykomore" bezeichnet. Die Attribute und Beischriften können die Sykomore aber auch zur Manifestation einer (Isis, Nut, Maat usw.) oder gar mehrerer Göttinnen (z.B. Isis *und* Hathor, Neith *und* Nut) erklären. Selbst dort, wo eine zeitgenössische verbale Deutung eines Bildes vorliegt, verliert das Bild keineswegs den Anspruch, in eigenem Recht wahrgenommen zu werden. Der Name "Isis" dispensiert uns nicht davon, das Bild anzuschauen. Dieses kombiniert z.B. die (anthropomorph) vorgestellte Göttin und den Baum in einer Weise, wie das die ägyptische Sprache nie getan hat. Wörter wie Baum-Göttin u.ä., die den ikonographischen Sachverhalt wiedergeben, sind moderne Prägungen. In der ägyptischen Sprache haben sie keine genaue Entsprechung, wohl aber in der Ikonographie. Angesichts der kanonisch verfestigten Beziehung zwischen dem Text und dem als Illustration verstandenen Bild in der christlichen Tradition überrascht die lockere und vielfältige Kombination von Text und Bild im alten Ägypten.

Der *dritte* Beitrag erkundet die Möglichkeiten, Bilder mit Hilfe von Bildern und ohne vorschnelle Suche nach Texten zu interpretieren. Er geht von isolierten Tierfiguren aus, die man in Palästina gefunden hat. So berühmt und viel diskutiert Bronzefiguren, wie etwa die der Stiere von Abb. 140 und 146 sind, lassen sich solche Figuren, solange man sie isoliert betrachtet, doch nur beschränkt deuten. Im Gegensatz zu den sehr künstlichen *Sprach*zeichen "Stier" oder "Schlange" verraten Stier- oder Schlangen*bilder* zwar etwas davon, wie man diese Tiere wahrgenommen hat. Dennoch haben isolierte Tierfiguren etwas mit Wörtern ohne Ko- und Kontext gemeinsam und sind in der

Regel ähnlich aussageschwach und vieldeutig wie diese. Aussagekräftiger sind Figurenkombinationen und -kompositionen. Durch die Zusammenstellung (συνταξις), die Über- und Unterordnung, durch Parallelismus und Antithese werden unterschiedlichste Relationen zum Ausdruck gebracht. Werden isolierte Figuren komplexeren Bildern aus dem gleichen geographischen und zeitlichen Raum zugeordnet, können sie mit einem hohen Grad von Wahrscheinlichkeit korrekt gedeutet werden. Ergänzt man die synchrone Betrachtung komplexer Bilder noch durch eine diachrone, dann treten Sinnkomplexe in den Blick, die eine erstaunliche Kohärenz und Kontinuität, oft aber auch eine Vielfalt interessanter Varianten und Wandlungen erkennen lassen. Bei diesem Verfahren können Bilder ohne die Hilfe von Texten, die in vielen Fällen ja gar nicht zur Verfügung stehen, gedeutet werden. Wenn aber Texte vorhanden sind, müssen nach den Regeln einer gesunden Komparatistik Texte und Bilder zuerst je aus ihrer eigenen Tradition gedeutet werden (vgl. den Appendix: Methodenschemata) und dürfen erst dann korreliert werden.

In allen drei Fällen habe ich versucht, Methode und Sachverständnis möglichst eng beieinander zu lassen.Die heutige Kumulierung von Wissen und die so bedingte Spezialisierung erschweren eine breite Sachkenntnis. Es ist einem oder einer einzelnen nicht mehr möglich, sich mit allen Bereichen einer Grösse wie der hebräischen Bibel und der Kulturen, in denen und aus denen heraus sie entstanden und zu verstehen ist, gründlich auseinanderzusetzen. Zudem wird die Hauptsache, nach der die Fragestellung zu richten – laut WELLHAUSEN – Methode verrät, von verschiedenen Gruppen verschieden definiert. Angesichts dieser komplexen Situation scheint den desorientierten Zeitgenossinnen und Zeitgenossen nur die Flucht in eine (selektive) Rezeptionsgeschichte zu bleiben und die zu einem Text oder Bild geäusserten Meinungen wie in einer Kuriositätenkammer oder einem Museum zu sammeln. Die Relativierung der eigenen Anschauung fördert die Bescheidenheit und hat so ihr Gutes. Aber sie kann auch zur Resignation und gar zum Überdruss führen, den die Alten *acedia* nannten und als eine der sieben Wurzelsünden betrachteten, denn das Recht auf eine *eigene* Anschauung ist dem Menschen so selbstverständlich, wie das Recht auf eine eigene Existenz.

Bei dem Dilemma, beiden, der heutigen Kumulierung von Wissen und dem tiefen Bedürfnis nach einer eigenen Anschauung, gerecht zu werden, ist die Welt der Bilder insofern ein geeigneter erster Einstieg, als sie rascher und effizienter als die Texte ermöglicht, sich ein authentisches Bild einer bestimmten Kultur zu machen. Im Interesse des eigenen Wohlbefindens und einer gesunden Entwicklung wird man aber einerseits eine eigene Anschauung erstreben, andererseits sich auch nicht mit einer einmal gewonnenen Anschauung begnügen. Im Sinne des Wachstums und der Horizonterweiterung ist zu versuchen, die eigene Anschauung in immer neuen Annäherungen dem Angeschauten anzugleichen. Dabei werden Texte eine ganz zentrale Rolle spielen. Nur dank einer kombinierten Anstrengung (über Bilder und Texte) kann es gelingen, aus sich selber herauszutreten, dem Anderen in seinem Anderssein zu begegnen und ein Bild von ihm zu gewinnen, das durch seine Dichte und Kohärenz andere überzeugen kann und dem sich andere anschliessen können.

Auch bei der Frage nach der angemessenen Methode wird bei der notwendigen Unterscheidung der Geister letztlich nichts hilfreicher sein als die Einsicht, dass der Wert eines Tuns an seinen Früchten bemessen werden kann und muss. Sind die Früchte geniessbar, war die Methode gut; wenn nicht, war die Methode vielleicht auch gut, aber unergiebig. Das Urteil darüber, ob sie im Falle der hier präsentierten Beiträge ergiebig war, bleibt dem Urteil jeder Leserin und jedes Lesers überlassen.

Angesichts der heutigen Kumulierung von Wissen kann fast nur noch im Team effizient gearbeitet werden. Wenn ich bei diesem Buch auch allein als Autor zeichne, zeigen Verweise in den Fussnoten, dass ich mich jederzeit mit vielen Fachkollegen und -kolleginnen beraten konnte. Dafür bin ich ihnen sehr dankbar.

Zum Schluss bleibt mir die immer wieder neu angenehme Aufgabe, ganz besonders denen zu danken, die bei der "Inkarnation" dessen, was hier vorliegt, beteiligt waren und die Hitze des Tages und, ich hoffe, auch die Freude am Werk, das allmählich Gestalt annahm, geteilt haben. Allen voran ist da meine Frau, Hildi Keel-Leu, zu nennen. Sie hat nicht nur ihr so wichtiges Interesse, sondern ganz konkret wieder zahlreiche neue Zeichnungen beigesteuert. Frau Ines Haselbach hat einige plastische Zeichnungen zum dritten Kapitel angefertigt und die mühsame Arbeit des Layout der Bilder übernommen. Andrea Jäkle hat den Text kritisch gelesen, zahlreiche Fehler getilgt und den Text formatiert und typographisch bearbeitet.

Das Buch ist unserem Sohn David gewidmet, der im Alter von zwölf Jahren ein Okkasions-Fernsehgerät in die Familie eingeschleppt und für das Recht dieser besonderen Art von Bildern gekämpft hat, zur Kenntnis genommen zu werden.

Freiburg/Schweiz, 30. Juli 1992   Othmar Keel

Kapitel I

Die Deutung der Tierkampfszenen auf den vorderasiatischen Rollsiegeln des 3. Jahrtausends

oder

Texte als Störfaktoren

"Wer christliche oder Renaissance-, also humanistische Ikonographie treibt, wird (…) mit Recht bei jeder bildlichen Gestaltung automatisch nach dem direkt oder indirekt sie inspirierenden Text fragen, (…) auf die sich alle bildkünstlerischen Fassungen des Themas zurückführen lassen. Daraus bildet sich dann stillschweigend die Gewohnheit heraus, dies, die Jagd nach dem Textzitat, als das Wesen aller Ikonographie und Ikonologie anzusehen. In unerlaubter Verallgemeinerung wird unterstellt, jeglicher bildlicher Fassung eines Sinngehalts, ja jedem Bildmotiv müsse eine verbale oder literarische Urfassung und Formulierung vorangegangen sein."

PÄCHT 1977: 249

1. DER STREIT UM DIE DEUTUNG DER TIERKAMPFSZENEN VON 1847 BIS HEUTE[*]

Bereits im 18. Jh. waren in verschiedenen europäischen Sammlungen vereinzelt altorientalische Rollsiegel zu finden. Ihre Zahl war allerdings noch gering. Eine erste grössere Sammlung von ungefähr 120 Rollsiegeln hatte Claudius James Rich (1786-1821)[1] auf seinen Forschungsreisen im Nahen Osten zusammengebracht. Diese Siegel kamen schliesslich nach Graz, Wien und London[2]. Dem dänischen Bischof und Gelehrten Friedrich MÜNTER gelang es aufgrund der Reliefs von Persepolis und Behistun, aus den damals bekannten Rollsiegeln die persischen von den "babylonischen" zu sondern[3]. 1842-1843 publizierte A. CULLIMORE 174 Abdrücke von Rollsiegeln, von denen sich 114 im British Museum befanden. Die Abdrücke sind nicht gerade genau gezeichnet, und es wird kein Versuch gemacht, die Siegel zu klassifizieren; ausser einer Liste der Aufbewahrungsorte ist den Abbildungen keinerlei Text beigegeben.

1847 veröffentlichte dann der Franzose Félix LAJARD in Paris in sehr sorgfältigen und genauen Stichen 274 Rollsiegel und zahlreiche altorientalische Stempelsiegel aus einer ganzen Reihe von Museen.[4] Unter den von LAJARD publizierten Siegeln findet sich auch eine Anzahl von Stücken mit Tierkampfszenen aus dem 3. Jt. (**Abb. 1-3**). Erst 1867, zwanzig Jahre später, neun Jahre nach dem 1858 erfolgten Tod des Autors, erschien seine Deutung des gewaltigen imaginären Museums in einem 692 Seiten starken Textband, in dem die altorientalischen Siegelbilder und die achämenidischen Reliefs von Persepolis, Naqš-i Rustam und Behistun konsequent als Dokumente des Mithraskults und der Mithrasmysterien gedeutet wurden.

---

[*]   Dieser Aufsatz wurde zuerst im Rahmen des XI. Germanistischen Symposions der Deutschen Forschungsgemeinschaft vorgetragen, das vom 20. bis 23. September 1988 auf der Reisensburg bei Günzburg stattgefunden hat (vgl. Harms 1990: 471-473 und die Schlussbemerkung am Ende dieses Textes).

[1]   Zu Rich vgl. LLOYD 1980: 6-42.57-72.

[2]   Zu Richs Siegelsammlung und ihrer Verteilung vgl. UNGER 1966: 21-24.33-47.53-55.

[3]   1827, Taf. I-II; vgl. UNGER 1966: 24-26.50f.

[4]   Nebst den 40 Folio-Tafeln mit Rollsiegeln umfasst der Tafelband 70 weitere, die ausser allerhand altorientalischen Monumenten hauptsächlich solche des Mithraskults aus römischer Zeit zeigen.

1.1. Félix Lajards Deutung auf die Mithrasmysterien

Die Académie des Inscriptions et des Belles-Lettres hatte 1823 einen Preis für die beste Arbeit zum Thema "Ursprung des Mithraskults, seinen Zusammenhang mit der Lehre des Zoroaster und den andern persischen Religionssystemen" ausgeschrieben. Damals hatte LAJARD begonnen, sich mit diesem Thema auseinanderzusetzen. 1925 gewann er den Preis. Mit den Siegelbildern wollte er seine These vom "chaldäischen" (d.h. assyro-babylonischen) Ursprung der persischen Kulte untermauern, eine These, zu der er u.a. durch eine Bemerkung Herodots über die Religion der Perser[5] und durch eine Notiz des Ammianus Marcellinus[6] über die Abhängigkeit der zoroastrischen Lehre von den "chaldäischen Mysterien" angeregt worden war.[7] Der französische Gelehrte bezog sich auf vorausgehende Studien von Anquetil Duperron, der die "chaldäische" Herkunft des Mithraskults und die Identität des römischen mit dem persischen Mithras mit Hilfe zoroastrischer Texte nachgewiesen hatte. "Pour ma part", schreibt LAJARD, "j'adopte sans restriction l'opinion d'Anquetil, quant à cette origine et à l'identité du Mithra des Romains avec le Mithra des Perses. Je l'étends à l'identité des mystères persiques et des mystères romains de Mithra, et j'ai à invoquer, sur ces divers points, un *témoignage irrécusable* qui a manqué à Anquetil, j'entends parler du témoignage que m'ont fourni, d'une part, le rapprochement de deux séries d'antiquités figurées asiatiques, les monuments de la Perse, complètement laissés de côté par le savant académicien français, *et les monuments découverts depuis seulement une quinzaine d'années sur le sol de l'antique Assyrie*;

---

[5] LAJARD 1867: 8; Historien I 131:"Dem Zeus pflegen sie (die Perser) oben auf den Gipfeln der Berge zu opfern, und zwar bezeichnen sie mit dem Namen Zeus das ganze Himmelsgewölbe. Sie opfern auch der Sonne, dem Monde, der Erde, dem Feuer, dem Wasser und den Winden. Das sind ursprünglich die einzigen göttlichen Wesen, denen sie opfern; dann haben sie auch gelernt, der Urania zu opfern. Von den Assyriern und Arabern haben sie diesen Kult übernommen. Die Assyrer nennen die Aphrodite Urania: Mylitta, die Araber: Alilat, die Perser: Mitra."

[6] LAJARD 1867: 12 Anm. 3 und bes. 109. 3; 23,6,32 (über die Sekte der Magier): "Magie ist, so lehrt Platon, die erhabenste Schöpferin herrlicher Gedanken, nach einer mythischen Bezeichnung Hagistia, reinster Gottesdienst, dessen Lehre bereits in alten Zeiten der Baktrier Zoroaster mit Hilfe chaldäischer Mysterien (*ex Chaldaeorum arcanis*) beträchtlich erweiterte und danach Hystaspes, der sehr weise König und Vater des Darius…"

[7] LAJARD hatte diese Sicht schon in seinen "Recherches sur le culte, les symboles, les attributs et les monuments figurés de Venus en Orient et en Occident" (1837-1848) dargelegt, Untersuchungen, auf die er in seinem grossen Werk über den Mithraskult oft verweist.

d'autre part, le rapprochement de ces deux catégories d'antiquités avec les *documents écrits* et les inscriptions lapidaires que nous ont légués l'Orient et l'Occident. Dans cette double investigation, conforme à la méthode rigoureuse dont tout archéologue consciencieux ne saurait désormais se départir, j'ai eu à regretter *le manque absolu de textes chaldéens ou assyriens.*"[8]

LAJARD nimmt die Bilder als durchaus eigenständige Dokumente der Religionsgeschichte ernst.[9] Seine ikonographische Untersuchungen sind methodisch insofern interessant, als sie meist bei der achämenidischen Grosskunst (bes. aus Persepolis) ansetzen, deren Motive dann in der zeitgenössischen Glyptik situieren und schliesslich ihre Vorstufen bzw. verwandte Motive im Rahmen der übrigen altorientalischen Glyptik untersuchen. Der Hauptfehler LAJARDs, der nun allerdings die gesamte Arbeit determiniert, liegt in der Deutung der achämenidischen Denkmäler als Zeugnisse eines persischen Mithraskults bzw. persischer Mithrasmysterien.[10]

Auch die älteren altorientalischen Siegeldarstellungen werden in LAJARDs Interpretation samt und sonders zu Darstellungen von assyro-chaldäischen Mithrasmysterien. Die häufig belegten sog. Einführungsszenen, welche die Einführung eines Beters bei einer Gottheit zeigen, interpretierte er als Einführung des Mysten zu Beginn der Initiation.[11] Die Tierkampfszenen deutete er im Anschluss an die damals schon gut bekannte Gruppe der Opferung eines Stiers durch Mithras[12] als Dokumente derselben Mysterien. Da er nicht nur die sieben quellenmässig gesicherten Weihegrade der römischen Mithras-

---

8   LAJARD 1867: 3 (Hervorhebungen von mir). Die Entzifferung der Keilschrift war im Todesjahr LAJARDs (1858) zwar schon weit fortgeschritten (vgl. BORGER et al. [2]1975; LLOYD [2]1980: 73-86), doch waren die Texte und ihre Deutung zuerst nur einem kleinen Kreis von Spezialisten zugänglich.

9   LAJARD 1867: 34: "Le secours des monuments figurés de la Perse et de l'Assyrie est indispensable, je le répète aussi. Ils ont le précieux avantage de nous révéler des doctrines, des dogmes même et des cérémonies dont nous ne trouvons aucune mention précise, et souvent aucune trace, soit dans les fragments qui nous restent des livres de Zoroastre et des livres des Chaldéens d'Assyrie, soit dans les auteurs grecs et latins, soit dans les écrivains musulmans. De plus, ils nous donnent la clef de beaucoup d'énigmes, c'est-à-dire le moyen de pénétrer le sens intime de certaines expressions symboliques qui, dans les livres, parallèlement avec les figures symboliques sur les monuments de l'art, ont servi à exposer, avec un sens vulgaire ou matériel, des dogmes et des vérités de l'ordre plus élevé."

10   Vgl. LAJARD 1867: 61ff.

11   Ebd. 143ff.

12   Zur heutigen Sicht der Tötung des Stiers durch Mithras vgl. MERKELBACH 1984: 6-22.

mysterien[13], sondern in Übereinstimmung mit der Zahl der Tierkreiszeichen und aufgrund einer Notiz des Scholiasten Elias von Kreta (8. Jh.) für die vermeintlichen persischen bzw. "chaldäischen" Mithrasmysterien deren 12 annahm[14], von denen er manche durch Tiernamen wie Stier, Löwe, Geier oder Strauss bezeichnet sein liess, gelang es ihm, zahlreiche Siegeldekorationen ganz verschiedener Herkunft und verschiedensten Alters seinem System einzuverleiben.

Ausgehend von einer Darstellung aus Persepolis, die den achämenidischen König im Kampf mit einem Stier zeigt[15], identifizierte er die auf den Rollsiegeln mit einem Stier kämpfenden Helden (**Abb. 2**) als Mithrasmysten.[16] Dass der Held hier im Unterschied zu den römischen und den achämenidischen Darstellungen den Stier nicht tötet, sondern ohne Waffen nur bezwingt, hielt LAJARD nicht von seiner Deutung ab.[17] Im mystischen Kampf des Eingeweihten gegen den Stier sah er den Kampf der Seele gegen das von der Ursünde beeinträchtigte aquatische Element symbolisiert. Auf den durch den Stierkampf charakterisierten Weihegrad folgte ein weiterer, bei dem nun der Kampf gegen einen Löwen die fortschreitende Befreiung der Seele symbolisierte und in bezug auf die Mysterien das Ende der Initiation und die Kultfähigkeit des Mysten markierte. Auch diesen Kampf vermochte LAJARD auf Rollsiegeln (wie z.B. **Abb. 3**) wiederzuerkennen.[18] Siegelbilder wie **Abb. 1**, auf denen gleichzeitig Stier- und Löwenkampf vorkommen, interpretierte er als simultane Darstellung verschiedener Weihegrade[19]; Heroen in Mischwesengestalt wie die 'Stiermenschen' deutete er als Darstellungen maskierter Mysten, deren Masken als Hinweis auf die Stufe ihrer Initiation zu verstehen seien.[20]

---

13 Ebd. bes. 75-133.

14 LAJARD 1867: 118.123.126f.131-133.

15 LAJARD 1847: Pl. XIV; vgl. Ders. 1867: 188. Für eine neuere Abbildung vgl. etwa WALSER 1980, 85 Abb. 90.

16 LAJARD 1847: Pl. XIII,7; Ders. 1867: 191f. Lajard spricht von "deux initiés", versteht also die Darstellung nicht als spiegelbildliche Verdoppelung einer einzigen Szene.

17 Dass er den Unterschied in der Darstellung genau zur Kenntnis nahm, zeigt die Beschreibung: "deux beaux taureaux...sont *domptés* chacun par un initié" (LAJARD 1867: 191).

18 LAJARD 1867: 204ff; zu **Abb. 3** vgl. ebd. 211 mit einem Hinweis auf die Herkules-Ikonographie.

19 Zu **Abb. 1** vgl. ebd. 251-253.

20 Vgl. z.B. ebd. 208: "l'initié soldat, à mesure, pour ainsi dire, qu'il parvient à dompter le taureau, commence à revêtir les formes de cet animal...".

1.2. Die Deutung auf Gilgamesch und Enkidu

1.2.1. George Smith

LAJARDs Deutung wurde kaum rezipiert[21], denn nur neun Jahre nach der Publikation des Textbandes erschien George SMITHs epochemachendes Werk über "The Chaldaean Account of Genesis"[22], in dem zum ersten Mal Auszüge aus zwei grossen akkadischen Epen, dem Gilgamesch-Epos und dem Schöpfungsepos *Enūma eliš*, einem grösseren Publikum vorgestellt wurden. Wie schon der Titel zeigt, stand SMITH stark unter dem Eindruck der Parallelen, welche die akkadischen Texte zur biblischen Genesis lieferten oder zu liefern schienen. Er illustrierte sein Werk mit einer Anzahl von Rollsiegelbildern, und gelegentlich boten ihm biblisch interpretierte Rollsiegelbilder sogar die einzigen Hinweise auf vermeintliche chaldäische Vorbilder für bestimmte Szenen der Genesis, etwa für den "Sündenfall"[23] oder den "Turmbau zu Babel"[24]. Den Helden des Gilgamesch-Epos, dessen Name er mit "Izdubar"

---

[21] SOUTHESK bildet eine Ausnahme. Er zweifelt an der zu seiner Zeit üblichen Identifizierung des sechslockigen Helden mit Gilgamesch und ist überzeugt, "that we are throughout dealing with a solar demi-god, akin to Herakles and more closely to Mithras." "If he is...shown as overpowering and slaying the bull, it is merely a representation of the might of the Sun's rays acting on the Earth, akin to the usual Mithraic scene of the demi-god stabbing that animal with his penetrative dagger" (1908: 23-25, Zitate auf p. 24). Die Rückkehr zur Position LAJARDs geschieht allerdings ohne ihn zu erwähnen.

[22] 1876. Noch im gleichen Jahr erschien in Leipzig eine deutsche Übersetzung mit Erläuterungen und Ergänzungen von F. Delitzsch.

[23] Vgl. SMITH 1876: 90f.

[24] Ebd. 158-160. Die diesbezüglichen Siegelbilder stellen in Wirklichkeit den Sonnengott dar, der durch das (durch zwei offene Türflügel dargestellte) östliche Himmelstor am Morgen die Erde betritt. SMITH interpretierte die Türflügel als Türme. J. MÉNANT kritisierte 1883 die Deutung Smiths: "*Aucun texte* assyro-chaldéen ne faisant donc jusqu'ici allusion à la tour de Babel, il y a lieu de s'étonner que G. Smith...ait pu en chercher la confirmation sur les monuments de Chaldée." Diese Kritik geht ihrerseits vom Primat der Texte aus; gibt es keinen Text, kann es auch kein Bild geben. MÉNANT ergänzte sie zwar durch eine ikonographische Beobachtung, insofern er in den "Türmen" Türflügel erkannte; aber wiederum von einem Text fasziniert, sah er in ihnen die Türflügel der Tore, die Ischtar auf ihrem Gang in die Unterwelt durchschreiten musste. Da die Gestalt im Tor mit ihrem Bart eindeutig männlich ist, identifizierte MÉNANT sie als Unterweltsgott, der die Tore hütet (1883: 122-126). Erst L. HEUZEY (1884: 198 und 200), der auf den "caractère sidéral" der Szene hinwies, und dem Nicht-Philologen W.H. WARD (1887: 50-56) gelang es dann unabhängig voneinander, in der Gestalt mit den aus ihren Schultern hervorschiessenden Flammen den Sonnengott zu erkennen. WARD bestimmte zudem das Objekt in der Hand des

wiedergab[25], identifizierte SMITH mit dem in Gen 10,8-11 genannten grossen Jäger und Städtegründer Nimrod.[26] Als Frontispiz zu seinem Buch bildete er den Löwenkämpfer von **Abb. 3** ab und versah ihn mit der Legende: "Izdubar (Nimrod) in conflict with a lion". In der 6. Tafel[27] erzählt das Gilgamesch-Epos von den Avancen, die die Göttin Ischtar dem Helden macht. Da Gilgamesch diese auf verletzende Weise zurückweist, schickt Ischtar den Himmelsstier, der Gilgamesch töten soll. Aber Gilgamesch und sein Freund Enkidu setzen sich zur Wehr. Enkidu packt den Stier am Schwanz, und Gilgamesch tötet ihn mit seinem Schwert. SMITH illustrierte den Kampf mit **Abb. 4**. SMITHs Legende zu diesem Bild lautet: "Izdubar and Heabani[28] in Conflict with Lion and Bull"[29]. Mit einem Minimum an Argumentation[30] identifizierte er so den 'Stiermenschen' mit Heabani/Enkidu.

1.2.2. Joachim Ménant

Das erste Werk zur altorientalischen Rollsiegelglyptik, dem ein umfangreiches Material zugrunde lag und das dieses Material aufgrund stilistischer und ikonographischer Kriterien chronologisch ordnet, veröffentlichte in zwei

---

Gottes, in dem MÉNANT einen Zweig sehen wollte, aufgrund ethnologischen und archäologischen Vergleichsmaterials korrekt als ein mit Feuersteinen besetztes Stück Holz, das man ähnlich verwendete wie eine Säge. Die Deutung HEUZEYs und WARDs hat sich später durchgesetzt und ist auch durch die Texte bestätigt worden.

25 "...whose name cannot at present be phonetically rendered" (SMITH 1876: 167f), "a makeshift, only adhered to because some scholars were reluctant to believe he was Nimrod" (ebd. 182); vgl. schon SMITH 1875: 166. Die Lesung *Iz-du-bar* erklärt sich als falsche Syllabierung der für die Schreibung des Namens *Gilgameš* üblichen Zeichenfolge ^dGIŠ-GÍN-MAŠ.

26 SMITH 1876: 174-183.

27 Für eine deutsche Übersetzung des Gilgamesch-Epos vgl. SCHMÖKEL 1966 und SCHOTT/VON SODEN 1969; zum Problem von Vorstufen und Versionen vgl. GARELLI 1960 und das ausgezeichnete Werk von TIGAY 1982.

28 Falsche Lesung und Syllabierung der für die Schreibung des Namens *Enkidu* üblichen Zeichenfolge ^dEN-KI-DÙ.

29 SMITH 1876: 239.

30 Vgl. nur den Hinweis ebd. 196 auf Heabani/Enkidus Leben unter den wilden Tieren, das SMITH mit der Mischgestalt des Stiermenschen verbindet, sowie die Überlegung ebd. 238, dass laut Kol. IV der 6. Tafel (Z. 131.142.148f) Heabani/Enkidu (wie der 'Stiermensch' auf dem Siegel) den Stier am Schwanz und bei den Hörnern gepackt und Gilgamesch ihn getötet habe (vgl. Z. 145f.150-152).

aufeinanderfolgenden Bänden 1883 und 1886 der Franzose Joachim
MÉNANT. In der Einleitung zum ersten Teil stellt MÉNANT auch kurz die
"légendes" der Chaldäer vor: "Une des légendes qui a fourni au burin des
artistes chaldéens les plus nombreux motifs est parvenue jusqu'à nous. (...)
Cette légende est désignée sous le nom d'*Isdubar*". MÉNANT beschreibt dann
kurz den Anfang des Epos und fährt fort: "A la suite de ces évènements, il
(i.e. Isdubar) entra en relation avec un personnage bizarre qui se nomme
Heabani ou *Belbiru*; les artistes le représentent avec un buste d'homme, à la
croupe de taureau."[31] MÉNANT übernahm also die von SMITH vorgenomme-
ne Identifikation Enkidus mit dem Stiermenschen.[32] Wie SMITH identifizierte
er den Helden im Kampf mit Stieren und Löwen (vgl. **Abb. 1, 3** und **4**)
konsequent mit Gilgamesch.[33] Er zeigte sich allerdings etwas beunruhigt darüber, dass andere sehr wichtige und interessante Abschnitte des Gilgamesch-
Epos, wie z. B. die Sintflutepisode, die Siegelschneider nicht interessiert zu
haben scheinen.[34]

Bei der Diskussion der archaischen ("monuments des patési") und der
akkadischen Tierkampfszenen fiel ihm auf, dass der Stiermensch auf
manchen Siegeln (z.B. dem von **Abb. 1**) mehrfach, und zwar bald mit dem
Gesicht *en face*, bald im Profil dargestellt wird. Er schloss daraus, dass es
sich bei dieser Mischgestalt nicht immer um das Individuum Heabani/Enkidu,
sondern um eine Rasse handeln müsse "dont notre héros se trouve le plus
illustre représentant"[35]. Wo, wie auf **Abb. 1-3**, der sechslockige Held
doppelt erscheint, behalf sich MÉNANT dagegen mit dem Begriff der "scène
identique et symmétrique"[36], was bei **Abb. 2** und **3** durchaus angängig ist,
bei **1** und **5** aber weniger überzeugt.

Der wenig ereignisspezifische Charakter dieser Kampfszenen war MÉ-
NANT durchaus bewusst. Er wies darauf hin, dass man im griechischen
Raum an Herakles, im biblischen an Nimrod denken würde und dass diese
Gestalt auf den Bildern wie in der Legende typischen Charakter hat: "une de
ces grandes personnalités telles qu'on en rencontre dans les légendes de
toutes les nations et auxquelles on attribue la tâche difficile de purger la terre

---

[31]   1883: 43.
[32]   Vgl. ebd. 66f mit dem von SMITH übernommenen Hinweis auf den teilweise animali-
       schen Charakter Heabani/Enkidus.
[33]   Ebd. 65f.
[34]   Ebd. 44.
[35]   Ebd. 67.
[36]   Ebd. 78, vgl. 73.

des tyrans et des monstres qui oppriment les sociétés naissantes". Die mesopotamischen Siegelbilder müssten aber aus mesopotamischen Texten erklärt
werden: "or la légende chaldéenne est là pour le nommer *Isdubar*"[37]. Die von
SMITH vollzogene Gleichsetzung von Isdubar/Gilgamesch mit dem biblischen
Nimrod lehnte er ausdrücklich ab - die Identifikation der Gestalt mit *einem*
Namen lässt ihn trennen, was aufgrund des Typus durchaus zusammengehö-
ren könnte.

MÉNANTs Scharfsicht hat bei allem Bedürfnis nach Identifikation und
Benennung klare Differenzen zwischen Siegelbildern und Gilgamesch-Epos
nicht übersehen: "il y a une telle fluidité dans le récit de même que dans le rôle
des acteurs sur nos cylindres (…qu') il n'en ressort, pour ainsi dire, que le
fait de *l'union des efforts simultanés d'un héros vigoureux aidé par un com-
pagnon surnaturel dans l'accomplissement d'une oeuvre de destruction ou de
pacification.*"[38] Eine aus der Legende bekannte Episode allerdings sei auf den
Siegelbildern mit Sicherheit zu identifizieren, nämlich der in der 6. Tafel des
Epos geschilderte Kampf Gilgameschs mit dem Himmelsstier. Letzterer sei
nämlich stets menschengesichtig dargestellt worden: "un type particulier qui a
été adopté pour répondre à un mythe bien défini et qui ne paraît pas avoir
varié"[39]. Das ist es, was vom Modell der christlichen Ikonographie her zu erwarten wäre. MÉNANT fand den Himmelsstier z.B. auf dem Rollsiegel von
Abb. 5, das zwei verschiedene Helden mit zwei menschengesichtigen Stieren zeigt, bei denen es sich beidemal um denselben - symmetrisch dargestellten - Himmelsstier handle.[40]

Dieser "Himmelsstier" unterscheidet sich nun allerdings in nichts von dem
mit Gesicht *en face* dargestellten "Enkidu" auf **Abb. 1**. Umgekehrt wird er
auf **Abb. 5** von zwei offensichtlich verschiedenen Helden bezwungen.
Zudem setzt sich der "Enkidu" von **Abb. 5** nicht mit dem Himmelsstier,
sondern mit einem Löwen auseinander. MÉNANT scheint denn auch geahnt zu
haben, dass er eine auf den Bildern in Wirklichkeit nicht vorhandene Präzi-
sion postulierte, und er versuchte die Gleichungen im konstellativen Bereich
und zwar auf einem recht hohen Abstraktionsniveau zu retten: "Aussi, nous
pourrons toujours reconnaître l'idée principale *par l'ensemble de la scène*
dont nous suivrons les développements malgré les différences qui nous

---

37 Ebd. 65.
38 Ebd. 92.
39 Ebd. 94.
40 Ebd. 94.

cachent souvent la personne d'Isdubar".[41] Mit andern Worten: Die Details lassen eine Identifikation der einzelnen Gestalten nicht zu; klare und eindeutige Attribute fehlen. Nur die Konstellation des Ringens zwischen Menschen und Tieren bildet die Konstante. Sie aber könnte, stellt man einmal die geographische Herkunft etwas in den Hintergrund, genau so gut mit Herakles, mit dem biblischen Simson (Ri 14,5f) oder dem jungen David (1 Sam 17, 37) wie mit Gilgamesch in Beziehung gesetzt werden.[42]

1.2.3. William H. Ward

W.H. WARD publizierte 1910 über 1200 nach Themen geordnete Rollsiegelbilder und übernahm dabei die Deutung der Tierkampfszenen von SMITH und MÉNANT.[43] Die immer deutlicher hervortretenden Unstimmigkeiten zwischen Text und Bild führte WARD hypothetisch darauf zurück, dass das Gilgamesch-Epos in einer im Vergleich zu den Bildern jungen Version vorliege, in den älteren vorauszusetzenden Fassungen aber beide näher beieinander gestanden hätten.[44]

1.2.4. Die Ablehnung der Gilgamesch-Enkidu These durch Ludwig Curtius

Dieser und ähnliche Rettungsversuche (die seit dem Bekanntwerden älterer Gilgamesch-Überlieferungen leicht widerlegt werden können) vermochten nicht zu verhindern, dass die Zweifel an der Gilgamesch-Interpretation der Tierkampfszenen immer radikaler wurden.[45] Der klassische Archäologe L. CURTIUS veröffentlichte 1912 eine Analyse dieser Szenen unter rein formalen Gesichtspunkten. Er isolierte eine Gruppe früher Belege und verglich die spannungsgeladenen Kompositionen, die - wie unter einem absoluten Raumzwang - die Tiere sich auf den Hinterbeinen aufrichten lassen (vgl. **Abb. 6**), mit ungefähr zeitgenössischen, wesentlich realistischeren (und entsprechend

---

41 Ebd.
42 Vgl. in diese Richtung z.B. BURNEY 1918: 358.379f.397-403.497; Pl. II,1-IV,2 und VI; WENNING/ZENGER 1982: 43-55; NAUERTH 1985: 94-120; MARGALITH 1986: 225-234; Ders. 1987: 63-70.
43 WARD 1910: bes. 59-75.
44 Ebd. 63.
45 Vgl. auch den in Anm. 21 genannten SOUTHESK.

schlafferen) ägyptischen Bildern. Er glaubte feststellen zu können, dass die Kompositionen auf den Siegelbildern immer gedrängter wurden. "Zuletzt ist gar kein Unterschied mehr zwischen herrschenden und dienenden, siegenden und unterliegenden, angreifenden und angegriffenen Helden, Dämonen und Tieren. Es ist wohl sicher, dass die Entwicklung zu den figurenreichen Kompositionen ihren Ausgang genommen hat von einer Dreiergruppe mit dem Inhalt: der *tiergewaltige Mensch oder Gott*."[46].

Diese Dreiergruppe ist auf **Abb. 6** noch als Nebenmotiv zu sehen. CURTIUS meint: "Man kann diese Bilder vielleicht interpretieren als *Darstellung eines unüberwindlichen, unverwundbaren Helden*"[47]. Er versuchte also eine inhaltliche Deutung rein vom Typ her, wobei er diesen m.E. zu wenig gründlich verfolgte, da die späteren Wucherungen ihm zufolge grundsätzlich nicht mehr detailliert zu interpretieren sind. So wird man kaum zu einer befriedigenden Lösung kommen. Die Bezeichnungen "Himmelsstier", "Gilgamesch" und "Heabani" übernahm CURTIUS nur wegen ihrer allgemeinen Verständlichkeit. Ausdrücklich bemerkt er, dass er sie für durchaus haltlos ansehe: "Einstweilen ist keine einzige literarisch überlieferte Szene nachgewiesen, die sich mit einer der Zylinderdarstellungen deckte. Haben wir aber hier aufgezeigt, dass in dieser hocharchaischen Zylindergruppe eine formale Wucherung älterer Motive vorliegt, von der erst wieder alles Spätere abhängt, so sehe ich einstweilen auch keinen Weg, das viel jüngere babylonische Epos mit ältesten sumerischen Denkmälern in Beziehung zu bringen."[48] Der fruchtbare Ansatz von CURTIUS vermochte sich nicht durchzusetzen.

1.2.5. Der verzweifelte Rettungsversuch Otto Webers

In welchen Zwiespalt die Textabhängigkeit der Bildinterpreten aber führte, zeigt die wenige Jahre später erschienene Studie von O. WEBER[49]. Das lange Kapitel über die "Szenen aus dem Kreis der Gilgamesch-Sage" setzt nach einer kurzen Zusammenfassung des Epos mit einer Grundsatzerklärung ein, die WEBERs apologetischem Bemühen Spielraum verschaffen sollte: "Nirgends lässt sich die vollkommene Freiheit, mit der der Künstler seinem Stoff gegenübersteht, deutlicher nachweisen als an den Bildern aus dem Kreise der Gilgamesch-Sage." Mit andern Worten: die Annahme, dass die im folgenden

---

[46] CURTIUS 1912: 19.
[47] Ebd. 20.
[48] Ebd. 20 Anm. 1.
[49] WEBER 1920: 15-81.

diskutierten Siegelbilder sich auf das Gilgamesch-Epos beziehen, wird
schlicht vorausgesetzt, und es geht nur darum, die deutlichen Inkongruenzen
zwischen Bildern und Texten zu erklären; denn "so mannigfach diese Darstellungen sind - wir haben hunderte von Varianten -, zu dem uns bekannten
Epos will keine einzige der Szenen genau stimmen." Diese entmutigende
Festellung führte WEBER nicht zur Umkehr von dem irrigerweise einge-
schlagenen Weg, sondern nur zu einem noch entschiedeneren Bekenntnis,
das (wenngleich kein Name fällt) deutlich gegen CURTIUS gerichtet ist:
"Trotzdem halte ich es für durchaus verfehlt, leugnen zu wollen, dass diese
Szenen dem genannten Sagenkreis wirklich angehören."[50]

Wie schon WARD wollte auch WEBER die Differenzen zwischen Bildern
und Texten durch den zeitlichen Abstand zwischen den Siegelbildern (nach
ihm Ausgang des 4. Jts.) und der ins 7. Jh. datierten damals bekannten Version des Gilgamesch-Epos erklären. Denn auch er konnte bei den Tierkampfszenen "kaum etwas anderes auf das Epos zurückführen…als die Tatsache,
dass es eben Gilgamesch und Enkidu sind, die mit den Löwen, Stieren und
Gazellen ihre Kämpfe aufführen"[51]. Nachdem er den Zusammenhang zwischen Bildern und Sage, der somit nur gerade in zwei Namen bestand, ebenso drastisch reduziert wie gewaltsam aufrechterhalten hatte, beklagte er -
wohl wiederum implizit gegen CURTIUS gerichtet -, gewisse Interpreten
hätten die Szenen "zur ganz beziehungslosen (d.h. nicht auf die Sage bezoge-
nen) Darstellung eines Kampfes oder Triumphes verallgemeinert"[52]. Solcher
Halt- und Beziehungslosigkeit gegenüber bekannte er seine umfassende
Treue zu Gilgamesch: "Ich bin davon überzeugt, dass alle Szenen, wo mit
Löwen, Stieren oder Gazellen, Antilopen, Hirschen gekämpft oder über sie
triumphiert wird, ja dass auch die Szenen, wo diese Tiere ohne Mitwirkung
menschlicher oder halbmenschlicher, göttlicher oder halbgöttlicher Wesen untereinander kämpfen, im letzten Grund auf die Gilgamesch-Sage zurückgehen, in der ältesten Zeit nicht weniger als 3000 Jahre später in der Perser-
zeit."[53] Das geradezu hymnische Bekenntnis und die signifikante Wendung
"im letzten Grunde" können die unverzichtbaren Argumente allerdings nicht
ersetzen.

Überraschend scheint WEBER dann plötzlich auf die Position CURTIUS'
einzuschwenken, wenn er gesteht: "Bei der Bezeichnung der betreffenden

---

50   Ebd. 15.
51   Ebd. 15f.
52   Ebd. 16.
53   Ebd.

Typen als 'Gilgamesch' oder 'Engidu' folge ich dem Herkommen, betone aber ausdrücklich, dass es bis jetzt durchaus zweifelhaft ist, ob diese Bezeichnungen zu Recht bestehen." Denn was die Bilder anbelangt, so "besteht bis heute keine Möglichkeit, eine über ganz allgemeine Tatsachen hinausgehende einwandfreie Beziehung zur schriftlichen Überlieferung herzustellen. Nur die Personen selbst sind durch ihre äussere Erscheinung als Gilgamesch und Engidu gekennzeichnet."[54] Und umgekehrt bieten die Texte keinerlei Handhabe, die Identität des sechslockigen Helden oder des Stiermenschen eindeutig festzustellen. In Tafel I des Epos wird Gilgamesch nämlich wie folgt charakterisiert:

> "Zwei Teile sind Gott an ihm - Mensch ist sein dritter Teil!
> Ragend ist die Gestalt seines Leibes (…).
> Wilde Kraft setzt er ein gleich dem Wildstier, erhabenen Schrittes!"
> (I ii 1-2.8; vgl. 20)

Diese Charakterisierung würde eigentlich naheliegen, Gilgamesch und nicht Enkidu mit dem Stiermenschen zu identifizieren: "so will es fast aussehen, als ob unsere Zuweisung geradezu falsch ist"[55]. Eine Vertauschung der Rollen hielt WEBER allerdings "heute noch für ganz unmöglich". Immerhin "bleibt heute gar nichts anderes übrig, als uns auf die Denkmäler zu beschränken und diese aus sich selber heraus zu erklären"[56]. Man müsse, wenn man den Sinn der Gilgameschkampfszenen richtig erfassen wolle, "zunächst einmal von der Gilgameschsage in ihrer literarischen Gestalt völlig absehen"[57]. Was allein bleibt, sind die *Namen*[58], die aber wiederum nur *Typen* signalisieren: Wo WEBER vom sechslockigen Helden spricht, kann er diesen als "einen Gilgamesch" bezeichnen, und entsprechend kann vom "Stiermenschen" als von "einem Engidu" die Rede sein.

Da WEBER es vermeiden wollte, "den Sinn der Bilder unmittelbar aus einer zufällig erhaltenen literarischen Überlieferung des gleichen Stoffkreises abzuleiten", er aber letzten Endes auf den Text doch nicht ganz verzichten zu können glaubte, formulierte er das Postulat, Bilder und Texte seien "beide freie Abkömmlinge einer Ursage", die ihren je eigenen Gesetzmässigkeiten gefolgt seien. Diese Ursage müsse *"die Idee des Kampfes als eine der ein-*

---

54 Ebd.

55 Ebd. 66.

56 Ebd. 67.

57 Ebd. 78.

58 Wobei selbst hier eine Unsicherheit besteht: "Wir besitzen noch keine Darstellung, die durch eine Aufschrift unmittelbar beglaubigt ist" (ebd. 66).

dringlichsten Grundtatsachen aller menschlichen Erfahrung zum Inhalt gehabt haben"[59]. WEBER wollte diesen Kampf als kosmischen (der Weltenschöpfer, der gegen das Chaos kämpft) und astralen Kampf (Sonne gegen Mond) verstehen. Die Beziehung dieses Kampfes und der Tierkampfszenen auf den Siegelbildern überhaupt auf die literarische Gilgamesch-Überlieferung war damit aber zum reinen Axiom verkommen.

1.3. Die Deutung auf Tammuz durch Robert Heidenreich

Schon im ersten Jahrzehnt des 20. Jhs. schuf der Assyriologe Heinrich ZIMMERN durch die Edition und Übersetzung eines bisher kaum verstandenen Textcorpus die Voraussetzungen für eine neue, wiederum von der Literatur dominierte Deutung der Tierkampfbilder. Es handelt sich um liturgische Texte, deren Hauptgestalt akkadisch *Tammuz*, sumerisch d u m u z i "rechtes Kind" heisst.[60] Dumuzi ist eine schwer fassbare Gestalt. Mit Sicherheit kann man sagen, dass er - im Gegensatz zu Gilgamesch - der Geliebte der Göttin Inanna/Ischtar war, wobei allerdings dieses Verhältnis sehr problematische Züge aufweist. Er wird als Hirte und als Fischer vorgestellt. Als Verkörperung der Vegetation muss er während des Sommers in die Unterwelt hinabsteigen. Ein guter Teil der Tammuzliteratur besteht in Klagen über sein Verschwinden.

ZIMMERN selbst äusserte 1909 noch die Ansicht, dass "in der bildenden Kunst der Babylonier und Assyrer...Tammuz, soweit wir bis jetzt wenigstens zu erkennen vermögen, gar keine Rolle" spiele.[61] Ein Schüler von CURTIUS, R. HEIDENREICH, versuchte 1925 in einem Teildruck seiner Dissertation auf wenigen Seiten und mit nachhaltiger Wirkung das Gegenteil zu beweisen.[62] Seinen Vorgängern warf er eine einseitige Fixierung auf die Gilgameschüberlieferung vor: "Die Fehler, die bei allen Deutungsversuchen gemacht wurden, waren die, dass man einerseits alle andern literarischen Überlieferungen ausser dem Gilgamesch-Epos nicht beachtete, andererseits aber versuchte, einzelne Szenen der Dichtung in der bildenden Kunst aufzusuchen, indem man scheinbar dazu passende Stücke heraussuchte, statt

---

[59]   Ebd. 79.
[60]   ZIMMERN 1907 und 1909.
[61]   1909: 701.
[62]   HEIDENREICH 1925: bes. 7-26.

umgekehrt zunächst die Monumente selbst zu befragen."[63]

Was HEIDENREICH im zweiten Punkt seinen Gegnern mit Recht vorwarf, das praktizierte er im folgenden allerdings selber womöglich noch ausgeprägter. Eine ganz wesentliche Rolle bei der Deutung der Tierkampfbilder auf Dumuzi/Tammuz spielte die Annahme, die volle Form des Namens Dumuzi sei D u m u z i a b z u "rechtes Kind des Süsswasserozeans".[64] HEIDENREICH versuchte nun nicht etwa die Tierkampfdarstellungen aus *deren* Geschichte zu begreifen, sondern wandte sich willkürlich zuerst singulären Stücken wie dem berühmten Siegel aus der Sammlung de Clercq zu, wo zwei sechslockige Helden mit sprudelndem Wassergefäss beim Tränken der Arnibüffel erscheinen (**Abb. 7**). Eine besondere Rolle spielt dann ein ebenso singuläres Siegel, auf dem links aussen mit Wasserwellen und Fischen der Gott der Wassertiefe, Ea/Enki, zu sehen ist (**Abb. 8**).[65] Am rechten Ende von **Abb. 8** sieht man den sechslockigen Helden als Fischer mit zwei Fischen und einer Schildkröte. Diesen Helden identifizierte HEIDENREICH mit einem der sechs Söhne Ea/Enkis, eben Dumuziabzu.[66] Da er nur einer von *sechs* Söhnen Ea/Enkis ist, wurden auch jene Bilder verständlich, wo ein solcher Held, wie auf **Abb. 8**, mit sich selber zu kämpfen scheint. Und diese Deutung löste gleich noch ein weiteres Problem: "Wenn wir in den kämpfenden 'Gilgamesch'-Paaren die Söhne des Ea sehen, so wird eine bisher dunkle Stelle des Tammuzmythos erhellt, nämlich der Tod des Gottes. Es ist wohl mehr als wahrscheinlich, dass eine für uns vorläufig verlorene Legende bestanden hat, in der Tammuz von einem seiner Brüder erschlagen wurde."[67] Wo der zu erwartende Text fehlt, wird er einmal mehr postuliert.

Aber nicht nur der sechslockige Held mit Wassergefäss, mit Fischen und im Kampf mit seinesgleichen, sondern auch der am häufigsten vertretene Typ im Kampf mit Tieren sollte nach HEIDENREICH viel besser zu Tammuz als zu Gilgamesch passen. Denn dieser Held bezwingt auf den Bildern ja auch Hir-

---

63 Ebd. 9.

64 Inzwischen hat sich diese Annahme als irrtümlich herausgestellt. Dumuziabzu ist nicht der volle Name Dumuzis, sondern der Name einer Göttin, die zum Kreis Ea/Enkis, des Gottes des Süsswasserozeans, gehört. Sie hat nichts mit Dumuzi/Tammuz zu tun. Vgl. EDZARD 1965: 51-54.

65 HEIDENREICH kommt das Verdienst zu, diesen Gott richtig identifiziert zu haben. WARD hatte ihn noch für den Sonnengott Schamasch gehalten, weil er sich durch eine Abbildung verwirren liess, auf der Schamasch mit Wasserströmen dargestellt zu sein schien. Vgl. WARD 1910: 96 mit Fig. 270.99.101.

66 HEIDENREICH 1925: 21.

67 Ebd. 23.

sche und anderes Wild, das im Gilgamesch-Epos gar nicht erwähnt wird. Vor
allem aber konnte die neue Deutung das prächtige Berliner Siegel erklären,
auf dem Ischtar dem sechslockigen Helden hilft, einen Löwen zu überwäl-
tigen (**Abb. 9**). Denn "die Hilfe, die Ischtar hier dem Helden im Löwenkampf leistet, lässt in diesem viel eher Tammuz, ihren Geliebten, als ihren
ärgsten Feind Gilgamesch erkennen"[68].

HEIDENREICH fand für seine These bedeutende Gefolgsleute. Eine der
gewichtigsten Stimmen war die von E.D. VAN BUREN: "No literary reference
assimilates Gilgamesh in any way to the nude hero of Mesopotamian art; but
everything related about Dumuzi-abzu seems to confirm his identity with that
figure."[69] VAN BUREN übernahm die Argumente HEIDENREICHs und wies
besonders darauf hin, dass Gilgamesch in den Texten nie im Kampf mit
wilden Tieren vorgestellt werde, während es zu den wesentlichen Aufgaben
eines Hirten wie Tammuz gehöre, die Herde gegen wilde Tiere zu verteidi-
gen. Sie ging auch auf den 'Stiermenschen' ein, der nichts mit Enkidu zu tun
habe, sondern wie Dumuzi/Tammuz in die Umgebung Eas gehöre.[70]

1.4. Henri Frankforts Interpretation auf Enkidu

1939 fasste H. FRANKFORT in seinem Standardwerk "Cylinder Seals" die
Situation der Deutung der frühdynastischen Tierkampfszenen mit den Worten
zusammen: "It has been commonly assumed in the past, and is now generally
denied, that the seal designs contain illustrations of figures and scenes from
the most impressive work of Babylonian literature, namely the epic of Gilgamesh. Neither standpoint is susceptible of proof."[71] Wie schon WEBER[72]
stellte auch FRANKFORT fest: "Not a single figure or scene in Mesopotamian
art is accompanied by an inscription connecting it with the Epic." Aber das
muss für FRANKFORT nicht heissen, dass die Figuren für Zeitgenossen nicht
eindeutig zu identifizieren waren: "Contemporaries had as little difficulty in
identifying such figures as we in recognising, for instance, John the Baptist
among the figures of a mediaeval painting. In dealing with ancient Babylonian art, the conventions of which are lost for us, we are throughout confined

---

68   Ebd.
69   BUREN VAN 1933: 14.
70   Ebd. 15f.
71   FRANKFORT 1939 62.
72   1920: 66.

to inferences from circumstantial evidence"[73] - wie sie nicht zuletzt Texte zu bieten vermögen.

Der Verweis auf die christliche Kunst des Mittelalters ist signifikant. FRANKFORT scheint sich die Text-Bild-Relation im Mesopotamien des 3. Jts. offenbar analog zu derjenigen der christlich-abendländischen Kultur vorgestellt zu haben.[74] Im folgenden analysierte er die Aussagen des Gilgamesch-Epos zur körperlichen Erscheinung der Protagonisten. Die (oben zitierte) Aussage, dass Gilgamesch zwei Drittel Gott, ein Drittel Mensch gewesen sei, sei ohne Bedeutung, da die Götter ja anthropomorph vorgestellt worden seien. Interessanter sei dagegen das Erscheinungsbild Enkidus:

"Mit Haaren bepelzt am ganzen Leibe,
mit Haupthaar versehen wie ein Weib:
das wallende Haupthaar, ihm wächst's wie der Nisaba (der Getreidegöttin)!
Bekleidet ist er wie Sumukan (der Gott der Tiere)!
So frisst er auch mit den Gazellen das Gras,
Drängt er hin mit dem Wild zur Tränke" (I ii 36-40).

Nach FRANKFORT wäre die Beschreibung zu nüchtern verstanden, wenn man sie nur auf einen haarigen Menschen anwenden würde. Sie lege vielmehr nahe, sich Enkidu als Stiermenschen vorzustellen. Auf den Siegeln bewege sich dieser unter den Tieren wie unter seinesgleichen. Regelmässig sei er mit einer langen, auffälligen Haarsträhne dargestellt, die zwischen den Hörnern herabhängt. Von Enkidu werde auch erzählt, dass er gegen gewöhnliche Tiere kämpfte. In der Tat heisst es von ihm, nachdem die Dirne ihn von den Tieren weggelockt hat und er ein Mensch unter Menschen geworden ist:

"Seine Waffe nahm er, gegen die Löwen anzugehen;
Es legten sich nachts schlafen die Hirten!
Er erschlug die Wölfe, verjagte die Löwen.
Es ruhten die alten Hüter" (II 108-113).

FRANKFORT weist darauf hin, dass die Tierkampf-Figurenbänder, bevor sie ein sinnloses Gemenge geworden seien, den Stiermenschen regelmässig als Hüter der Herden und des Wildes im Kampf gegen Löwen zeigen (**Abb. 17-22**). Alle diese Bilder liessen sich auf einige Passagen aus Tafel I und den Anfang von Tafel II beziehen, also auf Enkidus Leben, bevor er mit Gilgamesch zu Abenteuern auszog. Ob man den Stiermenschen Enkidu nennen soll oder nicht, hänge davon ab, ob er ursprünglich eine Gestalt für sich oder schon immer Gilgameschs Freund gewesen sei: "we find the Bull-man of the Second Early Dynastic cylinder seals (when the friezes still retained some meaning) performing his feats alone, in perfect accordance with the Epic

---

[73] FRANKFORT 1939: 63.

[74] Vgl. dazu unten Abschnitt 1.6.

when describing Enkidu's life prior to his meeting with Gilgamesh. The Bull-
man of the seals...is not the companion of the king of Erech, but a lonely
semi-human creature of the wilds. It may well be that some author working
on the Epic utilised the traditions of folklore concerning such a being, in
creating the Enkidu of the beginning of his narrative."[75] Erstmals wird hier
bei der Interpretation des Verhältnisses von Bildern und Texten den Bildern
eine gewisse sachliche Priorität eingeräumt.

Im Gegensatz zu Enkidu ist Gilgamesch nach FRANKFORT auf den Siegeln nicht sicher festzustellen. Der nackte, sechslockige Held könne aber
auch nicht Tammuz, eine der Hauptfiguren des frühen Pantheons sein, denn
er erscheine stets nur in untergeordneten Funktionen.[76] Für die Siegel der
Akkadzeit stellte Frankfort deren sechs fest:

1. als Diener des Ea, der das Torpfosten-Emblem hält (**Abb. 39**);
2. als Bekämpfer von Löwen, Stieren und Büffeln (**Abb. 2-3, 35-38**);
3. als Fischer (**Abb. 8**; nur zweimal);
4. als Wassergenius, der ein überquellendes Gefäss hält (**Abb. 7**);
5. als Gestalt, die mit ihrem Double im Kampf ist (**Abb. 8**; selten);
6. als Verkörperung von Naturkräften wie z.B. dem Wasser.[77]

1.5. Anton Moortgats Neuauflage der Tammuz-These

Ein Jahr nach FRANKFORTs "Cylinder Seals" erschien Anton MOORT-
GATs bedeutendes Werk "Vorderasiatische Rollsiegel"[78]. MOORTGAT versah
in diesem Werk weder den nackten Helden noch den Stiermenschen mit
einem Namen. Zu den Figurenbändern der Mesilim-Zeit (= Frühdynastisch
[FD] II) bemerkte er: "Aus dem rinderschützenden Helden entsteht ein Mischwesen, ein Stiermensch, in dem die Verbundenheit zwischen Held und heiligem Tier zum Ausdruck kommt. Dieser Stiermensch tritt sowohl als Schützer
der Rinder wie als Bezwinger der Löwen auf..."[79] In der Akkadzeit werde

---

[75] FRANKFORT 1939: 65.

[76] Ebd. 60 mit Anm. 4; vgl. 67 mit Anm. 1.

[77] Ebd. 85-91, bes. 90. Für den letzten Punkt verwies FRANKFORT auf ein singuläres
      Siegel (ebd. Pl. XXIVb), das zwei sechslockige Helden als Bootsleute mit Stakstangen
      zeigt. Daraus abzuleiten, der sechslockige Held könne das Wasser verkörpern, ist nicht
      begründet. FRANKFORT vermutete darüber hinaus, der sechslockige Held als Verkörpe-
      rung von Naturkräften könnte auch dem einen oder andern der fünf übrigen Punkte, ja
      vielleicht sogar allen fünfen zugrundeliegen "without our being able to recognise it".

[78] Berlin 1940, [3]1988.

[79] Ebd. 10.

der Schutz der Rinder dann zu einem Kampf mit dem Arnibüffel.[80]

So skizzierte MOORTGAT die Mensch-Tier-Thematik der Rollsiegelglyptik des 3. Jts. mit wenigen Strichen. Sie führe von der Sorge um die Herde und von ihrem Schutz über Bilder, die Menschen, Mischwesen und Tiere in einem Gemenge zeigen, in welchem der Schutz der Haustiere in der Regel noch zu erkennen, manchmal aber auch ganz verwischt sei, bis zu den akkadzeitlichen Darstellungen, auf denen der Kampf des heroisierten Menschen oder des Mischwesens im Zentrum stehe. Über diese ganz auf die Bilder konzentrierte Betrachtungsweise hätte die Forschung m.E. weiterkommen können.

In dem 1949 veröffentlichten, umstrittenen Werk "Tammuz"[81] aber schloss sich MOORTGAT bezüglich der Tierkampfszenen weitgehend der Position von HEIDENREICH an. Im Anschluss an die Beschreibung des "königlichen Hirten" und des "heldischen Herdenbeschützers und Löwenbezwingers" kam er hinsichtlich der Identität dieser Figur zum Schluss, dass es sich nur um Tammuz handeln könne. Er verwies, wie schon HEIDENREICH und VAN BUREN, auf das Berliner Siegel von **Abb. 9**[82] und referierte auch die sonstigen Argumente HEIDENREICHs.[83] Die von FRANKFORT beschriebenen sechs Funktionen des nackten Helden liessen sich nach MOORTGAT ohne weiteres Tammuz zuschreiben. Nur die Funktion des Tammuz-Helden als Ringer mit seinem Doppelgänger mache vorläufig Schwierigkeiten, "weil uns keine Episode seines Mythus bekannt ist, in der er als solcher auftritt. Es hat aber eine solche gegeben. Das dürfen wir aus der Tatsache erschliessen, dass es schon seit der Mesilim-Zeit im Bildgedankenkreis des Symposions und des Figurenbandes ringende Figuren gibt, die entweder ein Ereignis aus dem Tammuz-Mythus oder damit zusammenhängende kultische Agone wiedergeben."[84] Auch hier werden - wie schon bei HEIDENREICH - nicht vorhandene Texte einfach postuliert.[85]

---

[80] Ebd. 21.

[81] MORTGAAT 1949.

[82] Ebd. 34.

[83] Ebd. 86f.

[84] Ebd. 88f.

[85] An der 3. Rencontre Assyriologique Internationale in Leiden 1952 hat MOORTGAT seine Ideen ohne irgendwelche Kritiker zu nennen nochmals vorgetragen und begründet (MOORTGAT 1954). Noch in seinem Spätwerk hielt MOORTGAT an der These vom "frühgeschichtlichen Innin-Tammuz-Glaube als tragendem Gedanken altvorderasiatischer Bau- und Bildkunst" fest und wollte der sumerischen Religion gar "gewisse Züge eines *Mysterienglaubens*" zuschreiben - womit wir fast wieder bei LAJARDS Mithrasthese angekommen wären; vgl. MOORTGAT [2]1981: 11ff.

1.6. Die Kritik an Moortgats Interpretation und die Folgen

MOORTGATs "Tammuz" ist schwer kritisiert worden. Den Hauptangriff führte F.R. KRAUS[86] unter Aufnahme früherer Kritiken von B. LANDSBER-GER[87], H. FRANKFORT[88] und anderen Gelehrten. Was uns an dieser Stelle vor allem interessiert, ist die Kritik an MOORTGATs Verwendung der Bildkunst als einem eigenständigen Informationsträger. Die Vorwürfe lassen sich auf drei reduzieren und lauten:

1. "Dem Spielerischen in der Kunstbetätigung, der unreflektierten Freude an Gestaltung und Schönheit weist er nur einen minimalen Raum zu."[89]

2. "Alle Bildwerke sind nach MOORTGAT sozusagen in Stein gebannte Weltanschauungen (…). Wenn irgend möglich, wird diese Weltanschauung von MOORTGAT als religiöse gedacht, werden die Gestalten der Siegel und Reliefs als im Mittelpunkt der Religion stehende Wesen in Anspruch genommen."[90] Wissenschaftlich wäre es dagegen nach KRAUS, von uns bekannten Weltanschauungen auszugehen und diese in der Kunst ihrer Epoche wiederfinden zu wollen.[91] Besonders betont er die Schwierigkeit zu erkennen, wann einem Bildmotiv symbolische Bedeutung zukomme und wann nicht.[92]

3. Weltanschauungen aber kann man nach KRAUS offenbar nur aufgrund von Texten kennen, und nur aufgrund von Textkenntnissen wären somit Bilder zu deuten.[93] "Dass auch die nicht symbolische Deutung von Bildern

---

[86] 1953: 36-80.

[87] 1948: 88-91 und 93ff. LANDSBERGERS Kritik bezieht sich nicht direkt auf "Tammuz", sondern auf frühere Arbeiten MOORTGATs mit ähnlicher Tendenz.

[88] 1950: 189-191.

[89] LANDSBERGER 1948: 88; zitiert von KRAUS 1953: 38.

[90] LANDSBERGER 1948: 88f; zitiert von KRAUS 1953: 38f.

[91] Ebd. 42.

[92] Ebd. 45-47; vgl. bes. 46 Anm. 2 den Hinweis auf zwei sich ausschliessende symbolische Deutungen desselben Bildes. Implizit wird unterstellt, konkurrierende Interpretationen würden per se gegen die Tauglichkeit einer Methode sprechen. Diese Unterstellung ist nun allerdings ziemlich grotesk, besonders wenn sie von einem Philologen geäussert wird. Wieviele Vokabeln und Texte sind nicht mit Hilfe der genau gleichen Methoden auf höchst unterschiedliche Weise interpretiert worden.

[93] "Ein Bild, welches keine Erinnerung an Bekanntes [gemeint ist: aus der Literatur Bekanntes!] weckt, bleibt unverständlich wie die Gemälde einer Galerie dem unvorbereiteten Besucher ohne Katalog und die Illustrationen eines Märchenbuches dem Kinde, dem man die Märchen noch nicht vorgelesen hat. Das durch den Anblick des Bildes ins Gedächtnis gerufene Wissen aber, welches den optischen Eindruck ergänzt und das Verständnis bewirkt, kann bei einem modernen Menschen nur aus der Literatur stammen, wenn es sich um altmesopotamische Bilder handelt..." Der Hauptvorwurf gegen

als Darstellung eines Mythus oder einer Kulthandlung nur dem gelingen kann, welcher den Mythus usw. kennt, ist eine Binsenweisheit."[94]

Die Plausibilität dieser Binsenweisheit gewann KRAUS wiederum aus Erfahrungen mit der christlichen Kunst des Abendlandes: "Sollte es dem Vf....nie begegnet sein, dass er verständnislos vor einem Kirchenbilde stand, weil er die Heiligenlegende nicht kannte, aus welcher dort eine Szene dargestellt war, oder weil ihm die biblische Erzählung nicht einfiel, die dem Maler als Vorwurf gedient hatte?"[95] Das KRAUS vorschwebende Interpretationsschema, womit er "die Grundlagen jeder Bilddeutung nochmals..., so selbstverständlich und altbekannt sie auch sind"[96], feststellen wollte, war nicht das von E. PANOFSKY[97], sondern es stammte von einem der vielen Vorgänger dieses grossen Kunstgeschichtlers[98] und wurde von KRAUS in folgender Form eingebracht:

" 1. Stoff: dreizehn Männer bei Tisch

  2. Inhalt: das 'Abendmahl', Markus 14,17ff. usw.

  3. Gehalt: christliches Sakrament des Heiligen Abendmahles."[99]

KRAUS' Conclusio lautete: "Dass aus dem Stoff allein Inhalt und Gehalt auf keine Weise erschlossen werden können, ist evident; ebensowenig kann der Gehalt dem blossen Inhalt entnommen werden".[100] Evident ist dies allerdings nur, wenn man gewohnt ist, der Bildkunst in erster Linie (wenn nicht gar ausschliesslich) illustrative Möglichkeiten zuzubilligen, wie dies etwa LANDSBERGER, KRAUS' grosser Mentor, tat, demzufolge die Erzeugnisse

---

    MOORTGAT ist denn schlicht, dass er sich "wenig um die Literatur kümmert" (ebd. 48).

[94] Ebd. 47. Die "Binsenweisheit" mag bei einem sehr beschränkten Verständnis von Mythos zutreffen, nämlich dann, wenn man Mythos als eine Erzählung versteht, die von Gottheiten handelt. Der Kern des Mythos ist aber meistens nicht ein Handlungsablauf, sondern eine Konstellation. Jener entfaltet sich aus diesem und kann wieder auf die Konstellation reduziert werden, ohne dass dabei Wesentliches von der orientierenden Kraft des Mythos verloren geht, wie J. ASSMANN (1977; 1983: 54-95) und W. BURKERT (1984: 115) gezeigt haben (vgl. dazu ausführlicher KEEL/SHUVAL/UEHLINGER 1990: 403f). Die Identifikation einer Kulthandlung kann sowieso in manchen Fällen durchaus unabhängig von Texten vorgenommen werden, solange man vom Bild nicht die Beantwortung von diesem unangemessenen Fragen wie etwa dem genauen Ort, Zeitpunkt oder spezifischen Zweck der Kulthandlung erwartet.

[95] KRAUS 1953: 47.

[96] Ebd. 51.

[97] Zu diesem Schema vgl. den Appendix unten S. 267-272.

[98] VOLKELT 1905, [2]1927.

[99] KRAUS 1953: 52.

[100] Ebd.

der bildenden Kunst dem Historiker "naturgemäss in erster Linie dazu dienen (müssten), die Ergebnisse der literarischen Quellen zu veranschaulichen"[101].

Die massiv vorgetragene Kritik an MOORTGATs "Tammuz" hat die Forschung, etwas vereinfachend gesagt, in zwei Lager gespalten: Das eine ist, um auf eine inhaltliche Interpretation der Bilder nicht ganz verzichten zu müssen und gleichzeitig die von KRAUS und seinen Vorgängern und Gefolgsleuten postulierte absolute Textbedürftigkeit der Bilderinterpretation zu respektieren, zu der weniger angefochtenen Gilgamesch-Enkidu-Deutung zurückgekehrt.[102] Auch die neueste Erklärung der Ergebnislosigkeit des Ansatzes aus kompetentem Munde[103] wird diesen Versuchen voraussichtlich kein Ende bereiten.

Das andere, wissenschaftlich gewichtigere Lager hat sich auf die formale und antiquarische Analyse des Denkmälerbestandes konzentriert und ihn chronologisch möglichst genau zu ordnen versucht. Auf inhaltliche Deutungen hat man weitgehend verzichtet, denn, so lautet die Begründung, "für die inhaltliche Interpretation frühsumerischer Kunst stehen der Forschung leider keine Quellen aus der Zeit selber zur Verfügung".[104] Der Begriff "inhaltlich" erinnert an das von KRAUS benutzte Schema. Mit "Quellen" sind schlicht und einfach "schriftliche Quellen" gemeint. HANSEN mag dann auf eine Deutung allerdings doch nicht ganz verzichten, wenn er schreibt: "Gewiss...spiegelt sich im Bildergut der Zeit das Bemühen der Künstler, die Unberechenbarkeit der Natur zu zeigen und durch die Beschwörung ihrer fruchtbaren Kräfte den Menschen die Fülle ihres Reichtums zu sichern".[105] Das ist sehr pauschal und vage. Der Ausdruck "spiegeln" deutet aber an, dass nicht nur im sprachlichen und im schriftlichen (das in der Frühzeit eine Mischung aus Sprachlichem und Bildlichem darstellt), sondern auch im rein bildlichen Zeichensystem der sumerisch-akkadischen Kultur eine "Spiegelung" der Welt vorliegt,

---

101 HAAS 1925: I.- LANDSBERGER war zwar theoretisch durchaus bereit, "Dichtkunst und bildende Kunst je ihre Autonomie zu(zu)billigen und gegen gewaltsame Synthesen dieser beiden Kulturgebiete (zu) kämpfen", forderte aber "doch eine gewisse Homogenität zwischen Geschriebenem und Dargestelltem" (1948: 91, zit. von KRAUS 1953: 39). Insbesondere postulierte er diese in bezug auf die religiösen Konzepte: "Ein Versuch, den Begriff 'Gottkönig als Krieger' ins Akkadische zu übersetzen, enthüllt diese Konzeption als Schreibtischgebilde" (LANDSBERGER 1948: 89, zitiert von KRAUS 1953: 39).

102 Vgl. OFFNER 1960: 175-181; V.K. AFANASIEVA 1979.

103 LAMBERT 1987: 37-52, bes. 38; kritisch und differenziert auch schon AMIET 1960: 169-173.

104 HANSEN 1975: 180.

105 Ebd.

wie sie Sumerer und Akkader wahrgenommen haben. Jede dieser "Spiege-lungen" bedarf der Interpretation, wenn sie von Angehörigen eines andern Kultur- und Zeichensystems verstanden werden soll. Sie muss mit Bedacht und Methode geschehen, und auch dann ist solches Verstehen stets nur mit Einschränkungen möglich. Das gilt von den sprachlich-schriftlichen Zeichen-systemen genau so wie von den bildlichen, wenn die Art der anstehenden Schwierigkeiten bei der Deutung der Texte auch eine andere ist als bei der Deutung der Bilder und bei beiden Medien verschiedene Arten von Resultaten zu erwarten sind.

Ich werde die rein formal analysierenden Arbeiten zu den Tierkampfszenen des 3. Jt.s im folgenden Abschnitt dankbar benützen, wenn dies angesicht des Rahmens, der dieser Studie gesteckt ist, und angesichts des anvisierten Ziels auch nicht immer in der an und für sich wünschbaren Ausführlichkeit und Differenzierung geschehen kann.

2. Versuch einer inhaltlichen, besonders religions-geschichtlichen Deutung der Tierkampfszenen

2.1. Kritik an den Kritikern Moortgats

Das Grundproblem der Tammuz-Interpretation MOORTGATs ist nicht, wie KRAUS meinte, dass MOORTGAT Bilder ohne Bezugnahme auf Texte interpretierte, sondern gerade umgekehrt, dass er seine Bilder zu wenig konsequent im Sinne von PANOFSKYs Korrektivprinzip der Typengeschichte aus sich selber deutete. Die Konfusion rührt zunächst daher, dass MOORTGAT vorschnell aus literarischen Quellen gewonnene Namen wie "Tammuz" und "Inanna" und Begriffe wie "Unsterblichkeit" und "Heilige Hochzeit" mit den Bildern verband. Dass er dabei auch die Texte missverstand und diese z.T. gewaltsam in ein Schema presste, das durch seine Interpretation von "Bildgedanken" determiniert war, stellt demgegenüber nur ein (wenngleich gewichtiges und von LANDSBERGER, KRAUS u.a. mit guten Gründen moniertes) Folgeproblem dar.

H. POTRATZ hat in seiner Kritik an KRAUS' Kritik zu Recht betont, es sei die Aufgabe der Archäologie, mindestens dann, "wenn sie über keine Schriftquellen verfügt, nur aus den Gesetzmässigkeiten der Bilder Anhaltspunkte für die zugrundeliegenden Inhalte zu gewinnen"[106]. "Archäologische Bilder müssen wie die Vokabeln der Texte systematisch verzettelt werden, damit man zu übersehen vermag, dass in der altsumerischen Bildkunst nicht zufällige Ausschnitte aus dem damaligen Tagesablauf erscheinen. Wichtige Lebensbereiche fehlen bei den Darstellungen gänzlich. Es liegt ein zahlenmässig äusserst begrenzter Bildervorrat vor, bei dem die einzelnen Motive zu wiederholten Malen erscheinen. Die Bilder zeigen eine deutliche Genese, so dass die Spontaneität der Bildwahl, wie sie bei Genrebildern notwendig gegeben sein müsste, weitgehend eingeengt ist und praktisch nicht vorkommt."[107] Wie eine Kultur ihre verbalen Schlüsselbegriffe hat, so hat sie auch ihre ikonographischen Leitbilder, welche sie charakterisieren und definieren.

"Einmal geschaffene Bildkompositionen bestehen - wie die Erfahrung gezeigt hat - durch lange Zeit hindurch fort, wobei sie Abwandlungen und Reduktionen erfahren können."[108] Die Zählebigkeit hängt mit dem religiös-

---

[106] POTRATZ 1955: 347.
[107] Ebd. 350.
[108] Ebd. 348.

weltanschaulichen Charakter solcher Kompositionen in der altorientalischen Welt zusammen, wie Potratz richtig betont. Zählebigkeit bedeutet allerdings nicht das Fehlen immer neuer Modifikationen. "Gelingt es, eine solche Entwicklungsreihe aufzudecken, dann kann man unschwer die jüngere, abgewandelte Komposition von vielleicht nur noch symbolhafter Bedeutung auf die vorangehenden einfacheren Gruppierungen von meist noch primärer Bildhaftigkeit zurückführen."[109] Nebst solch "etymologischen" Beiträgen liefert die Geschichte der Modifikationen aber auch eine Geschichte der Kultur, die sie hervorgebracht hat.

Im folgenden sei nun kurz versucht, diese Interpretationsregeln auf die wichtigsten Ausprägungen der chronologisch geordneten, sumerisch-akkadischen Tierkampfszenen auf Rollsiegeln des letzten Drittels des 4. und der ersten drei Viertel des 3. Jts. anzuwenden. Eine umfassende Darstellung der Vorstellungs- und Denkwelt einer Epoche müsste, um zu einem abgerundeten Bild zu kommen, zusätzlich zu dieser Siegelgruppe systematisch die anderen Siegel, die anderen Bildgattungen (etwa die Rundplastik) und, in einem weiteren Schritt, alle andern verfügbaren Denkmäler (Architektur, Texte usw.) berücksichtigen.[110]

2.2. Frühsumerische Zeit

Die frühsumerische Epoche, die sog. Periode Uruk V-III (ca. 3300-2900)[111] hebt sich von der vorausgehenden durch die einsetzende Urbanisation, die für Buchhaltungszwecke neu erfundene Schrift und - in diesem Zusammenhang entscheidend - die Erfindung des Rollsiegels ab.[112] Da figurative Bildzeichen im Gegensatz zu den Sprachzeichen häufig eine gewisse Nähe zum Bezeichneten haben, sind Stiere, Löwen, Männer usw. aufgrund minimaler Kenntnisse der Gegebenheiten der Welt und der Variabilität menschlichen Darstellens als solche erkennbar.[113] Auf **Abb. 10** etwa ist nur

---

[109] Ebd.

[110] Zum Methodenproblem vgl. Abschnitt 1.6 und Anm. 113 sowie Schluss und Nachwort dieses Beitrags.

[111] Die Uruk-III-Zeit (ca. 3100-2900) wird auch als Ǧamdat-Naṣr-Zeit bezeichnet; zu damit verbundenen theoretischen Fragen vgl. nun FINKBEINER/RÖLLIG 1986.

[112] Vgl. hierzu etwa NISSEN 1986; Ders. 1977: 15-23.

[113] GOMBRICH, der in seinem berühmten Werk "Art and Illusion" ([5]1977) die Künstlichkeit ikonographischer Zeichensysteme betont hat, hat später (1981) gegen Stimmen, die die Künstlichkeit der ikonographischen in die Nähe der sprachlichen stellten, darauf

unklar, ob es sich um einen domestizierten oder um einen Wildstier handelt. Auch der Konstellation (Syntax), in die diese Zeichen gebracht sind, eignet aufgrund der gleichen Voraussetzungen wie bei den einzelnen Zeichen eine gewisse Verständlichkeit. So ist die Konstellation "Löwe hängt mit einem Hinterlauf vom Horn eines aufrecht schreitenden Stiers herab" (**Abb. 10**) als Triumph des Stiers über den Löwen zu 'lesen'.[114] Die Komposition zeugt von der Intensität, mit der die Kultur, die das Siegelbild hervorgebracht hat, mit ihren Herden beschäftigt war, und vom Wunsch, den Sieg der Herde über die Angreifer zu sehen. Es liegt auf der Hand, dass in einer solchen Kultur der Stier leicht mit Konnotationen wie Fruchtbarkeit, Leben, Fülle, Wohlstand, Überlegenheit usw. angereichert werden konnte.[115]

Abb. 11 dürfte eine häufigere Realität abbilden als **Abb. 10.** Wie ist dieses Bild zu interpretieren, bei dem der Löwe die Oberhand zu gewinnen scheint, und zwar über einen Stier, der durch die Kombination mit einer fetten Ähre dem Bereich der Kultur zugeordnet wird? Die Überlegenheit des Löwen weckt den Wunsch, sie zu besitzen. Man eignet sich diese im Bild an, über das man verfügt. So finden wir in der zeitgenössischen Rundplastik nebst zahlreichen Schafen und Rindern auch eine Anzahl Löwen im Sprung oder mit aufgerissenen Rachen. Aus dem proto-elamischen Susa(?) ist sogar ein Löwendämon belegt.[116] Im etwa gleichzeitigen frühdynastischen Ägypten

---

aufmerksam gemacht, dass manche Elemente ikonographischer Systeme nicht nur von Menschen verschiedener Kultur, sondern sogar von Tieren "gedeutet" werden könnten, etwa die Nachbildung einer Fliege von einem Fisch. Nebst dieser "natürlichen" Deutung kann das Bild einer Fliege natürlich sehr viele andere Deutungen erfahren und Bedeutungen haben. So ist sie z.B. in der altägyptischen Kultur eine Metapher für hartnäckiges, unablässiges Angreifen.

[114]   Das gleiche Thema bei FRANKFORT 1955: Pl. 7,36; AMIET [2]1980: Pl. 25,412 (Abrollung aus Uruk).

[115]   NISSEN 1977 und 1986 betont stark die Funktion der frühen Siegel im Zusammenhang mit ökonomischen Kontrollmechanismen, dergegenüber die Funktionen als Amulett usw. sekundär seien. M.A. BRANDES hat erwogen, ob verschiedene Siegelthemen auf verschiedene Wirtschaftsabteilungen weisen könnten (1979: 97f). Solche Funktionsbestimmungen, die durchaus hypothetisch sind, stehen allerdings einer kultur- und religionsgeschichtlichen, 'weltanschaulichen' Interpretation der Bildprogramme der Siegel nicht im Wege; die Tatsache, dass sich auf den Siegeln nur ein ganz begrenzter Ausschnitt der Lebenswelt der frühsumerischen Kultur wiederfindet, deutet unabhängig von der Funktion der Siegel per se auf die besondere Signifikanz der dargestellten Grössen. BRANDES konzediert, dass für Siegel wie die im folgenden behandelten mit der Darstellung von "Fabeltieren" und "Heraldischen Kompositionen" "einstweilen keine Beziehung zu einer vorstellbaren Abteilung der archaischen Tempelwirtschaft zu ersehen" ist (ebd. 98).

[116]   BEHM-BLANCKE 1979: 9-11.26-31, bes. 29.37f. Einen Löwen(dämon?), der einer

(um 3000) wird der triumphierende König sowohl als siegreicher Stier wie auch als siegreicher Löwe dargestellt.[117]

Ebenso eindeutig wie die von **Abb. 10** und **11** sind die Bildelemente von **Abb. 12**: ein Mann über einer kalbernden Kuh (d.h. wohl deren Besitzer) verteidigt diese gegen einen auf den Hinterbeinen aufgerichteten Löwen, der seine Vordertatzen auf den Kopf der Kuh gelegt hat. Die Lanze, die der Besitzer der Kuh mit beiden Händen hält und gegen den Löwen richtet, verdeutlicht, dass dieser gewillt ist, für seinen Besitz zu kämpfen. Man kann sich fragen, ob der Stier(?)-Kopf hinter dem Mann darauf hinweisen soll, dass dieser gleichsam anstelle des den Löwen besiegenden Stiers bzw. mit Stiereskraft (vgl. **Abb. 10**) handelt.

Solche Dreieckskonstellationen wie die von Löwe, kalbernder Kuh und dem sie verteidigenden Hirten finden sich zahlreich in allen Kulturen. Sie verraten stets Wesentliches über das höchste Gut einer Kultur und über die Bedrohungen, denen sie ihr Gut ausgesetzt sieht. Konnotationen wie Fruchtbarkeit (hier durch das Kalbern der Kuh explizit gemacht), Leben, Fülle bei der Kuh, Bedrohung und Tod beim Löwen, heldenhafter Widerstand beim Mann (durch den Kontrast von Nacktheit und Bewaffnung expliziert) liegen nahe und dürften sich bei den meisten Rezipienten in mehr oder weniger starkem Mass eingestellt haben. Die Wartung, Pflege und Verteidigung der Herden, der Kult der Mächte, die sie fördern, und die Abwehr derer, die sie bedrohen, werden auch durch die bekannte Rollsiegelgruppe des 'Fürsten im Netzrock' als ganz wesentliche Elemente der frühsumerischen Kultur bezeugt.[118]

Neben diesem weitgehend realistischen Bildtypus kennt die frühsumerische Zeit einen zweiten, zuerst durch Reliefplastiken bezeugten: eine axialsymmetrische Komposition, in deren Zentrum ein rein menschengestaltiger Held steht, der zwei Rinder schützend unter seine Arme nimmt (**Abb. 13**) oder zwei Löwen an den Schwänzen hält (**Abb. 14**). CURTIUS' Annahme, "dass die Entwicklung zu den figurenreichen Kompositionen ihren Ausgang genommen hat von einer Trias mit dem Inhalt: der tiergewaltige Mensch oder Gott"[119] (vgl. **Abb. 6**), hat sich bestätigt. Charakteristisch für diesen Helden ist, "dass sein Haar durch einen Mittelscheitel geteilt wird und in

---

Herde von Capriden auflauert, zeigt sehr eindrücklich ein Siegel in FRANKFURT 1955: Pl. 6,34.

[117] PETRIE 1953: Pl. E (sog. Schlachtfeldpalette), G (Stierpalette und Städtepalette), K (Narmerpalette, Vorderseite).

[118] COLLON 1987: Fig. 6 und 12; AMIET [2]1980: Fig. 611. 636-640.642; vgl. auch RÖLLIG 1981: 116-119.

[119] CURTIUS 1912: 19.

Locken endet. Er ist in der Regel nackt, abgesehen von einem Gürtel, den er aber nicht immer trägt. (...) Er ist der älteste Heldentypus der altorientalischen Bildkunst und zugleich der langlebigste."[120] Die axialsymmetrische Komposition macht das Schützen der Haustiere und das Bändigen der beuteverzehrenden Löwen zu blossen Attributen des Helden. Die damit verbundenen Konnotationen sind wohl auch dann zu assoziieren, wenn der nackte Held in reduzierten Formeln ohne diese Tiere auftritt (vgl. **Abb. 39**). Zusätzlich zur Künstlichkeit der Komposition suggeriert ihre Anbringung auf Gefässen und Gefässuntersätzen, dass dieses Schützen der dem Menschen dienlichen Welt und die Bändigung des Schädlichen durch den Helden in einem grundsätzlichen Sinne (*concretum pro abstracto*) zu verstehen sind.

Noch weniger realistisch als der Held zwischen den Tieren wirkt die Siegelabrollung aus Susa von **Abb. 15**. Sie datiert in die Periode Frühelamisch I, welche in die Frühdynastische Periode Mesopotamiens hineinreicht. Sie zeigt einen auf den Hinterbeinen aufgerichteten Stier und einen schreitenden Löwen; der Stier ist von kleineren Löwen, der Löwe von kleineren Stieren flankiert. Stemmt der Stier seine Vorderbeine auf die Köpfe der Löwen, so der Löwe seine Tatzen auf den Nacken der Stiere. Die Künstlichkeit der Komposition stellt der Auslegung besondere Probleme. M.E. handelt es sich hier um einen bildlichen Chiasmus ("der Stier die Löwen, der Löwe die Stiere"). Der bildliche drückt, wie der sprachliche Chiasmus, eine strenge Entsprechung aus: Genauso wie der Stier die Löwen bändigt und kontrolliert, so bändigt und kontrolliert der Löwe die Stiere. Ob die Entsprechung eine Art Gleichgewicht des Schreckens (Wildstier und Löwe), ein gegenseitiges Sich-in-Schach-Halten der domestizierten und der wilden Welt (Hausrind und Löwe) oder, was bei der Künstlichkeit und Abstraktheit der Komposition nicht ganz abwegig scheint, den von Leben *und* Tod bestimmten Rhythmus des Daseins darstellen soll, muss ungewiss bleiben. Die Artifizialität der Komposition legt jedenfalls eine Deutung auf einer relativ hohen Abstraktionsstufe nahe. Der Umstand, dass die flankierenden Löwen sitzend, die flankierenden Stiere dagegen sich aufbäumend dargestellt sind, wobei letztere zudem noch durch ein über ihnen angebrachtes 'Wappen' betont sind, gibt den Stieren ein gewisses Übergewicht.[121]

---

[120] BOEHMER 1975: 294; vgl. KARG 1984: 47f.

[121] Zu verwandten Kompositionen vgl. AMIET ²1980: Fig. 586 und besonders 591.

2.3. Frühdynastische Zeit

Die Frühdynastische Periode wird häufig in drei Phasen eingeteilt (FD I 2900-2750; FD II 2750-2600; FD III 2600-2350). Die Glyptik der FD I zeichnet sich durch äusserste Schematisierung aus, durch extrem stilisierte Tierreihen und geometrische Muster. Die Tierkampfdarstellungen der frühsumerischen Zeit scheinen vorerst keine Fortsetzung gefunden zu haben. Allerdings ist die Datierung einiger Stücke (**Abb. 16-17**) vom Tell Agrab im Dijala-Gebiet östlich von Bagdad umstritten. Während manche Forscher und Forscherinnen sie noch der FD I zuweisen wollen[122], datieren andere sie in die FD II.[123] Die flächige Gravur erinnert jedenfalls stark an die protoelamischen Siegel. **Abb. 16** zeigt zwei Stiere. Jeder wird von einem Löwen angegriffen, der eine von hinten, der andere von vorn. Der Stier rechts bohrt dem von vorn angreifenden Löwen seine Hörner in die Genitalgegend. Der den zweiten Stier von hinten angreifende Löwe wendet den Kopf zu dieser Gruppe zurück, was den Eindruck erweckt, er wolle von seiner Beute ablassen. Wie auf **Abb. 15** besteht hier eine Art Gleichgewicht zwischen Löwen und Stieren. Im Gegensatz zur Komposition von **Abb. 15** stellt der zurückgewendete Kopf des einen Löwen zudem - mindestens ansatzweise - eine Beziehung zwischen den beiden Gruppen her. Die grössere zwischen den Löwenköpfen verbleibende Fläche wird mit einem Mufflon(?)-Kopf ausgefüllt. Die nach links gerichteten Stier-, die nach rechts gerichteten Löwenköpfe und der wiederum nach links gerichtete Mufflonkopf schaffen einen Rhythmus, der dem Geschehen einen drängend-dramatischen Zug verleiht. Nicht mehr das Gleichgewicht von Stier- und Löwenmächten wie auf **Abb. 15**, sondern die dramatische Auseinandersetzung rückt in den Vordergrund.

2.3.1. Der 'Stiermensch'

Trifft die Frühdatierung des Siegels von **Abb. 17** in die FD I-Zeit zu, dann stellt dieses das früheste Zeugnis für das Motiv des 'Stiermenschen' dar.[124] Im Zentrum des Bildes wird ein Stier von einem Löwen (bzw. einer Löwin?) angefallen. Der Stier ist vorne zu Boden gegangen, der Felide scheint zu triumphieren, auch wenn die Hörner des Stiers eine empfindliche Stelle des Löwenunterleibs bedrohen. In das Ringen dieser beiden Mächte

---

[122] Vgl. BEHM-BLANCKE 1979: 56 Anm. 395; so zuletzt COLLON 1987: 27.

[123] KARG 1984: 10-15.

[124] Zur frühen Geschichte des 'Stiermenschen' vgl. KARG 1984: 42-44.

greifen von aussen und oben zwei 'Stiermenschen' ein. Sie sind mit spitzen
Stöcken bewaffnet, die sie als Stichwaffe gebrauchen. Der eine packt den
Löwen von hinten am Schwanz und stösst ihm seinen Stock in den Rücken,
der andere hat den Schwanz des Stiers ergriffen, richtet seine Stichwaffe aber
auf die Vordertatze bzw. die Brust des Löwen. Das Ergreifen des Schwanzes
kann offenbar Besitzergreifung in freundlicher oder feindlicher Absicht bedeuten; wie die Stossrichtung der Stöcke zeigt, geschieht sie hier dem Stier
gegenüber in freundlicher, dem Löwen gegenüber in feindlicher Absicht. Die
'Stiermenschen' sind dabei, den Löwen zu töten und den Stier zu retten.

Die Vorstellung vom 'Stiermenschen' dürfte sich aus der Erfahrung und
dem Hörensagen von geheimnisvollen, Löwen besiegenden und beherrschen-
den Stieren entwickelt haben, wie sie realistisch in **Abb. 10**, stärker konzep-
tuell in **Abb. 15** Gestalt gewonnen haben.[125] Ihre Nähe zum Erfahrungs-
hintergrund hat die 'Stiermensch'-Vorstellung auch darin bewahrt, dass die
'Stiermenschen' regelmässig in der Mehrzahl erscheinen. MOORTGAT hat,
wie oben schon bemerkt, den Anfang eher beim Menschen gesehen: "Aus
dem rinderschützenden Helden entsteht ein Mischwesen, ein Stiermensch, in
dem die Verbundenheit zwischen Held und heiligem Tier zum Ausdruck
kommt."[126] Die Gesamtentwicklung verläuft aber, wie im Folgenden zu zeigen sein wird, im Sinne einer Vermenschlichung der Mächte vom Stier zum
'Stiermenschen', wie sie sich zur gleichen Zeit (zwischen 3000 und 2800)
auch in Ägypten beobachten lässt.[127] In Mesopotamien ist sie allerdings, wie
in Ägypten in manchen Fällen auch, auf halbem Wege stehen geblieben.

Ein drittes Siegel aus der gleichen Fundschicht vom Tell Agrab (**Abb.
18**) zeigt zwei 'Stiermenschen', die einen Löwen am Schwanz und an einem
Hinterbein hochreissen. Rechtwinklig zum senkrecht hochgerissenen Löwen
liegt ein Capride, dessen Hinterteil durch den Vorderteil des Löwen verdeckt
ist. Dieser ist nach rechts gebogen und schlägt mit einer der Vordertatzen
nach dem 'Stiermenschen', der ihm einen Dolch in die Vordertatze stösst. Der
zweite 'Stiermensch' hält mit der freien Hand das Gehörn des geretteten
Capriden. Das Mit-der-Hand-Halten hat also wie auf **Abb. 17** einmal
freundliche, einmal feindliche Bedeutung. Eine Nebenszene bilden zwei eine
Pflanze(?) flankierende Mufflons auf einem Berg. Sie könnten nahelegen, im

---

[125] COLLON 1987: 24, sieht in Stücken wie dem von **Abb. 17** Verbindungsglieder zwischen frühen iranischen Siegeln (**Abb. 5**) und den Tierkampfszenen Südmesopota-
miens der FD II.

[126] MOORTGAT 1940: 10.

[127] HORNUNG [2]1973: 96-98 hat diese Vermenschlichung der Mächte überzeugend
beschrieben ([2]1973: 96-98).

angegriffenen und verteidigten Capriden kein Haustier, sondern eine Wildzie-
ge oder einen Steinbock zu sehen. Die 'Stiermenschen' erweisen sich also als
Retter nicht nur von Haus-, sondern auch von Wildtieren, die durch Löwen
bedrängt werden.

Während in den Kompositionen von **Abb. 16** und **17** die Horizontale
dominiert, bildet der vertikal hochgerissene Hinterleib des Löwen bei **Abb.
18** ein Gegengewicht zur Horizontalen des liegenden Capriden. Die für die
FD II typischen Kompositionen werden in der Regel durch eng gedrängte
Vertikalen bzw. Diagonalen bestimmt. Die auf ihren Hinterbeinen aufgerichteten, eng aneinandergedrängten Löwen, Stiere und Capriden verleihen dem
Bild eine unnatürliche Erregtheit und Dramatik.

In diese Grundkonstellation lässt sich jetzt auch das schon auf **Abb. 13-
14** beobachtete Schema[128] des "Herrn der Tiere" integrieren (**Abb. 19**), das
weit in die Prähistorie zurückreicht.[129] Der von CURTIUS beobachtete absolute Raumzwang, der durch konsequente Antithese und Isokephalie erreicht
wird[130], rückt die Darstellung allerdings ein Stück weit in die Nähe einer
zwar intensiven, aber doch spielerischen Ornamentik. Diese ist aber nicht
ohne eigene inhaltliche Aussage, insofern keine Macht eindeutig dominiert
und wie schon bei **Abb. 15** der Eindruck einer Art von Gleichgewicht her-
vorgerufen wird.

Viel häufiger als in Dreier- begegnet der 'Stiermensch' aber in den besonders für die Glyptik von Fara charakteristischen Fünfergruppen. Im Zentrum
kann ein 'Stiermensch' (**Abb. 20**) oder ein Capride (**Abb. 21**) stehen, der
von zwei Löwen angegriffen wird, die ihrerseits je von einem 'Stiermenschen' mittels eines Dolchs mit sichelförmigem Abschluss attackiert werden.
Während der 'Stiermensch' im Zentrum von **Abb. 20** wie der Stier von
Abb. 15 und die 'Stiermenschen' von **Abb. 17-18** *en face* dargestellt ist,
werden die seitlich angreifenden im Profil gezeigt. Die Profildarstellung versetzt Betrachter oder Betrachterin stets in ein distanzierteres, objektiveres Verhältnis als die *En-face*-Darstellung. Die "Begegnung" mit dem 'Stiermenschen' wird in **Abb. 21** durch die 'beobachtete Aktion' abgelöst. Schutzge-
genstand sind in der Fara-Glyptik nur selten Rinder (**Abb. 19**), häufig aber
Capriden (**Abb. 20-21**). Aus dem 'Stiermenschen' als vermenschlichter
Mächtigkeit der Stiere ist ein Schutzgeist der Tiere im allgemeinen geworden.

---

[128] Zu den Kompositionsschemata der älteren frühdynastischen Glyptik siehe KARG 1984:
49-62.

[129] BOEHMER 1975: 294.

[130] 1912: 10.

Gelegentlich verschwinden wie auf **Abb. 22** die von den 'Stiermenschen' beschützten Wesen ganz aus dem Bild, und der Triumph der 'Stiermenschen' über die Löwen wird zum alleinigen Gegenstand der Darstellung. Der 'Stiermensch' erreicht hier sozusagen den Höhepunkt seiner Karriere.

2.3.2 Der nackte gelockte Held

In der älteren frühdynastischen Zeit findet sich besonders in Ur sehr häufig ein nackter Hirte, der seine Herde verteidigt (**Abb. 23**). Er greift den Löwen allerdings nicht mehr frontal (vgl. **Abb. 12**), sondern von hinten an, wird so weniger als auf **Abb. 12** mit dem angegriffenen Rind identifiziert und erscheint eher als eine von aussen eingreifende, strafende Macht.

Der nackte, gelockte Held, dem wir auf **Abb. 13** und **14** im Schema des 'Herrn der Tiere' mit Stieren und Löwen begegnet sind, findet sich in der älteren frühdynastischen Glyptik noch durchwegs *en face* mit den gleichen Tieren (**Abb. 24** Löwen, **Abb. 25** Stiere). Aber der Unterschied zwischen der schützenden Haltung gegenüber den Stieren (vgl. **Abb. 13**) und der bändigenden gegenüber den Löwen (vgl. **Abb. 14**) ist nun nicht mehr vorhanden. Gegenüber der früheren, präzis definierbaren Funktion im Dienste der Herden tritt hier nur noch seine dominierende Kraft in den Vordergrund. Die von ihm zu beschützenden bzw. zu bändigenden Tiere sind blosse Macht potenzierende Attribute. Besonders in der Glyptik von Ur (**Abb. 26**) nimmt der nackte Held eine ähnliche Stellung ein wie der 'Stiermensch' in derjenigen von Fara (vgl. **Abb. 22**).[131]

2.3.3. Komplexere Kompositionen

In der jüngeren frühdynastischen Zeit (FD III) sind die Figuren häufig voluminöser geschnitten als in der vorausgehenden Periode. Die Mähnen der Löwen setzen sich jetzt aus einer Vielzahl von Haarbüscheln zusammen. Ihre Köpfe werden oft in Aufsicht dargestellt und wirken so breit und mächtig (**Abb. 1.6.27**).[132] Der traditionelle 'Stiermensch' erhält eine lange Nackenlocke, und sein Kopf ist im Vergleich zum Unterleib nicht selten um 180°

---

[131] Dass das im Figurenband wiedergegebene Kampfmotiv "eine verschlüsselte Wiedergabe des Stadtfürsten als Verteidiger seiner Untertanen gegen feindliche Gewalten aller Art" darstellen soll, wie jüngst E. KLENGEL-BRANDT (1988: 1-14) vorgeschlagen hat, erscheint von daher wenig wahrscheinlich.

[132] COLLON 1987: 27.

gedreht (vgl. **Abb. 1 und 6**).[133] Neben dem traditionellen 'Stiermenschen', der gelegentlich *en face* erscheint (vgl. dazu **Abb. 17-18 und 20**), taucht ein neuer *En-face*-Typ auf, der menschengesichtige Wisent mit breitem langem Bart (vgl. **Abb. 1 und 6**). Im Gegensatz zu den älteren Darstellungen des Stiermenschen *en face*, bei dem die von vorn dargestellten Hörner einen einfachen Sichelmond bilden (vgl. **Abb. 20**) sind die Hörner beim menschengesichtigen Wisent doppelt gebogen (**Abb. 1 und 6**). [134]

Neu ist der nackte gelockte Held im Profil (**Abb. 27**). Beim gelockten Helden *en face* sind gegen Ende der Periode deutlich die sechs Locken zu erkennen, die ihn in Zukunft charakterisieren werden (**Abb. 30**).

Dank ihres Volumens sind die einzelnen Figuren leicht voneinander zu trennen; die Gruppen wirken so nicht weniger klar als in der vorausgehenden Periode, obwohl sie häufig komplizierter und die an einer Aktion beteiligten Figuren vielfältiger geworden sind. So findet sich etwa das Kompositionsschema mit zwei sich kreuzenden Figuren im Zentrum schon in der ausgehenden FD II[135], aber noch nicht mit fünf *verschiedenen* Gestalten (nackter Held, Stier, Löwe, menschengesichtiger Wisent und 'Stiermensch') wie bei **Abb. 27**. Auf **Abb. 6** kreuzen sich im Zentrum ein menschengesichtiger Wisent und ein Stier (oder ein Capride?), die von zwei Löwen flankiert werden, welche sich ihrerseits mit je um 180° gedrehten 'Stiermenschen' im Profil kreuzen. Öfters wird ein Teil der Siegelfläche in zwei Register unterteilt und der obere Teil mit Schriftzeichen gefüllt (**Abb. 1, 6**, vgl. auch **27**, wo das Schriftfeld leergeblieben ist).[136] Auf **Abb. 6** findet sich unter dem Schriftfeld als Nebenmotiv der nackte Held als 'Herr der Tiere' mit zwei Rindern (vgl. **Abb. 13**). Dieselbe Konstellation steht im Zentrum von **Abb. 29**. Dabei ist das alte Dreier- (**Abb. 13-14, 26**) bzw. Fünfer- (**Abb. 20-22**) zu einem Siebnerschema erweitert, wobei sechs *verschiedene* Gestalten auftreten: im Zentrum der gelockte, nackte Held en face, flankiert von zwei Stieren; der linke wird von einem Löwen, der rechte von einem Panther angefallen, die ihrerseits links von einem nackten Helden im Profil, rechts von einem 'Stiermenschen' im Profil angegriffen werden.

Im Zusammenwirken von 'Stiermenschen' und nackten Helden in der gleichen Szene lässt sich die Kombination verschiedener lokaler Traditionen erkennen. In der FD II fehlt z.B. der 'Stiermensch' in Ur ganz, während er in

---

[133] KARG 1984: 43.

[134] BOEHMER 1965: 43f; COLLON 1987: 187.

[135] BOEHMER 1965: 16f.

[136] Zur Bedeutung dieser Schriftfelder für die Komposition vgl. den nächsten Abschnitt.

Fara sehr häufig ist. Umgekehrt wurde die horizontale Komposition, bei der ein nackter Held sein Herdentier mit einer Waffe gegen einen Löwen verteidigt, in Ur sehr häufig (**Abb. 23**), in Fara aber nicht gefunden.[137] Mit der Kombination verschiedener Traditionen ist allerdings nur ein Entstehungsfaktor genannt, aber noch kein Versuch gemacht, die Bedeutung der neuen Kombinationen zu erklären. Mit den verschiedenen Stoffen wurden ja auch verschiedene Bedeutungen kombiniert, und die Kombination dieser Bedeutungen muss ihrerseits eine neue Bedeutung haben. Das Ringen der Stiermächte mit den Löwen (**Abb. 20-22**) stellte einen Vorgang innerhalb der numinos apperzipierten Natur dar. Der Kampf des nackten, heldenhaften Hirten gegen den die Herde angreifenden Löwen (**Abb. 12** und **23**) ist ein Kampf des Menschen für die von ihm gepflegte Welt. Durch die gezielte Kombination von 'Stiermensch' und nacktem Helden in einer Aktion wird ein Kampf inszeniert, in den diese beiden verschiedenen Konstellationen integriert sind.

Die umfassende Integration ruft den Eindruck eines alle und alles umspannenden Kampfes hervor. Die Beibehaltung der alten Kompositionsschemata mit ihrem spielerisch ornamentalen Aspekt verhindert gleichzeitig den Eindruck einer omnipräsenten brutalen Aggressivität; die kunstvollen Überkreuzungen (**Abb. 6, 27**) erwecken eher den Eindruck ungezügelten und ungezielten Kampfeseifers. Solch nahezu lustvollen Eifer evoziert etwa die Tatsache, dass sich auf diesen Kompositionen jeder mit jedem in einen Kampf einlässt. So finden wir einen 'Stiermenschen' *en face* im Ringkampf für einen Stier (**Abb. 1**, links aussen), also zwei Kontrahenten, die üblicherweise gemeinsam gegen Löwen antreten (**Abb. 27**). In vielen Fällen aber führt die Kombination der verschiedenen Traditionen und das Verschwinden alter Grenzen nicht zu einem lustvollen Ringen aller mit allen, sondern zu neuen Machtverhältnissen: so, wenn der nackte Held von 'aussen' zum Ringen der Stiermächte mit den Löwen hinzutritt und Partei ergreift für die Stiermächte (**Abb. 27** und bes. **28** mit einem Mufflon). Dies wird Konsequenzen nicht nur für die Löwen, sondern auch für die Stiermächte haben und markiert eine neue Etappe bei der Anthropomorphisierung der Mächte.

Diese Anthropomorphisierung findet ihren Ausdruck in der Ersetzung des 'Stiermenschen' im Fünferschema von **Abb. 20-22** durch den nackten Helden im Siebnerschema von **Abb. 29**, aber auch in einem Siegel wie dem von **Abb. 30**. Der nackte gelockte Held ist als 'Herr der Tiere' zwar schon in der frühsumerischen (**Abb. 13-14**) und in der älteren frühdynastischen

---

[137] Vgl. BOEHMER 1965: 73-76.

Zeit belegt (**Abb. 24-26**)[138]; neu ist nun, dass er in einem unüberbietbaren Kraftakt nicht mehr Capriden (vgl. **Abb. 26**), sondern - auch hier an die Stelle des 'Stiermenschen' getreten (vgl. **Abb. 22**) - Löwen an den Hinterbeinen hochreisst.

2.4. Akkadzeit

Die folgende Periode, die Akkadzeit (ca. 2350-2200), ist durch die Erhebung des Semitischen zur Schriftsprache und durch den Versuch Sargons und seiner Nachfolger charakterisiert, das bisherige Stadtstaatensystem durch ein Grossreich abzulösen. In der Rollsiegelglyptik der Akkadzeit nehmen Tierkampfszenen einen unvermindert breiten Raum ein. Von den 1695 akkadzeitlichen Siegeln, die R.M. BOEHMER in seinem Standardwerk zur Glyptik dieser Periode katalogisiert hat, weisen fast die Hälfte (801 Stück) Tierkampfszenen auf.[139] Es ist klar, dass aus dieser Fülle hier nur die wichtigsten Typen herausgegriffen und kurz diskutiert werden können. Ebenso kann BOEHMERs Einteilung der akkadzeitlichen Glyptik in drei Phasen (Akkad I-III) und in weitere Unterphasen nur in grossen Zügen respektiert werden.[140]

Im Vergleich zur frühdynastischen Glyptik der letzten Phase werden die Figuren in der Akkadzeit plastischer und muskulöser (z.B. **Abb. 2.35.37-38**) oder - bei einer andern Gruppe - summarischer und schematischer geschnitten (**Abb. 31**). Die Löwenköpfe werden jetzt wieder häufig im Profil und mit weit aufgerissenem Rachen wiedergegeben. Die akkadischen Siegel beider Gravurstile verzichten auf die komplizierten Kompositionsschemata der jüngeren frühdynastischen Zeit mit ihren vielen und gesuchten Überschneidungen (**Abb. 6.27-28**). Die einzelnen Figuren und Figurengruppen gewinnen viel mehr Raum, das Gemenge und Gedränge weicht einer platzgreifenden Dynamik. Dies zeigt anschaulich ein Vergleich der früheren Gestaltungen des axialsymmetrischen Fünfer- bzw. Siebnerschemas (**Abb. 20-22** und bes. **29**) mit der neuen Version (**Abb. 31**) und ihren klaren Verhältnissen.

---

[138] Zu den Kompositionsschemata, in denen der nackte Held in der älteren frühdynastischen Zeit auftritt, vgl. KARG 1984: 47f.

[139] BOEHMER 1965: 3-46.141-165.

[140] Vgl. dazu NAGEL/STROMMENGER 1968.

2.4.1. 'Stiermensch' und gelockter Held

Schon in **Abb. 29** hatte der nackte gelockte Held den 'Stiermenschen' von **Abb. 20** und **22** ersetzt; dabei bleibt es in der Akkadzeit. Die Vielfalt der beteiligten Figuren ist reduziert, die Rinder von **Abb. 29** sind auf **Abb. 31** durch Gazellen ersetzt. Dies ist bedeutsam: der nackte Held löst hier wiederum den 'Stiermenschen' ab, der sich in der FD II von der Schutzmacht der Rinder (**Abb. 17**) zur Schutzmacht der Wild- und Haustiere im allgemeinen entwickelt hatte (**Abb. 18** und **20**). Der rein menschengestaltige nackte Held beansprucht nun den zentralen Platz in einer Welt, die in der FD I-II noch ihr eigenes Gleichgewicht zwischen mischwesen- und tiergestaltigen Mächten hatte (**Abb. 15-22**). Hier kündigt sich der Anspruch der Grossreiche an, in denen ein Mensch nicht nur über alle Menschen, sondern auch über die Tiere des Feldes herrschen kann (vgl. Jer 27, 5f).[141] In den Siegeln des plastischen Stils der Akkad I - Zeit tritt der nackte sechslockige Held häufig als Beherrscher und Beschützer des *en face* dargestellten menschengesichtigen Wisents auf (vgl. schon **Abb. 1**, für die Akkadzeit **5** und **32**).[142]

Neu sind in der Akkadzeit die Götterkämpfe.[143] Sie zeugen von einer stark anthropomorphisierten und dynamisierten Schau der kosmischen Mächte.[144] In diesem neuen Kontext wird der *en face* dargestellte 'Stiermensch' z.B. auf **Abb. 33** von einem ganz anthropomorphen, durch Flammen auf der Schulter und einen Stern über der Hörnerkappe charakterisierten Gott an einem Horn und am Schwanz gepackt. Der 'Stiermensch' steht hier vor einem Berg, welcher in der Akkadzeit häufig mit besiegten Göttern assoziiert wird.[145] Wird der 'Stiermensch' hier den Mächten zugeordnet, die vom Sonnengott und diesem zugeordneten Gottheiten in die Schranken gewiesen werden? Er erscheint hier jedenfalls eindeutig in einer negativ konnotierten Rolle.[146]

Die Hauptaufgabe des im Profil dargestellten 'Stiermenschen' ist in der Akkadzeit weiterhin die Bekämpfung des Löwen, dem er meistens allein

---

141 Vgl. hierzu KEEL 1978: 71-81.
142 Das Siegel von **Abb. 32** ist oben ziemlich stark abgerieben und die Locken deshalb nicht mehr zu sehen.
143 BOEHMER 1965: 49.
144 Vgl. MÜLLER 1981: 15-22.
145 Vgl. BOEHMER 1965: Abb. 301-306.
146 Für einen frühen Beleg dieser Kampfszene vgl. BOEHMER 1965: 53 und Abb. 75.

gegenübertritt (vgl. **Abb. 5** rechts aussen).[147] Neu wird die Profilansicht des Kopfes mit den in Vorderansicht wiedergegebenen Hörnern kombiniert und damit ein Kopfschmuck geschaffen, welcher der einfachen Hörnerkappe der Akkadzeit gleicht, die göttliche Wesen charakterisiert (**Abb. 33 und 35**). So hat sich der 'Stiermensch', der als Schutzmacht der Rinder begonnen hatte und dann zu einem Schutzgeist der Tiere im allgemeinen geworden war, endgültig zu einer numinosen Persönlichkeit eigenen Rechts mit götterähnlichem Status entwickelt.

Folgerichtig kann er dann auch in Tätigkeitsbereichen erscheinen, die mit seinen ursprünglichen Funktionen nichts zu tun haben. Trat er schon in der ausgehenden frühdynastischen Zeit vereinzelt als Halter des Bügelschafts (gate-post, poteau ansé) bzw. als Wächterfigur auf[148], so wird er in der Akkadzeit nun häufiger so abgebildet (**Abb. 34**).[149] Gelegentlich ist er auch in Götterkämpfe verwickelt (vgl. **Abb. 33**).[150]

Der nackte sechslockige Held tritt in der Akkadzeit I wie gesagt hauptsächlich als Bändiger und Schützer des menschengesichtigen Wisents auf (**Abb. 5 und 32**). Ganz am Ende von Akkad I erscheint der aus dem Industal importierte Wasserbüffel, der Arnibüffel, neu in den Tierkampfszenen.[151]

Die verhältnismässig wenigen Siegel, die BOEHMER seiner Gruppe Akkadisch II zuweist, sind fast durchweg mit zwei kämpfenden Zweiergruppen dekoriert: der 'Stiermensch' (im Profil oder *en face*) mit dem Löwen und der nackte sechslockige (oder ein anderer) Held mit dem Wisent oder dem Arnibüffel. Diese Standardkombination ist auch in der Akkadzeit III sehr häufig (**Abb. 35**). Formale Gründe mögen eine Rolle gespielt haben. Vielleicht wollte man nicht zwei Hornträger (etwa den 'Stiermenschen' und den Stier) kombinieren. Auf **Abb. 4** hilft der Stiermensch dem sechslockigen Helden allerdings, den Wisent zu bändigen. Einmal eilt er einem bedrängten Wisent zu Hilfe.[152] Ausschlaggebend können die formalen Gründe also kaum gewesen sein. Der Löwenkampf war seit Beginn die spezielle Domäne des 'Stiermenschen' (vgl. **Abb. 4.5.15.17-18**) und bleibt ihm als letzte auf dem Rückzug. Mit Akkadisch III nämlich verdrängt der nackte sechslockige Held

---

[147] Vgl. MÜLLER 1981: 21.

[148] Vgl. AMIET ²1980: Fig. 1035 und 1300B.

[149] Vgl. BOEHMER 1965: Abb. 58.79.110 (*en face*).124. Ein einzigartiges Siegel aus Nippur zeigt, wie zwei Stiermenschen die Bügelschäfte am Palast des Sonnengottes halten (COLLON 1987: 166 und Fig. 765).

[150] Vgl. COLLON 1982: Pl. 3,13.

[151] Vgl. BOEHMER 1974: 1-19.

[152] Vgl. BOEHMER 1965: Abb. 200.

den Stiermenschen (wie auch die andern Helden) weitgehend. Dieser Triumph bedeutet die vollständige Vermenschlichung der Mächte auch in diesem eher untergeordneten Bereich. Der sechslockige Held überwindet den Stier *und* den Löwen (**Abb. 36**).

2.4.2. Symmetrische Gruppen und Namenstafel

Schon in der ausgehenden Akkad II - Zeit setzen die symmetrischen Szenen ein, die den sechslockigen Helden zweimal - spiegelbildlich angeordnet - zeigen, z.b. bei seinem gewalttätigen Sieg über den Löwen (**Abb. 37**). Die meisten Siegel dieses Typs gehören aber der Stilstufe Akkadisch III an, die den Höhepunkt und das Ende der akkadzeitlichen Glyptik markiert. Die Ersetzung der zwei Gruppen ('Stiermensch' und Löwe, sechslockiger Held und Stier u.ä.) durch eine einzige, doppelt wiedergegebene Szene hebt diese als besonders eindrücklich hervor. Es sind vor allem Szenen dieser Art (vgl. **Abb. 2-3.7**), die LAJARD, MÉNANT und HEIDENREICH faszinierten und dazu verführten, die Kampfszenen auf Mithrasmysten, auf Gilgamesch oder auf Tammuz zu deuten. Die Deutung der Bilder wäre weniger in die Irre gegangen, wenn man - statt sogleich die "Jagd nach dem Textzitat" aufzunehmen - die Bildtradition oder wenigstens die Komposition der Siegel sorgfältiger beachtet hätte.

Eine andere Folge der Missachtung der Komposition besteht darin, dass man das (theoretisch) endlose Band der Siegelgravuren meist an der falschen Stelle durchschnitt und bis heute durchschneidet. So wie die Gravuren in der Regel präsentiert werden, gewinnt man den Eindruck, die imaginäre Vertikale zwischen den Rücken der Arnibüffel (**Abb. 2**) bzw. den Bäuchen der Löwen (**Abb. 3**) bzw. zwischen den Rücken des Arnibüffels und des Löwen (**Abb. 35-36**) sei das Zentrum der Komposition. Diese Abtrennung scheint über jeden Zweifel erhaben, wenn diese Vertikale wie auf **Abb. 37** gar durch eine Standartenstange sichtbar gemacht wird. Ich halte es aber für viel wahrscheinlicher, dass bei einem Namenssiegel der Kasten mit Namen und Titel des Besitzers oder der Besitzerin als zentrales Element gesehen werden muss. Die zwei symmetrischen oder gar spiegelbildlich identischen Gruppen flankieren dieses zentrale Element. Diese flankierende Funktion macht die häufige Identität der beiden Gruppen überhaupt erst sinnvoll.[153]

---

[153] In ganz seltenen Fällen kann der sechslockige Held im alten Schema des 'Herrn der Tiere' (vgl. unsere **Abb. 14-15.25-26** und **30-31**) auch noch in der Akkadzeit auftreten (vgl. BOEHMER 1965: Abb. 231); dann kann er natürlich nicht die Namenstafel

Alle diese Gruppen müssen korrekt wie **Abb. 35-38** gesehen werden.[154] 'Stiermensch' und sechslockiger Held oder der verdoppelte sechslockige Held erweisen durch Krafttaten ihre Fähigkeit, alles Böse vom Namen des Eigentümers oder der Eigentümerin des Siegels fernzuhalten. Die Annahme, der doppelt dargestellte sechslockige Held sei der Wächter und Hüter des Namens des Siegelsbesitzers bzw. dort, wo der Name fehlt, des Siegelträgers oder der-trägerin selber, wird dadurch bestätigt, dass er - wie der 'Stiermensch' auf **Abb. 34** - den Bügelschaft[155] und gelegentlich - ebenfalls doppelt dargestellt - die zwei Bügelschäfte halten kann, welche die Wohnung Enki/Eas flankieren (**Abb. 39**).[156] Die besondere Nähe des sechslockigen Helden zu Enki/Ea war schon von HEIDENREICH (vgl. **Abb. 8**)[157] und dessen Gefolgsleuten beobachtet, aber zu Unrecht mit Dumuzi/ Tammuz in Zusammenhang gebracht worden.[158]

Enki/Ea ist - wie seine Wasserbäche und sein "Wasserschloss" (**Abb. 39**) zeigen - der Gott des Süsswassers und damit der Reinigung und der Reinigungsriten, der Quellen und der Fruchtbarkeit. Die Nähe des sechslockigen Helden zu Enki/Ea, seine Rolle als Torhüter und analog dazu als Hüter der Namenstafel haben einen plausiblen Zusammenhang, insofern Torhüter nicht nur heldenhaft kräftig und in der Lage sein müssen, das Böse (den Löwen) abzuwehren und zu überwinden, sondern ebenso die Eintretenden zu reinigen und am 'Segen des Hauses' bzw. des Namensträgers teilhaben zu lassen.Tatsächlich sehen wir den sechslockigen Helden nicht nur als heroischen Kämpfer die Namenstafel flankieren. In zwei Fällen tränkt er die Arnibüffel (**Abb. 7**).[159]

In apotropäischer *und* in benigner Funktion flankiert der nackte sechslockige Held die Namenstafel auf dem einzigartigen Siegel von **Abb. 38**. Rechts führt er den Wisent auf ihm reitend zur Tränke an eine Quelle, die rechts des Namens entspringt; links entfernt er den Löwen mit aufgerissenem Rachen und gespreizten Klauen aus dem Umfeld des Besitzernamens. Der kleine Arnibüffel unter der Namenskolumne schaut ihm dabei zu.

In Akkadisch III erscheint der nackte sechslockige Held somit als Figur

---

flankieren.
[154] Die Abtrennungen bei BOEHMER 1965 sind uneinheitlich.
[155] Ebd. Abb. 523, vgl. auch 488.
[156] Ein weiteres, sehr schönes Beispiel ebd. Abb. 518; vgl. auch Abb. 524.
[157] Vgl. ebd. Abb. 223, 279 und 525.
[158] Vgl. oben 1.3.
[159] BOEHMER 1965: Abb. 231.

aus dem Bereich Enki/Eas, der dessen Palast flankiert und durch das Halten des Bügelschafts als Torhüterfigur fungiert, als kämpfender Held in Verbindung mit dem 'Stiermenschen' oder allein die bösen Mächte von der Tür bzw. der 'Scheintür' mit dem Namen des Siegelsbesitzers fernhält bzw. an dieser 'Tür' den durstigen Wisent oder die Arnibüffel tränkt. Die wenigen Bilder (vgl. **Abb.** 8), die zwei miteinander ringende nackte Helden zeigen, sollen wohl ähnlich wie jene, die den Helden im Ringen mit dem Arnibüffel zeigen, die Kampfkraft dieser 'Türhüter' demonstrieren.

Der nackte, lockige Held, den man in der frühsumerischen, frühdynastischen und noch in der Akkad I-Zeit vor allem als 'Herrn der Tiere', als Schützer der Haustiere und Bändiger der Löwen antrifft (**Abb. 13-14, 24, 29-31**), tritt damit in der Akkad II- und vor allem in der Akkad III-Zeit in einer neuen, durch die Bilder ziemlich klar definierten Rolle hervor. Diese hat weder mit der des Gilgamesch noch mit der des Tammuz etwas zu tun.

2.5. Der sechslockige nackte Held und die literarische Überlieferung

Was erbrächte die Identifizierung dieser durch die Bilder ziemlich klar definierten Gestalten ('Stiermensch' und nackter sechslockiger Held) mit solchen, die in der Literatur genannt werden? Wir hätten für sie zunächst einmal einen antiken Namen.[160] Die Literatur könnte evtl. die Identität des sechslockigen Helden in seinen verschiedenen, durch die Bilder dargestellten Funktionen bezeugen und könnte so zusätzliche Informationen zur Deutung dieser Funktionen liefern.

W.G. LAMBERT hat kürzlich im Anschluss an F.A.M. WIGGERMANN[161] die Identifizierung des sechslockigen nackten Helden der Akkadzeit mit einer seit längerem aus der Literatur bekannten Gestalt namens *Laḫama* (sum.) bzw. *Laḫmu* (akk.) vorgeschlagen. "In texts there is a plurality of *Laḫmus*, associated with the 'sea' or 'Apsû', and forming Enki's constabulary in

---

[160] E. UNGER meinte, auf einem altassyrisch-kappadokischen Siegel eine dem Stiermenschen beigefügte Legende gefunden zu haben, die er *rêmu amēlu* "Wildstier-Mensch" las (1966: Taf. IV-VI. Aber D. COLLON und ihr Mitarbeiter C.B.F. WALKER, der die Inschriften gelesen hat, halten diese Lesung für sehr unwahrscheinlich und interpretieren die vermeintlichen Schriftzeichen als figurative Füllsel (1986: 73f Nr. 57 [BM 89303]).

[161] 1981-1982: 90-105; Ders. 1986.

Sumerian myths."[162] Wir hätten also einen Namen, der eine Grösse bezeichnete, von der es mehrere Exemplare gab. Diese Gestalten waren mit dem Süsswasser, dem Bereich Enki/Eas, verbunden und hatten eine Art Wächterfunktion. Was LAMBERT von den *Laḫmus* sagt, entspricht weitestgehend dem Bild der sechslockigen nackten Helden auf den Siegelbildern der Akkadzeit. Für das 1. Jt. ist die Identifikation des sechslockigen Helden als *Laḫmu* aufgrund der Korrespondenz von prophylaktisch-apotropäischen Figurinen mit textlichen Beschreibungen dieses Typs gesichert.[163]

In einem von LAMBERT wohl aus chronologischen Gründen nicht erwähnten[164] akkadischen Göttertypentext aus dem 1. Jt.[165] werden auch "zur Hälfte fischgestaltige Mischwesen, die Ea untertan sind, als *Laḫmu* bezeichnet"[166]. Fischgestalt passt bestens zum Lebensbereich Eas, und noch in neuassyrischer Zeit tragen die Beschwörungspriester des Ea bzw. Apkallu-Genien Fischkostüme.[167] Der nackte Held mit gelocktem Haar, der seit frühsumerischer Zeit als 'Herr der Tiere' belegt ist (**Abb. 13-14.24-26 und 29-31**) und gelegentlich zu Wächterfunktionen beigezogen worden ist (vgl. den Kommentar zu **Abb. 13-14**), scheint dagegen von Haus aus nichts mit Ea zu tun gehabt zu haben. Man hat ihn anscheinend erst sekundär in der Akkadzeit in dessen Dienst übernommen und dabei zu einer *Laḫmu*-Gestalt gemacht. Im Zuge der in der Akkadzeit zu beobachtenden Vermenschlichung der Mächte wurde ein rein anthropomorpher ikonischer Typ zur Darstellung eines aus der Literatur bekannten Schutzgenien- und Wächtertyps im Umfeld Enki/Eas verwendet. Dies hat die Menschlichkeit der Sphäre Enki/

---

[162] 1987: 38f Anm. 5.

[163] Vgl. überblickshalber die in Anm. 161 genannten Studien von F.A.M. WIGGER-MANN und weiter GREEN 1983: 87-96, bes. 91f.

[164] LAMBERTs Diskussion bezieht sich nicht auf Dokumente des 1. Jts. und lässt auch die Identifikation des sechslockigen nackten Helden der Frühdynastischen Zeit bewusst offen: "We express no opinion on the identity of this figure in Early Dynastic times (…), but there seems to be not the least shred of written evidence from the Early Dynastic periods that is pertinent" (1987: 39 Anm. 5).

[165] KÖCHER 1953: 57-107, bes. 78f (Rs. V 1-12.33-42). Die Textvertreter sind alle neuassyrisch und stammen aus Assur und Ninive; nach dem Kolophon einer Tafel aus Assur (Rs. VI 37-40) handelt es sich um die Abschrift eines Originals aus Babylon. Der Text dürfte jedenfalls in das 1. Drittel des 1. Jts. zu datieren sein, ist also viel jünger als die hier diskutierten Siegelbilder.

[166] EDZARD 1965a: 93f.

[167] Vgl. KEEL [4]1984: Abb. 23.91.185.186. Ob es sich bei diesen Gestalten zuweilen um Priester handelt, ist umstritten; häufiger sind jedenfalls mischgestaltige Fisch-Apkallu-Genien gemeint. Vgl. zur Diskussion GREEN 1983: 89f; RITTIG 1977: 80-93 und 216.

Eas, des menschlichsten aller sumerisch-akkadischen Götter, noch verstärkt. Angesichts des ausschliesslich aus der Ikonographie erhobenen Prozesses der Vermenschlichung der Mächte in der Akkadzeit kann man sich fragen, ob die Episode der Vermenschlichung des Steppenbewohners Enkidu - aus welcher Zeit sie auch immer stammt - nicht eine andere Gestaltung des gleichen Prozesses darstellt. Wir hätten dann in den Siegelbildern nicht eine Illustration, sondern in den Siegelbildern *und* in der Enkiduüberlieferung je eigenständige und verschieden akzentuierte Zeugnisse für den gleichen kulturgeschichtlichen Vorgang, nämlich ein wachsendes Bedürfnis, möglichst vielen Mächten anthropomorphe Gestalt zu geben bzw. möglichst viele Mächte der von anthropomorphen Gestalten bestimmten Sphäre einzugliedern.

3. SCHLUSS

Der letzte Abschnitt hat gezeigt, dass der Blick auf die Literatur durchaus interessant sein kann, wenn er nicht - entgegen der Grundregel jeder gesunden Komparatistik - zu früh geschieht. Zu Recht hat P. AMIET gegen H. FRANKFORT, der noch sehr stark im abendländischen "Panofsky-Schema" dachte[168], die grundsätzliche Eigenständigkeit der Ikonographie betont und begründet.[169] Amiet hat darauf hingewiesen, dass die Sprache dank der totalen Künstlichkeit ihres Zeichensystems zu unendlichen und häufig willkürlichen Differenzierung geeignet ist, während figurative Bildkunst mit ihrem viel stärkeren Mimesischarakter diesbezüglich reduziertere Möglichkeiten hat. Zur Bezeichnung von Wassergottheiten sind zahlreiche Vokabeln denkbar; die Zahl der mimetischen Attribute (Fische, Wellenlinien usw.) ist dagegen begrenzt. Während Götterlisten Hunderte von Namen enthalten können[170], finden wir in der zeitgenössischen Ikonographie bestenfalls wenige Dutzend verschiedener Gestalten.

Hat man diese einmal isoliert, geht es darum, die Geschichte des Einzelmotivs zu verfolgen, Konstellationen aufzulisten, in denen es erscheint, und die Geschichte dieser Konstellationen nachzuzeichnen. Wie in der Sprachforschung Etymologie und Ko-Text die wichtigsten Mittel sind, die Bedeutung eines Lexems zu eruieren, so helfen sie auch bei der Interpretation eines Ikonems. Das Verständnis der einzelnen Elemente und das Verständnis der Konstellationen bedingen sich gegenseitig.

"L'étape suivante de la recherche doit porter sur la coïncidence de ces images, non avec des mythes littéraires, mais avec des phénomènes naturels."[171] Die natürlichen Phänomene sind von den Bildkompositionen zwar weiter entfernt als die zeitgenössischen Texte, die wie die Bildkompositionen Kulturprodukte darstellen. Aber in Kulturen wie der frühsumerischen, in denen gar keine einschlägigen Textzeugnisse vorliegen, bleiben die natürlichen Phänomene dennoch ein wichtiges Referenzsystem[172], wobei selbstverständlich die

---

[168] Vgl. oben 1.4.

[169] AMIET 1977: 107-116.

[170] Vgl. TALLQVIST 1938: 245-486.

[171] AMIET 1977: 112.

[172] Vgl. z.B. H.-G. BANDI/W. HUBER/M.-R. SAUTER/B. SITTER (Hrsg.) 1984 und HORNUNG/STAEHELIN 1976: 111f, 115, 117, 123, 128, 131f, 134f, 138f, wo der Autor und die Autorin bei der Deutung der Tiere der Basisdekoration der ägyptischen Siegelamulette laufend auf die Biologie bzw. das Verhalten der entsprechenden Tiere hinwei-

kultur- und funktionsbedingte Darstellungsweise stets im Auge behalten werden muss. Jedes natürliche Phänomen kann ja sehr vielfältig apperzipiert
werden. Die Rückbeziehung auf den Referenten lehrt uns, z.B. bei den **Abb.
10-12** und **15**, dass wir es mit Löwe und Stier zu tun haben. Mit beiden
verbinden sich kulturell bestimmte Konnotationen. Aber während bei den
Abb. 10-12 auch die Komposition vom Referenten her beeinflusst ist, stellt
sie bei **Abb.** **15** die von ihrer Beziehung zum Referenten her gedeuteten Ein-
zelelemente in einen neuen Zusammenhang und benützt so ihre Möglichkeit,
eigene Aussagen zu machen, viel stärker als bei den **Abb. 10-12**. Für die
Ermittlung der Funktion einer Bilddekoration kann dann endlich der Sitz im
Leben weiterhelfen. Die meisten der hier vorgeführten Bilder finden sich auf
Siegelamuletten. Sind diese Aspekte hinreichend berücksichtigt, können gelegentlich auch kulturüberschreitende Vergleiche für die Deutung von Ein-
zelmotiven oder ganzer Kompositionen oder Vergleiche mit Texten, die die
gleiche oder eine ähnliche Thematik wie die Bilder behandeln, hilfreich sein.

Wer diese Aspekte und methodischen Schritte sorgfältig beachtet, kann zu
erstaunlichen Resultaten kommen. Da sich der Mythos aus der Konstellation
entfaltet und jederzeit wieder zur blossen Konstellation regredieren kann[173],
gilt, dass im Anfang das Bild und nicht das Wort war. Das Wort individuali-
siert, indem es dem Typus einen Eigennamen gibt, es lokalisiert, indem es die
Szene geographisch festlegt, es chronologisiert, indem es das Ereignis zu
einer bestimmten Zeit stattfinden lässt. Es differenziert, zu Recht oder zu Unrecht, was von der bildlichen Erscheinung her eins wäre. Dumuzi/Tammuz,
Gilgamesch, Nimrod, Simson, Herakles-Herkules und Mithras können in
diesem Sinne mindestens in einzelnen ihrer Aspekte als literarische Historisie-
rungen, Differenzierungen und Variationen der Helden der in der vorderasiatischen Rollsiegelglyptik ab dem 3. Jt. belegten Tierkampfszenen verstanden
werden.[174] In diesem Sinne enthalten alle im 1. Kapitel dieser Studie vorgestellten Deutungen ein Körnchen Wahrheit. Aber der Bildtypus ist bezeugt
und hat eine eigene Geschichte - lange bevor die literarischen Individualisie-
rungen, Lokalisierungen, Chronologisierungen, kurzum die ganzen Differenzierungen mit ihren je spezifischen Konnotationen, einsetzen.

---

sen. Zu diesem Thema vgl. den schon zitierten Beitrag von GOMBRICH 1981, der mit
dem Hinweis auf das berühmte "Cave canem"-Mosaik aus Pompeij beginnt und mit
dem Satz einsetzt: To understand the notice you must know Latin, to understand the
picture you must know about dogs" (ebd. 18).

[173] Vgl. oben Anm. 94.

[174] Darauf hat mich Thomas Staubli aufmerksam gemacht, der das ganze Manuskript
kritisch gelesen hat.

NACHWORT

Wie eingangs gesagt, wurde dieser Text zuerst an einem DFG-Symposion vorgetragen. Die sich anschliessende Diskussion ist veröffentlicht[175] und zeigt, dass der Text mancherlei Zustimmung gefunden hat, sich selbstverständlich aber auch Anfragen und Kritik gefallen lassen musste. Weitgehend Zustimmung fand die Hauptthese, dass Bild und Text grundsätzlich zuerst in ihrem eigenen Recht zu betrachten und zu interpretieren sind, selbst dann, wenn der Text eine Bildlegende und das Bild eine Textillustration ist. Denn auch in diesen Fällen bringen Bild und Text häufig ihren Möglichkeiten entsprechend verschiedene Aspekte zur Geltung. Man vergleiche nur etwa die verschiedenen, von Bildern festgehaltenen Arten von Porträts und die mittels Schrift dazu gesetzten Namen und Lebensdaten. Die Stärke des Bildes ist die Darstellung von Relationen (Augen zu Nase, Nase zu Mund und Kinn etc.), die des Wortes die Individualisierung und Klassifizierung, die Darstellung von Zeit. Wer erzählt, kann z.b. primär eine Handlung schildern, dem Illustrator oder der Illustratorin ist vielleicht der Raum wichtiger, in dem sie spielt usw. Themen wie Kreuzigung Christi oder David und Bathseba können nicht nur in Texten, sondern ebenso in Bildern extrem verschiedene Interpretationen erfahren. Indem wir Bilder mit Namen wie Mithra, Gilgemesch oder Tammuz in Beziehung setzen, ist oft nur ein vermeintliches Verständnis gewonnen.[176]

Weniger einig war man sich in der Frage, in welcher Weise Bilder ohne Texte zu interpretieren seien. Es wurde behauptet, dass die Interpretation von Bildern ohne kulturelles Wissen nicht möglich und dieses stets sprachlich vermittelt sei. Richtig ist, dass Bilder ohne kulturelles Wissen nicht verstanden werden können. Falsch aber scheint mir, dass dieses stets sprachlich vermittelt werde. Unter Kultur verstehe ich eine Kombination natürlicher und vom Menschen modifizierter bzw. geschaffener Gegebenheiten, die zusammen einen materiellen und geistigen Lebensraum bilden, unter Verstehen Einsicht in die Regeln, nach denen dieser Lebensraum funktioniert. Ich kann altsteinzeitliche Kunst nicht verstehen, wenn ich nicht weiss, dass es damals Mammuts gegeben hat, die Menschen mit Pfeil und Bogen hantierten, Steinwerkzeuge besassen und Masken benützten. Dieses Wissen aber wird nicht sprachlich, weder oral noch literal vermittelt, sondern primär visuell. Men-

---

[175] HARMS 1990: 471-473.
[176] Zur inhaltlichen Autonomie des Bildes vgl. jetzt auch THÜRLEMANN 1990: 10f.

schen haben Mammuts gesehen, die man im sibirischen Eis gefunden hat,
und Menschen haben gesehen, das diese Tiere in Höhlen gemalt worden
sind. Es ist auf der Tagung die Behauptung aufgestellt worden, dass die
Sozialisation des Menschen stets über die Sprache stattfinde. Die Behauptung
ist ganz unzutreffend. Man muss nur einmal gesehen haben, bis zu welchem
Mass sich ein fünfjähriges Kind, das in eine Kultur versetzt wird, von deren
Sprache es kein Wort versteht, sich innert kürzester Zeit visuell sozialisiert,
weil es sieht, was man tut und was man nicht tut, welche Folgen es hat,
wenn man etwas tut usw. Man kann sich auch einmal vorstellen, ein deut-
scher Blinder und ein Taubstummer würden über Nacht nach China versetzt.
Man kann sich leicht ausmalen, welcher transkulturell mehr Mühe hätte, sich
zurechtzufinden. Natürlich hat die visuelle Sozialisierung ihre Grenzen und
die sprachliche hat ganz andere, weitreichende Möglichkeiten und kann neue
Dimensionen eröffnen.

Gegen die genannten Beispiele kann eingewendet werden, auch das Kind,
das die Sprache seiner Umgebung nicht versteht, und der Taubstumme würden die sie umgebende Wirklichkeit nicht begriffslos anschauen. Damit aber
ist die absolute Priorität und Dominanz der Sprache nicht gerettet, denn Begriffe wie "Löwe", "Stier", "Baum" sind ohne Anschauung kaum vorstellbar
und jedenfalls wenig sinnvoll, weil sie nichts begreifen, und auch abstrakte
Begriffe wie "Königtum" oder "Gerechtigkeit" existieren nicht ohne Anschauung, und wenn diese im Extremfall auch nur aus ein paar Buchstaben
besteht. Kurzum, die Sprache ist ohne die Komplementarität des Bildes
unglücklich, das Bild ohne die Komplementarität der Sprache. In einer etwas
ungeschickten Abwandlung eines Dictums von J. Burckhardt wurde behauptet: Die Möglichkeit "ein Bild begriffslos anzuschauen und zu verstehen, gebe
es nicht; wenn man sie dennoch suche, so dürfe man konsequenterweise
nicht reden, sondern müsse schweigen." Die Forderung ist so unfair, wie
wenn man die Eigenständigkeit der Sprache von der Bedingung abhängig mache, dass sie, um diese zu besitzen, ohne jede Anschauung und visuelle Vorstellung funktionieren müsse.

Die Kritik an dem vorliegenden Text glaubte ihre Bedenken am genauesten
mit dem Einwand auf den Punkt gebracht zu haben, ich hätte "eine unzulässige Gleichsetzung von Signifikant und Signifikat" vorgenommen. In Wirklichkeit handelt es sich aber eher um die Deduktion des Signifikats aus dem
Referenten. Aus dem Umstand, dass der Referent "Löwe" (einzelner Löwe,
Löwen im allgemeinen) im 3. Jt. eine Bedrohung für den Menschen und seine Tiere darstellte, wurde geschlossen, dass der Signifikant "Löwe" "Bedro-

hung für den Menschen und seine Tiere" usw. bedeute.[177] Diese Annahme ist keine blosse Anmutung, sondern wird z.B. auf **Abb. 12** durch Bildkomposition und -syntax bestätigt. Die Bedeutung des Signifikanten "Löwe" kann nun aber durch die Bildkomposition, in der er erscheint, durch die bildinterne Syntax und den Sitz im Leben gegen das, was der Referent suggeriert, modifiziert werden. So wird etwa der Löwe auf **Abb. 3.14.30** und **36-38**, wo er von einem nackten Helden in Schach gehalten oder in gewaltigem Ringen überwunden wird, zu einem Requisit, das nicht anders als der Büffel auf **Abb. 2** und **35-36** dazu dient, die übermenschliche Kraft dieses Helden zu veranschaulichen.

---

[177] Vgl. dazu Anm. 172.

1

2

3

4

5

6

7

8

9

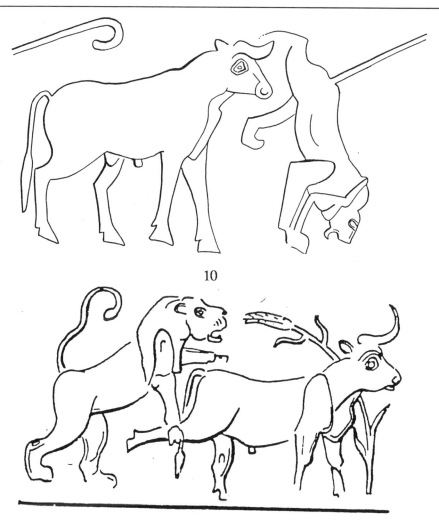

10

11

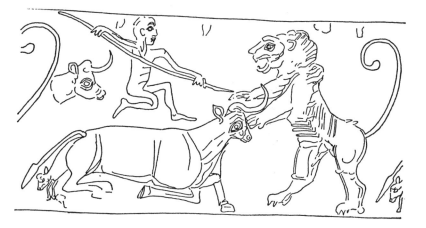

12

13

14

15

16

17

18

19

20

21

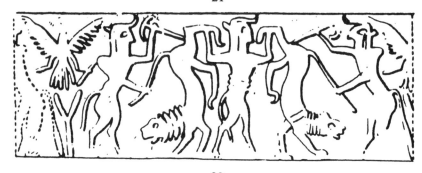

22

23

24

25

26

27

28

29

30

31

32

33

34

35

36

37

38

39

KAPITEL II

ÄGYPTISCHE BAUMGÖTTINNEN DER 18.-21. DYNASTIE

BILD UND WORT, WORT UND BILD

"The object has to have the potential for godly inherence even before it is taken for naming" (Freedberg 1989: 35).

1. EINLEITUNG[*]

Ägyptische Grabmalereien und -reliefs, Stelen, Totenbuchpapyri, Sarko-
phage und Uschebtikästen der 18. bis 21. Dyn. zeigen in unzähligen Varianten eine oder zwei Baumgöttinnen, die sich des oder der Toten annehmen,
indem sie diese(n) säugen, speisen *oder* tränken oder speisen *und* tränken.
Die monographische Bearbeitung, die dieses Thema verdienen würde, liegt
bis heute nicht vor.[178] N.G. DAVIES fand die Form der Vorgängerinnen grie-

---

[*] Eine erste Fassung dieses Textes war Teil einer Gastvorlesung an der Evangelisch
     Theologischen Fakultät der Universität Heidelberg am 12. Januar 1987 zum Thema
     "Tote und Terra Mater". Für eine Reihe von Auskünften und die Beschaffung einer
     Anzahl von Bildvorlagen danke ich Frau Dr. E. Staehelin vom Ägyptologischen
     Seminar der Universität Basel.

[178] Mehr oder weniger ausführliche, durchwegs dürftig oder gar nicht illustrierte Skizzen
     zur Baumgöttin finden sich z.B. bei VON BISSING 1924: 211-221; BUHL 1947: 80-97;
     SPIEGEL 1956: 203-205; WALLERT 1962: 105f und 135-139; MOFTAH 1965: 40-47;
     GAMER-WALLERT 1975: 655-660; HERMSEN 1981 passim; WINTER 1986: 60f;
     BAUM 1988: 34-86.279-284; HUGONOT 1989: 197-205; MOFTAH 1992; zu den akka-
     dischen Vegetationsgottheiten vgl. WINTER [2]1987, 437f, zu solchen aus Mari vgl.
     unten **Abb. 232**. Teilweise beziehen sich diese Skizzen nur auf einzelne Aspekte des
     Themas (z.B. WALLERT 1962; MOFTAH 1992), teilweise greifen sie auch viel weiter
     aus (z.B. BUHL 1947; eine unveröffentlichte Dissertation von R. MOFTAH mit dem
     Titel "Die Heiligen Bäume im Alten Ägypten. Beiträge zur Religionsgeschichte,
     Philologie, Archäologie und Botanik", Göttingen 1959, die HERMSEN 1981 intensiv
     benützt hat; BAUM 1988 und HUGONOT 1989). Eine Dissertation von M.E. LANE
     "Recherches sur les déesses dans l'arbre (Thèse de 3e cycle)" (Paris 1976) blieb unver-
     öffentlicht. Die informativsten veröffentlichten Beiträge zum Thema "Baumgöttin"
     sind die von VON BISSING 1924 und BAUM 1988. Der material- und kenntnisreiche
     Aufsatz von VON BISSING wird dem ikonographischen Thema aber insofern nicht
     gerecht, als er das Material primär nach literarischen Gesichtspunkten gliedert, nämlich
     nach Darstellungen der Nut, der Isis und der Hathor. Damit steht er zwar ganz in euro-
     päischer Wissenschaftstradition (vgl. das Motto zum ersten Kapitel), lässt aber ikono-
     graphisch wichtige Elemente ausser acht. BAUMs Darstellung, auf die mich Prof. J.
     Yoyotte, Paris, aufmerksam gemacht hat, nachdem dieses Kapitel schon fertig war,
     beruht auf 145 Monumenten. Die Illustration ist äusserst dürftig, die Darstellung
     extrem analytisch. Sie beginnt mit einer Auflistung der Monumente (pp. 38-45). Es
     folgt eine Liste ihrer zeitlichen Einordnung nach Dynastien und ihre Klassifizierung
     nach Bildträgern und Fundorten (z.B. Theben, Memphis; pp. 46-50), wobei diese nur
     noch mit Kürzeln aufgeführt werden (z.B. TT 39; AEIN 37 usw.). 3. werden die jewei-
     lige Lage der Baumgöttinnen innerhalb der Gräber, auf den Stelen und Sarkophagen
     und die beigefügten Legenden aufgelistet (pp. 50-67). 4. folgt die Auflistung der
     ikonographischen Typen der Göttin und ihrer Gaben, des Verstorbenen und seines Ba
     und des Baumes (pp. 67-84). Es wird eine ungeheure Menge an Belegen aufgelistet. Da

chischer Baumgottheiten etwas roh (crude shape) und die damit verbundene Geistesbeschäftigung überwand seiner Meinung nach nie "the childish stage" (1933: 44). Unsere Generation, durch das Sterben der Mitwelt für diese sensibel geworden, wird die Personifizierung eines Baumes weniger unangemessen finden als die Reduktion eines Baumes auf ein paar Kubikmeter Holz.

Um diesen Aspekt der ägyptischen Baumgöttinnen soll es hier jedoch nicht gehen. Im Kapitel über die Interpretation der mesopotamischen Tierkampfszenen wurde gezeigt, wie die Jagd nach dem Textzitat von einem angemessenen Verständnis der Bilder weit wegführen kann, besonders in einer Kultur wie der mesopotamischen, in der Bild- und Texttradition weitgehend getrennte Wege gehen. In Ägypten aber sind Schrift und Bild durch das System der Determinative, der Bildelemente in der Schrift, und durch die zahlreichen, in die Bilder hinein komponierten Beischriften eng miteinander verbunden.

Die kleine Studie zu den Baumgöttinnen wird zeigen, dass auch in der ägyptischen Kultur die Beziehungen zwischen Bild und Text vielfältiger und komplexer sind als man auf den ersten Blick annehmen möchte. Die Bildtradition folgt bald einer eigenen Dynamik. Bald lässt sie sich von wechselnden literarischen Traditionen inspirieren oder die literarische Tradition bemächtigt sich im nachhinein des Bildes und interpretiert dieses bzw. ergänzt es im Sinne der Komplementarität. Mit der einfachen, in Europa vorherrschenden Vorstellung, das Bild illustriere den Text, ist da nicht durchzukommen. Das Bild ist älter als das Wort, nachweislich älter als das geschriebene Wort. Ehe wir etwas benennen können, müssen wir es wahrnehmen.

In diesem Zusammenhang ist daran zu erinnern, dass der Begriff "Baumgöttin" (déesse-arbre, tree-goddess) eine moderne Prägung ist. Ich bezeichne als Baumgöttin eine mit anthropomorphen Elementen (Arme, Brüste, Oberkörper usw.) kombinierte Darstellung eines Baumes, meist einer Sykomore, gelegentlich auch einer Palme oder eines botanisch nicht bestimmbaren Baumes, oder eine mit einem Baum oder Baumelementen kombinierte weibliche Gestalt. Natürlich wussten die ÄgypterInnen, dass es keine solchen Bäume oder Frauen gibt. Sie brachten damit zum Ausdruck, dass sie an Bäume glaubten, die sie als Manifestation einer analog zu menschlichen Personen vorgestellten Macht verstanden (der Einfachheit halber manchmal als "perso-

diese Auflistungen, abgesehen von Abschnitt 2, nicht chronologisch geordnet erfolgt, entsteht kein Bild der Entwicklung des Themas.

nifizierte Bäume" bezeichnet) bzw. an Mächte, die sich analog zu Bäumen schützend, Erfrischung spendend und nährend bemerkbar machten (Gottheiten in Baumgestalt). Die Praxis, solche Baummächte, wenn sie namenlos sind als "Gartenvertreterinnen", wenn sie mit einer der grossen Göttinnen (Isis, Nut, Hathor etc.) identifiziert sind, als "Baumgöttinnen" zu bezeichnen[179], ist wenig sinnvoll, denn diese Identifizierungen sind stets sekundär und oft ein bisschen zufällig (vgl. z.B. **Abb. 56** mit **78**).

Die ägyptische Kultur kennt primär die Sykomore (*Ficus sycomorus* L.) mit ihren Früchten, ihrem Milchsaft, ihrem Schatten und dem Wasser, das in ihrer Nähe oft vorhanden ist, weil sie zum Überleben Wasseradern braucht[180], und die Dattelpalme mit ihren süssen Früchten (*Phoenix dactylifera* L.)[181]. Ägyptisch heisst die Sykomore *nht*, ein Wort, das vom Verbum *nh* "schützen" und vom Substantiv *nht* "Schutz" nicht zu trennen ist.[182] Die Dattelpalme wird ägyptisch *bnr.t* genannt. Die Sykomore bzw. die Palme sind für die Toten wichtig, weil vieles, was die Toten nach ägyptischer Vorstellung brauchen, durch sie präsentiert und repräsentiert wird. Von daher hat die Sykomore eine numinose Aura. Sie ist eine Göttin bzw. Göttinnen manifestieren sich wie sie. Ihre Gleichsetzungung mit einer der grossen bekannten Göttinnen (Isis, Nut, Hathor etc.) steigert diese primäre Numinosität und kommt einem weit verbreiteten Bedürfnis nach Ordnung und Klarheit entgegen, aber sie ist sekundär, wie die wechselnden Namen und der gelegentliche Verzicht auf eine solche Identifizierung auch bei späten Belegen zeigen, nachdem eine solche Praxis an und für sich längst Usus geworden ist.

2. TASTENDE VERSUCHE:
EINZELNE BAUMGÖTTINNEN AUS DER ZEIT DER
18. DYNASTIE VOR ACHENATEN

Die älteste bekannte Darstellung eines personifizierten Baumes ausserhalb der Schrift[183] ist die berühmte gemalte Skizze im Grab Thutmosis III. (1479-

---

179 HERMSEN 1981: 104f.

180 Ebd.: 72f; GERMER 1985: 25-27; BAUM 1988: 18-34.

181 WALLERT 1962; HERMSEN 1981: 109-112; GERMER 1985: 232-235; BAUM 1988: 90-106.

182 Zum Namen vgl. FISCHER 1978; BAUM 1988: 36.

183 Zu personifizierten Bäumen als Hieroglyphen aus dem Alten Reich vgl. unten **Abb. 44-45.** KOEFOED-PETERSEN datiert die Stele Kopenhagen ÆIN 37 ohne Angabe von Gründen in die 13. Dyn. (1948: 24 Nr. 27, Pentiu). BAUM 1988: 46 listet sie unter

1426 v.Chr.). Sie zeigt die Göttin Isis oder die Mutter des Königs, die dem Verstorbenen in Baumgestalt die Brust reicht (**Abb. 40**).[184] Die Beischrift lautet: "Men-cheper-Re saugt an seiner Mutter Isis". Nun hiess die Mutter Thutmosis III. tatsächlich Isis. Da hinter dem Namen "Isis" kein Determinativ steht, ist die Frage, ob es sich um die leibliche Mutter des Königs oder um die Göttin Isis handelt, wohl bewusst offen gelassen.[185] Dass der verstorbene König, der ja in seinem Tode wiedergeboren und erneuert werden soll, gesäugt und so mit Leben beschenkt wird, ist ein seit dem Alten Reich durch die Ikonographie wiederholt bezeugter Topos.[186] Neu ist an dieser Darstellung im Grabe Thutmosis III. nur das Baummotiv. Der Baum ist wahrscheinlich als Sykomore gedacht (*Ficus sycomorus L.*), auch wenn die charakteristischen Früchte fehlen. Die Sykomore sondert geschnitten einen milchigen Saft ab[187], der "Milch der Sykomore" heisst[188]. Dieser Umstand dürfte die Identifizierung der Milch spendenden Mutter und Göttin mit der Sykomore nahegelegt haben.

Einer ähnlichen Szene wie der im Grab Thutmosis III. scheint das Fragment einer Malerei auf Stuck zugehört zu haben, das in Berlin aufbewahrt wird (**Abb. 41**).[189] Weder die Identität der Göttin, noch die des Gesäugten sind bekannt. Im Gegensatz zur etwas älteren[190] Szene aus dem Thutmosis-Grab ist die Säugende hier – soweit erhalten – menschengestaltig dargestellt und der Baum scheint nur die Sphäre zu bilden, in der die Göttin erscheint.

Das Fragment von **Abb. 41** kann bei einer ebenfalls nur fragmentarisch auf uns gekommenen Wandmalerei aus dem Grab des Qenamun (TT 93) aus der Zeit Amenophis II. (1426-1400) behilflich sein (**Abb. 42**).[191] Relativ

---

[184] PORTER/MOSS ²1964: 553; die häufig abgebildete Darstellung findet sich farbig u.a. bei MEKHITARIAN 1954: 38; HORNUNG 1982: 94f Abb. 62.

[185] So schon MOFTAH 1965: 46; vgl. auch MÜNSTER 1968: 152; HORNUNG 1982: 85.

[186] Vgl. RANKE 1950: 228-236; MÜLLER 1963; VYCICHL 1966: 261-265; LAGARCE 1983: 549f Anm. 3 (mit älteren Aufsätzen von J. Leclant zu diesem Thema).

[187] GERMER 1985: 26; vgl. auch MÜNSTER 1968: 152.

[188] HERMSEN 1981: 73; BAUM 1988: 37 und Anm. 106.

[189] Berlin, Ägyptisches Museum Inv. Nr. 18534; KISCHKEWITZ 1985: 63 Nr. 122.

[190] Zur Datierung in die Zeit nach Thutmosis III. vgl. Ebd.: 62.

[191] PORTER/MOSS ²1960: 191f; DAVIES 1930: 45f und Pl. 45B (Text) und Pl. 46 (Bild); BAUM 1988: 34-38.

gut erhalten ist hier die Darstellung einer riesigen Sykomore. Zahlreiche Sykomorenfeigen sind in einer Schüssel auf einem Ständer vor dem links sitzenden (?) Toten aufgestellt, von dem nur sehr dürftige Spuren erhalten sind. Rechts unten sind noch die Zehen einer weiteren Gestalt zu sehen. Ohne die Beischrift käme man kaum auf den Gedanken, hier eine Komposition wie auf **Abb. 41** zu vermuten. Die über der Sykomore angebrachte Inschrift legt dies aber nahe:

"Gesprochen von der Sykomore (*nht*), Nut: 'Ich bin Nut, hoch und gewaltig am Horizont.[192] Ich bin zu dir gekommen und bringe Dir Gaben, du Aufseher über das Vieh [des Amun, Qenamun]. Du [sitzest] unter mir und suchst Kühle unter meinen Ästen. Du bist zufrieden mit meinen Gaben; du lebst von meinem Brot[193]; du trinkst von meinem Bier. Ich gestatte dir von meiner Milch einzusaugen und von meinen zwei Brüsten zu leben und Nahrung zu haben; denn Freude und Gesundheit sind in ihnen, und sie gehen in dich ein mit Leben und Glück, wie ich sie meinem ältesten Sohn (Osiris) gewährte. Ich schenke dir Vergnügen durch jede vergnügliche Sache in der frühesten Morgendämmerung...Deine Mutter (die Göttin selbst) verschafft dir (neues) Leben, sie legt dich in ihren Schoss, in dem sie empfängt (*bk3*)...Ich bringe dir mein Brot dar, mein Bier, meine Milch, mein Mahl, meine Feigen, meine Gaben, meine Köstlichkeiten, meine grünen Dinger, alle Arten guter und reiner Gaben, durch die du lebst und ernährt wirst. Nimm von ihnen, und lass dein Herz erfrischt sein, da du sie für immer besitzest".[194]

In der Sykomore ist die Himmelsgöttin Nut dem Toten nahe und beschenkt ihn mit ihren Gaben. Diese Gaben sind die Früchte des Baumes, wie Bild und Text zeigen. Dabei stehen die Sykomorenfeigen als pars pro toto für jede Art von Nahrung. Was sie Qenamun schenkt, ist aber auch die Milch ihrer Brüste, mit denen sie ihn säugt. Angesichts dieser Vorstellung könnten die Zehen rechts unten Teil eines Bildes sein, wie es leider auch nur fragmentarisch auf **Abb. 41** zu sehen ist. Endlich erscheint Nut in der Sykomore auch

---

[192] Von einer hohen Sykomore am östlichen Horizont, auf der die Götter (in Gestalt von Vögeln?) sitzen, ist schon im Pyramiden-Spruch 470 (§ 916) die Rede (FAULKNER 1969: 159). Sie wird dort aber nicht mit Nut identifiziert.

[193] Schon im Sargtexte-Spruch 723 (VI, 353) ist vom Brot die Rede, das den Verstorbenen "will be given...at the sycamore in which Rēꜥ is sheltered" (FAULKNER 1977: 275). Auch hier ist die Sykomore noch nicht mit Nut identifiziert. Da sowohl nach dem Pyramiden-Spruch 470 wie nach dem Sargtext-Spruch Götter in der Sykomore "wohnen", liegt deren Identifizierung mit Nut allerdings nahe.

[194] Übersetzung in Anlehnung an DAVIES 1930: 46.

als Himmelsgöttin, die abends die Sonne in ihren Schoss aufnimmt und morgens wieder neu gebiert (vgl. **Abb. 64**).

Von den drei genannten Darstellungen sehr verschieden ist die der Baumgöttin im Grab des Sennefer (TT 96), ebenfalls aus der Zeit Amenophis II. (1426-1400; **Abb. 43**)[195]. Die ganz anthropomorphe Göttin ohne Attribute ist so einem Strauch oder strauchartigen Baum einbeschrieben, dass ihre Füsse im Geäst verschwinden. Mit dem Baum von **Abb. 40** und **41** hat er gemeinsam, dass er keine Früchte trägt und so nicht deutlich, etwa als Sykomore, gekennzeichnet ist. Da ein Stück des Verputzes weggebrochen ist, sieht man nicht, ob und wenn ja, was die Baumgöttin dem Grabherrn präsentiert, der zusammen mit seiner Gemahlin vor ihr sitzt. Auf den Resten einer ähnlichen Darstellung in TT 176 aus der Zeit Amenophis II. - Thutmosis IV. (1426-1390) sitzt der Grabherr ebenfalls vor der Baumgöttin (**Abb. 43a**).[196] Ihre Gegenwart ist einzig durch ein Paar Arme angedeutet, die dem Grabherrn die Früchte des Baumes präsentieren, in dem sie erscheint. Vielleicht tat sie dies bei **Abb. 43** in ähnlicher Weise. Wie gesagt, fehlen dort allerdings, im Gegensatz zu **Abb. 43a,** die Früchte am Baum. So haben wir vielleicht an eine Opfermatte und/oder ein Libationsgefäss zu denken, wie sie auf **Abb. 46** zum ersten Mal belegt sind.

Der Strauch-Baum von **Abb. 43** wächst aus einer kleinen Pflanzmulde, die ihrerseits auf eine Standarte gestellt ist, wie sie in Ägypten gerne benutzt wird, um Götterembleme darauf zu stellen. Der 20. oberägyptische Gau, der des "Vorderen Oleanders" (*nˤrt ḫntt*), der herakleopolitanische, hat einen Baum auf einer Standarte als Emblem. Der älteste Beleg stammt aus der sogenannten Weltkammer im Sonnenheiligtum des Ne-user-re, dem 6. König der 5. Dyn. Es zeigt den Gau als weibliche Gestalt mit dem Gauemblem auf dem Kopf (**Abb. 44**).[197] Am Ende der 5. Dyn. erscheint der Baum auf der Standarte personifiziert, so in der Mastaba des Ptahhotep und des Achethotep in Saqqara westlich der Stufenpyramide (D 64). Ein menschlicher Arm, der ein Schutzzeichen hält, ragt aus dem Baum heraus (**Abb. 45a** ohne Arm, **45b-c** mit Arm).[198] Indem die Baumgöttin von **Abb. 43** auf eine Standarte gestellt

---

[195] Literatur bei PORTER/MOSS ²1960: 202; VIREY 1900: 96f Fig. 29; DESROCHES-NOBLECOURT et al. 1986: 46.

[196] PORTER/MOSS ²1960: 283. Das Bild ist unpubliziert. Die Vermittlung des hier abgebildeten Photos von S. Schott (Nr. 4268) und die Erlaubnis, sie zu publizieren, verdanke ich Herrn Prof. Dr. E. Winter, Trier.

[197] Kairo, Journal d'Entrée 34 189; Catalogue Général 57 116; EDEL/WENIG 1974: 19 (mit Lit.) und Taf. 7.

[198] DAVIES 1900: Pl. 10,186 und 192; vgl. dazu NEWBERRY 1912: 78f.

ist, erhält sie einen im Vergleich mit den meisten anderen Darstellungen ungewöhnlich abstrakten Zug. Der Typ "Baumgöttin auf Standarte" scheint in der Folgezeit nur noch äusserst selten aufgegriffen worden zu sein (vgl. **Abb. 96**).

Das kleine Gebet des Sennefer, das über der Szene **Abb. 43** steht, richtet sich an Isis, so dass die Baumgöttin hier wohl, wie bei **Abb. 40**, als Isis verstanden ist. Isis und Nut sind so von Anfang an als Baumgöttinnen belegt. Beides sind Göttinnen, die schon früh in enge Beziehung mit den Toten getreten sind und sind so mit dem Baum bzw. der Sykomore identifiziert worden, die den Toten "Milch", Nahrung und Kühle spendet. HERMSEN behauptet, *Hathor* sei "in Ägypten die Baumgöttin par excellence, hauptsächlich in der Sykomore verkörpert" (1981: 72). Aber Hathor ist nur eine der Göttinnen, die mit der für die Toten so wichtigen Sykomore identifiziert worden ist, und das relativ spät.

Ein ebenso erfolgloser Versuch wie die "Sykomoren-Isis auf der Standarte" stellt die als Baum verkleidete Isis, die Isis in Baummaskerade auf der Stele des Mahu im Britischen Museum dar (**Abb. 46**)[199], die in die Zeit Thutmosis IV. (1400-1390) zu datieren ist.[200] Im Gegensatz zu **Abb. 43** und zu zahlreichen späteren Darstellungen wächst hier die Göttin nicht gleichsam aus dem Baum heraus, sondern sie ist ganz menschengestaltig dargestellt und geht auf das Ehepaar zu, das sie beschenken will. Den Baum trägt sie wie ein Kleid oder eine transportable Hütte. Mit der einen Hand hält sie ein Tablett mit verschiedenen Speisen, mit der andern ein *ḥz*-Gefäss, aus dem Wasser quillt. In der Hieroglyphenschrift steht das Gefäss mit dem herausquellenden Wasser als Determinativ beim Verbaladjektiv *qbb* "kühl sein" und seinen Derivaten und beim Verb *qbḥ* "libieren, eine Libation darbringen". Neben dem Nahrungspenden, das ja schon die Darstellungen der **Abb. 40-42** zum Ausdruck brachten, tritt hier das Element der im dürren Totenland so wichtigen Erfrischung hinzu. Im obern Teil der Stele stehen der Tote und seine Gemahlin vor Osiris, parallel und in chiastischer Anordnung dazu (der Gott links, das Paar rechts, das Paar links, die Göttin rechts) wird das Paar unten von Isis gespeist und erfrischt. Der Chiasmus besagt, dass das Paar wie von Osiris *ebenso, entsprechend* von seiner Schwester-Gemahlin Isis günstig empfangen wird. Dabei handelt Isis als Sykomore.

---

[199] British Museum, London, EA Nr. [307]; HALL 1925: 9 und Pl. 23.

3. DIE PAARWEISE VORKOMMENDEN BAUMGÖTTINNEN DER 18. DYNASTIE, DIE DEN TOTEN MIT NAHRUNG VERSORGEN

Vier weitere Belege für Baumgöttinnen aus Privatgräbern der 18. Dyn. sind die der **Abb. 46a-49** aus Gräbern der Zeit Thutmosis III. (1479-1426) und des IV. (1400-1390). In allen vier Belegen tritt eine personifizierte Sykomore *doppelt* auf. Im Grab des Pujemre (TT 39) aus der Zeit Thutmosis III. flankieren zwei weibliche Gestalten, die allerdings nur sehr bruchstückhaft erhalten sind, den Eingang der zentralen Kapelle (**Abb. 46a**).[201] Bei der einen ist der Baum auf ihrem Kopf vollständig erhalten, bei der andern muss er rekonstruiert werden. Die beiden Baumgöttinnen nahmen das oberste von vier Registern ein, die von oben nach unten abwechselnd je eine Gabenträgerin und ein Gabenträger zeigen. Auch die beiden Baumgöttinnen scheinen Opfermatten gehalten zu haben. Sie sind so, wenn die Rekonstruktion stimmt, als Vorläuferinnen der Belege von **Abb. 47** und **47a** aus der Zeit Thutmosis IV. (1400-1390) zu betrachten.

Beim ersten aus dem Grab des Nacht (TT 52) flankieren die zwei weiblichen Gestalten, diesmal am untern Rand des Bildes die Opfermatte, auf der verschiedenste Speisen hoch aufgetürmt sind. Sie befindet sich vor der gemalten Stele in Form einer Scheintür, in der der Tote erscheinen soll, um an den davor aufgehäuften Opfergaben Anteil zu erhalten (**Abb. 47**)[202]. Die beiden namenlosen Gestalten halten in der einen Hand Papyrusstengel, in der andern eine Matte mit verschiedenen Speisen und eine lange Ranke mit Trauben. Auf dem Kopf der beiden Frauen ist eine Sykomore zu sehen (vgl. **Abb. 47a**). Da anthropomorphe Figuren in Ägypten das, was sie repräsentieren, häufig als Kopf oder auf dem Kopf tragen[203], sind sie als personifizierte Sykomoren bzw. als Sykomorengöttinnen zu verstehen. Hinter jeder ist ein Opferträger zu sehen.

---

[200] Zur Datierung vgl. Ebd. 9 und E. Staehelin (brieflich): Zur Zeit Thutmosis IV. nämlich "fangen die Frauen an, Kleider bis auf die Füsse zu tragen..., dazu passen auch die Haartrachten."

[201] DAVIES 1922, 1923: Pl. 56; BAUM 1988: 63; PORTER/MOSS ²1961: 74 erwähnen die Baumgöttinnen nicht.

[202] PORTER/MOSS ²1960: 100; DAVIES 1917: 46-49 und Pl. 8-10B; WILDUNG/BURGES 1978: Taf. 1 und 4.

[203] HORNUNG ²1973: 101-114; HORNUNG 1981: 211.

Die beiden Sykomoren im Grab des Tjanuni (TT 74) flankieren unterhalb von je drei vertikal übereinandergestellten Gabenbringern die Stele mit Opferformel und Biographie des Toten (**Abb. 48**)[204]. Im Gegensatz zu **Abb. 47** sind sie hier nicht menschengestaltig mit der Sykomore als Attribut, sondern baumgestaltig. Dadurch wird die Deutung der beiden anthropomorphen Gestalten von **Abb. 47** als personifizierte Bäume oder Baumgöttinnen bestätigt. Die Personifizierung oder Divinisierung der Sykomoren wird ausserordentlich diskret nur durch zwei Arme angedeutet, die bei der Sykomore links aus dem Baum herausragen[205] und eine Schale mit Früchten halten. Auch sie sind ohne Namen.

Beim vierten Beleg aus dem Grabe eines Sebekhotep (TT 63) flankiert das Sykomorenpaar einen Teich, aus dem der Tote und seine Gemahlin Wasser trinken (**Abb. 49**)[206]. Die hier gewählte Gestaltung der Baumgöttin betont weder einseitig die Personifikation wie der Beleg von **Abb. 47** noch die Erscheinung als Baum wie der von **Abb.48**, sondern ist ähnlich wie bei den **Abb. 43** und **46** ein Kompromiss aus beiden, insofern die anthropomorphe Göttin den Stamm des Baumes bildet, in dem sie erscheint. Auf einem Tablett präsentieren die Göttinnen dem Verstorbenen Speise, wie sie das schon auf **Abb. 47** machen. Wasser trinken die Toten auf **Abb. 49** aus dem Teich. Im Gegensatz zu den Darstellungen von **Abb. 46a-48** tragen die Sykomoren hier Beischriften. Die über der Sykomore links lautet: "Es spricht die Sykomore auf der westlichen Seite seines (d.h. Sebekhotep's) Teiches, mit Namen *snmt-nb.s* ("die ihren Herrn speist")." Über der Sykomore rechts steht: "Es spricht die Sykomore auf der östlichen Seite seines Teiches, mit Namen *m'kt-nb.s* ("die ihren Herrn schützt")".[207] Diese Beischriften machen noch deutlicher als bei Darstellungen ohne Beitext (**Abb. 46a-48**), dass wir es hier nicht mit Manifestationen irgendwelcher grossen Göttinnen zu tun haben, sondern dass die beiden Göttinnen oder Personifizierungen als "Sykomorengöttinnen" hinreichend definiert sind. Die Sykomore auf der westlichen Seite spricht: "Du Siegelträger Sebekhotep, du Seliger, 'Heil dir' sagt (Re?) ...Mahlzeiten, er speist dich mit allem Guten und Reinen, das sich befindet

---

[204] PORTER/MOSS [2]1960: 144; BRACK/BRACK 1977: 47f Szene 17 und Taf. 12d, 19b, 41.

[205] BAUM 1988: 63 behauptet: "Ce sont deux bras qui surgissent de chacun des arbres", aber das stimmt nicht. Nur der Baum links hat Arme.

[206] PORTER/MOSS [2]1960: 127; WRESZINSKI 1923: Taf. 222; WINTER 1986: 60f und 66 Abb. 3; BAUM 1988: 63.

[207] Die Übersetzung nach WRESZINSKI 1923: Taf. 222.

in...". Die östlich des Teiches spricht: "Sebekhotep, 'Heil dir' sagt Re, ich schirme dich, du Siegelträger Sebekhotep...!"[208]

Eine Sykomorengöttin neben einem Teich findet sich auch auf dem Fragment einer Wandmalerei, das im Britischen Museum aufbewahrt wird (**Abb. 50**).[209] Das Fragment stammt höchstwahrscheinlich aus der thebanischen Nekropole und wird aus stilistischen Gründen in die Zeit zwischen Thutmosis IV. (1400-1390) und Amenophis III. (1390-1353) datiert. Im Gegensatz zu **Abb.** 49 bildet der Leib der Sykomorengöttin hier nicht den Stamm des Baumes, sondern ihr Oberkörper wächst gleichsam aus dem Stamm hervor, eine Darstellungsweise, die dann in der ausgehenden 18. und bes. in der 19. Dyn. sehr gern und häufig gewählt wird. Wie bei den Belegen von **Abb. 46a-49** ist die Sykomorengöttin attribut- und namenlos, präsentiert dem Grabherrn ausschliesslich Speisen und giesst kein Wasser aus einer Libationskanne. Ob die Sykomorengöttin in diesem Grab, wie bei den **Abb. 46a-49** auch doppelt dargestellt war, lässt sich aufgrund des fragmentarischen Zustandes nicht mit Sicherheit sagen.

Wo kommt das Motiv der *zwei* Sykomoren her und wie sind diese zu verstehen? N.G. DAVIES bemerkt zum Opfer vor der gemalten Stele auf **Abb. 47**: "This is the gift of Nut, that goddess who, the pious Egyptian believed, would emerge from the sycamore tree when the soul halted in its shade on the journey toward the abode of the dead, and would give it an earnest of future well-being in refreshing food and drink".[210] Auf der gleichen Linie liegt die Erklärung der beiden Sykomoren von **Abb. 48** durch A. und A. BRACK: "Es handelt sich um die Baumgöttin Nut oder Hathor, die dem Verstorbenen auf seiner beschwerlichen Wüstenwanderung im Jenseits den ersten Schatten und die erste Labung spenden"[211]. Diese Erklärung provoziert die Frage, warum in allen drei Fällen *zwei* Bäume dargestellt sind, wenn es sich um die Erscheinung *einer* Göttin handelt. J. ASSMANN mahnt mit Recht zur Vorsicht, wenn er **Abb.** 47 mit den Worten kommentiert: "In den rahmenden Figuren darf man vielleicht noch nicht die grosse 'Baumgöttin' späterer Grabbilder erkennen, sondern Personifikationen des Gartens, analog den 'Stiftungsgütern' des Alten Reiches".[212] Man könnte auf die Personifizierung des 20.

---

[208] Übersetzung ebd.

[209] London, Britisches Museum 37983; DAVIES/GARDINER 1936: 132f, Pl. 69; JAMES 1985: 30 Fig. 28.

[210] DAVIES 1917: 46.

[211] BRACK/BRACK 1977: 48.

[212] Vgl. ASSMANN 1975: 319 zu Taf. XXXI.

oberägyptischen Gaus auf **Abb. 44** verweisen. Auch J.-CL. HUGONOT sieht in der Baumgöttin eine Repräsentation des Gartens, wobei er sich allerdings auf die jeweils nur *eine* , seit der 19. Dyn. übliche Baumgöttin beschränkt und auf die älteren Belege von **Abb. 46a-49** nicht eingeht.[213] Aber auch bei der Deutung als Personifizierung des Gartens stellt sich die Frage, warum bei den drei Belegen *zwei* Bäume zu sehen sind.[214]

Interessant ist, dass die beiden Sykomoren von **Abb. 49** ihre guten Wünsche im Namen des Sonnengottes Re vorbringen. Das erinnert an den in der 18. Dyn. gut bezeugten[215] Totenbuch-Spruch 109: "Spruch, die östlichen Mächte zu kennen", in dem von "jenen beiden Sykomoren aus Türkis" die Rede ist, zwischen denen *Re* hervorgeht.[216] Der Topos erscheint wörtlich gleich schon in den Sargtext-Sprüchen 159 (II, 367) und 161[217]. Zwei Sykomoren am Rande des Himmels kennt bereits der Pyramidenspruch 568 [218]. Neben der expliziten Erwähnung Re's im Beleg von **Abb. 49** erinnert die konstante Zweizahl der Sykomoren und im Falle der Belege von **Abb. 46a** und **47** aus dem Grabe des Pujemre und des Nacht auch ihre Position an die beiden Sykomoren des Re. Auf **Abb. 46a** flankieren sie die Tür, aus der der Verstorbene *hervorgehen* soll, auf **Abb. 47** die Opfer vor der Stele in Form einer Scheintür. Wie die Sykomoren des Re das Himmelstor flankieren bzw. bilden, aus dem der Sonnengott *hervorgeht,* so flankieren sie hier den Ort des *Hervorgehens* des Toten. Neben der Zweizahl und der Position ist den Sykomoren auf der **Abb. 46a-49** mit denen des Re gemeinsam, dass sie ohne Namen sind.[219]

---

213 HUGONOT 1989, 201f: "Cette déesse tend dès le début de la XIXe dynastie à remplacer la représentation du jardin dans le répertoire iconographique des tombes." **Abb. 55** kommentiert er ebd. 202f mit den Worten: "La représentation du jardin funéraire dans la tombe d'Ouserhet (TT 51) est assez particulière, car c'est en fait non pas la déesse-arbre qui dispense des offrandes aux défunts assis sous la protection d'un sycomore, mais la représentante du jardin, reconnaissable à l'arbre stylisé symbolisant sa fonction placé sur le sommet de sa tête."

214 Dieser Sachverhalt ist, soweit ich sehe, nur von N. BAUM gewürdigt und ganz ähnlich (mit den gleichen Argumenten) interpretiert worden (1988: 62-67), wie es hier unabhängig von ihr geschehen ist.

215 HORNUNG 1979: 482.

216 Ebd. 209. Vgl. auch Spruch 149,27f, ebd. 302.

217 FAULKNER 1973: 138 und 139f.

218 § 1433; FAULKNER 1969: 222; zum Ganzen vgl. GAMER-WALLERT 1975: 656.

219 Weder im Text noch in den Abbildungen, wo jede Beischrift fehlt, tragen sie einen Namen. Auch in keinem der genannten Belege aus den Pyramiden- oder Sargtexten und

Die Affinität zwischen den beiden Sykomoren der **Abb. 46a-49** und den Sykomoren von Totenbuch-Spruch 109 und seinen Vorgängern verdeutlichen auch Darstellungen des östlichen Horizonts. Leider nur fragmentarisch erhalten ist eine Darstellung aus der Zeit Amenophis IV. (1353-1336) in einem Grab bei el-Amarna. Sie zeigt das Randgebirge, auf dem die Himmelsfeste aufruht und daneben einen Strauch(?) und einen Baum.[220] Ein zweiter Baum ist am andern Ende des Horizonts zu ergänzen. Eindeutig ist die Darstellung allerdings nicht, da in andern Fällen zwei bzw. drei Bäume untereinander stehen.[221] Vielleicht handelt es sich um eine bewusste "Entgöttlichung" der Tradition, die die Belege von **Abb. 46a-49** bezeugen.

Darstellungen, die eindeutig als Illustrationen des Totenbuch-Spruchs 109 gemeint sind, finden sich in der 19.-21. Dyn. Im Grab des Irinefer in Deir el-Medine (TT 290; 19.-20. Dyn.) steht der Grabherr verehrend vor den beiden Sykomoren, zwischen denen Re hervorgeht, der einerseits als Sonnenscheibe und gleichzeitig als weisses Kalb erscheint (**Abb. 51**). Auf einem Kairener Papyrus aus der Mitte der 21. Dyn. fehlt das Sonnenkalb; dafür sind vor dem Sonnentor, ähnlich wie bei **Abb. 47** Opfergaben aufgehäuft, neben denen der Ba des Verstorbenen zu sehen ist (**Abb. 51a**).[222]

Ein kleiner Ausblick zeigt, dass nach der Amarnazeit doppelt dargestellte Baumgöttinnen selten sind. N.BAUM hat eine Reihe von Belegen aufgelistet.[223] Interessant ist die Integration der Doppelsykomore in den Osiris-Zyklus. Von der Zeit Ramses II. bis in die römische Zeit werden die zwei Sykomoren immer wieder einmal mit Isis und Nephtys assoziiert, die den toten Osiris flankieren. In die Zeit Ramses II. gehört die Darstellung im Grab des Chabechnet TT 2 (**Abb. 51b**).[224] Ungewöhnlicherweise halten die beiden Sykomoren hier Stelen. Auf der links steht "Osiris, der den Westlichen vorsteht", auf der rechts "Herr der Ewigkeit". Aus römischer Zeit stammt eine Situla, auf der der tote Osiris durch eine Kartusche mit seinem Namen dar-

---

dem Totenbuch werden die beiden Tor-Sykomoren mit Nut, Hathor, Isis oder einer andern Göttin in Beziehung gebracht.

[220] DAVIES 1905: 31 und Pl. 33 und 34.

[221] DAVIES 1908: 20 und Pl. 28 (zwei Bäume), Pl. 17 und 19 (drei Bäume).

[222] Weitere Belege bei KEEL 1977: 299-301; FORMAN/KISCHKEWITZ 1971: Nr. 26; BAUM 1988: 62; NIWINSKI 1989: 141 Fig. 29. Die Szene ist typisch für die Totenbuch-Papyri der neuen Redaktion der 21. Dyn., bei denen der Nachdruck auf bildlichen Darstellungen liegt.

[223] 1988: 64-67.

[224] PORTER/MOSS [2]1960: 9; BRUYERE 1959: 34f und Pl. 7.

gestellt wird. Isis und Nephtys stehen links und rechts von ihr je hinter einem Baum, über den hinweg sie dem Toten Wasser spenden (**Abb. 51c**).[225]

4. DIE BAUMGÖTTIN AM ENDE DER 18. UND AM ÜBERGANG VON DER 18. ZUR 19. DYNASTIE – WASSERSPENDE UND TEICH

In der Amarnazeit verschwand die Baumgöttin wie alle andern Göttinnen und Götter zugunsten der Sonnenscheibe mit den Strahlenhänden, die allerdings nur der Königsfamilie ihr Leben reichte. Aber schon unter Aja (1323-1319) taucht sie wieder auf und zwar im Grab eines Neferhotep (TT 49). Das Bild ist leider nur fragmentarisch erhalten (**Abb. 52**).[226] Wenn die Rekonstruktion von DAVIES zutreffend ist, reicht die Baumgöttin wie auf **Abb. 46** mit der einen Hand kühles, erfrischendes Wasser und mit der andern zwei Brote. Eine eindeutige Dominanz des Wasserspendens vor der Versorgung mit Lebensmitteln charakterisiert die Baumgöttin im Grab des Hatiaj (TT 324; **Abb. 53**).[227] Seine Dekoration ist gegen späte Ansetzungen in die Zeit des Merenptah oder gar Ramses VI. oder VII. in die ausgehende 18. Dyn. zu datieren.[228] An einem Teich ist nebst einer Palme in einem Kübel eine Sykomore zu sehen, aus deren Spitze der Oberkörper einer attribut- und namenlosen anthropomorphen Baumgöttin hervorragt, die dem Verstorbenen und seiner Frau "mit einem Libationsgefäss kühles Wasser" spendet. Dieses Element wird als einziges durch eine Beischrift hervorgehoben (*qbḥ*). Mit der andern Hand scheint sie zusätzlich ein rundes Brot zu halten, doch ist das nicht klar zu sehen. Vor der Amarnazeit stand eindeutig die Nahrungsspende im Vordergrund. Die Baumgöttinnen der **Abb. 46a-49** spenden ausschliesslich Speisen und kein Wasser.

Neu sind auf **Abb. 53** auch die beiden Ba-Vögel, die parallel zum Ehepaar vom Wasser trinken. Sie sind auf keinem der Bilder belegt, die eindeutig vor die Amarnazeit datieren, während sie in der Folgezeit regelmässig, gelegentlich sogar als einzige Gäste (vgl. z.B. **Abb. 62** und **66**) der Baumgöttin

---

225   Berlin, Ägyptologisches Museum Inv. Nr. 4376; BRUNNER-TRAUT/BRUNNER/ZICK-NISSEN 1984: 58f Nr. 44. Für weitere Varianten der Doppelsykomore vgl. BAUM 1988: 64-67.

226   PORTER/MOSS ²1960: 93; DAVIES/DAVIES 1933: 43f und Pl. 40.

227   PORTER/MOSS ²1960: 395; DAVIES/GARDINER 1948: 96f und Pl. 34; HUGONOT 1989: 199 Fig. 173; ASSMANN 1991: 166f Fig. 3.

228   Ebd. 166 Anm. 17.

anzutreffen sind.[229] Der nächste Abschnitt wird zeigen, dass die neue Betonung der Wasserspende wahrscheinlich auf den Einfluss der Totenbuch-Sprüche 58-60 und 62-63B zurückzuführen ist. Zwischen diesen Sprüchen aber steht Spruch 61, als dessen Zweck in der Überschrift angegeben wird: "Zu verhindern, dass der Ba eines Mannes ihm geraubt wird im Totenreich". Im Text des Spruches geht es dann wieder vor allem darum, über Wasser zu verfügen. Die Dominanz der Wasserspende *und* die Einführung der Ba-Vögel dürften so gleicherweise auf einen verstärkten Einfluss der Totenbuchsprüche 58-63B auf die funeräre Ikonographie am Ende der 18. und zu Beginn der 19. Dyn. zurückzuführen sein.

Ganz am Anfang der 19. Dyn., in der Zeit Ramses I. (1292-1290) bis Sethos I. (1290-1279) wurde das Bild von **Abb. 54** im Grab eines Amenemope (TT 41) geschaffen.[230] Es zeigt wie das vorausgehende Bild die Sykomore am Teich mit dem Oberkörper der anthropomorphen, attribut- und namenlosen Baumgöttin, die ein Libationsgefäss und ein Tablett mit Nahrung hält. ASSMANNs Deutungen oszillieren zwischen "'sakramentale Ausdeutung' des Totenopfers" (1991: 190), "andere Erscheinungsform" der Westgöttin, mit der sie "gleichsam Rücken an Rücken" steht (ebd. 96), Verkörperung des Baumgartens im Grabhof (ebd. 190) und "Personifikation eines jenseitigen Paradieses" (ebd. 191). Das alles (und noch mehr) mag mitschwingen, aber in erster Linie dürfte die personifizierte Sykomore, wie ihre Position am Teich und die Beischrift auf **Abb. 53** nahelegen, in dieser Zeit als Spenderin kühlen und kühlenden Wassers rezipiert worden sein.

Eine Akzentuierung in dieser Richtung zeigt auch der schöne und häufig abgebildete Beleg aus dem Grab des Userhet (TT 51) aus der Zeit Sethos I. (1290-1279; **Abb. 55**)[231], der den Grabherrn zusammen mit seiner Frau und seiner Mutter darstellt Sie sitzen im Schatten einer Sykomore und werden von einer Sykomoren-Göttin bedient. Das Grab des Userhet liegt nahe bei dem des Nacht (**Abb. 47**). Die zwei Baumgöttinnen, die dort das Opfer vor der Scheintür-Stele flankieren und Nahrung präsentieren, sind einzig durch die Sykomoren auf ihren Köpfen als "Baumgöttinnen" charakterisiert. Das gleiche ist im Grab des Userhet der Fall. Die Göttin im Grab des Userhet ist deutlich von denen im Grab des Nacht abhängig. Wie die Baumgöttinnen im

---

[229] Auf diese Neuerung der Nach-Amarnazeit hat mich Prof. Dr. E. Hornung vom Ägyptologischen Seminar der Universität Basel aufmerksam gemacht.

[230] PORTER/MOSS ²1960: 78f; ASSMANN 1991: 96 und 190f und Taf. 40, LI und LVb.

[231] PORTER/MOSS ²1960: 98; farbig in DAVIES 1927: 15-19 und Pls. 1 und 9; DAVIES/GARDINER 1936: Pl. 87; schwarz-weiss bei DAVIES 1927: Pl. 10; HUGONOT 1989: 202 Fig. 179.

Grabe des Nacht spendet auch sie überreichlich Nahrung, im Gegensatz zu jenen aber zusätzlich – und das mit der betont nach vorn gestreckten Hand – kühles Wasser. Im Gegensatz zu jenen ist sie nur einfach dargestellt. Denn sie verkörpert nicht das Sonnentor, sondern wohl in erster Linie den Teich, neben dem sie steht. Und als ob das noch zu wenig deutlich wäre, steht sie auch noch über einem Streifen Wasser, der die Form des Maat-Zeichens hat. Wäre die über ihr vorgesehene Inschrift je ausgeführt worden, wäre sie vielleicht mit einer der grossen Göttinnen identifiziert. Vielleicht wäre sie aber auch einfach als Sykomore, die dies und das spendet, bezeichnet worden (vgl. **Abb. 49**). Schlicht als "Sykomore" wird der personifizierte Baum auch später noch beschriftet, so z.B. im Grabe eines Nachtamun (TT 341) aus der Zeit Ramses II. (1279-1213; **Abb. 56**).[232]

5. DIE VON DEN TOTENBUCH-SPRÜCHEN 58-60 UND 62-63B ABHÄNGIGEN BAUMGÖTTINNEN DER 19. DYN., DIE NUR WASSER SPENDEN

A. NIWINSKI hat die Baumgöttinnen generell auf den Totenbuch-Spruch 59 zurückführen wollen.[233] Angesichts der zentralen Stellung des Totenbuches bei der Sorge um die Verstorbenen im Neuen Reich möchte man den Ursprung der Vorstellung gerne in diesem Werk vermuten. Der oder die Schöpfer des Totenbuchs dürften dieses wahrscheinlich zur Zeit der Hatschepsut (1479-1457) geschaffen und die Sargtexte des Mittleren Reichs neu redigiert und in eine dann für lange Zeit gültige Form gebracht haben.[234] Die Belege von **Abb. 40-46** legen eine Herkunft der Vorstellung vom Sykomorennumen aus dem Totenbuch nicht unbedingt nahe. Die doppelten Sykomoren-Numina der **Abb. 46a-49** dürften hingegen von den beiden Sykomoren des Re im Totenbuch-Spruch 109 bzw. 149 mindestens mitbeeinflusst sein. Spruch 59, auf den NIWINSKI verweist, trägt den Titel "Spruch, um Luft zu atmen und über Wasser zu verfügen im Totenreich" und beginnt mit dem Satz: "O jene Sykomore der Nut, gib mir doch von dem Wasser und der Luft, die in dir sind!" Der Spruch 59 findet sich im wesentlichen schon im Sarg-

---

[232] PORTER/MOSS ²1960: 409; DAVIES/GARDINER 1948: 40 und Pl. 29. Namenlos ist z.B. die Baumgöttin auch auf der Stele des Bakenim (London, University College 14362) aus der 19. Dyn. (STEWART 1976: 31f Pl. 23).

[233] 1989: 41.

[234] HORNUNG 1979: 22f.

text-Spruch 222[235], aber ohne die Anrufung der Baumgöttin. Diese scheint sich erst auf Papyri der 19. Dyn. zu finden[236]. So kann der Spruch 59 zur Entstehung der Vorstellung einer Baumgöttin (Isis, Nut) in der 18. Dyn., die den Toten Nahrung und Schutz gibt (**Abb. 49**), kaum etwas beigetragen haben.

Die gleiche Überschrift wie Spruch 59 hat der selten benützte Spruch 58. Er findet sich bereits in den Sargtexten. Er hatte dort aber eine andere Bedeutung. Der Tote oder die Toten, die aus einem Teich Wasser trinken, der von einem Baum, vor allem von einer Palme überschattet wird, finden sich in der 19. Dyn. nicht nur als Vignette in Totenbuchpapyri, sondern auch als grossformatige Grabmalerei.[237] Am bekanntesten ist wohl das Beispiel aus dem Grab des Irinefer (TT 290) aus ramessidischer Zeit (**Abb. 57**).[238] Ähnliche Darstellungen finden sich im Grab des Paschedu (TT 3) und des Amunnacht (TT 218).[239]

Anstelle einer Palme kann aber auch ein Laubbaum, nicht unbedingt eine Sykomore, neben dem Teich stehen, wie z.B. auf dem Totenbuch-Papyrus eines Sesostris bzw. *s-n-w3s.t* vom Ende der 18. Dyn. (**Abb. 58**).[240] Das Bild steht als Vignette über Totenbuch-Spruch 63A, der den Titel trägt: "Spruch um Wasser zu trinken und heil zu bleiben im Feuer", bzw. "nicht gedörrt zu werden im Feuer". Er könnte auch über Totenbuch-Spruch 62 stehen. Auf dem Papyrus des Sutimes, der wahrscheinlich der 19. Dyn. angehört[241], zeigt die Vignette zu Spruch 63A einen Toten, der nicht mehr selber aus dem Teich schöpft, sondern einen, dem der Baum am Teich dessen Wasser spendet (**Abb. 59**).[242] Weder Schutz noch Speise (vgl. **Abb. 49**), sondern Wasser und Kühle sind seine Gaben.

Personifizierte Bäume, die einzig Wasser spenden und so gewähren, was die Totenbuch-Sprüche 58-60 und 62-63B für ihre Schutzbefohlenen erwirken wollen, sind in Grabausstattungen der 19. Dyn. und in der Folgezeit wie-

---

[235] FAULKNER 1973: 176.

[236] HORNUNG 1979: 449.

[237] MOFTAH 1992; alle drei auch bei BAUM 1988: 116 Fig. 30-32.

[238] PORTER/MOSS ²1960: 373; HASSIA/LHOTE 1954: 138; MOFTAH 1992: 63 und Pl. 1. MOFTAH datiert die Malerei ohne Angabe von Gründen in die Zeit Sethos I.

[239] PORTER/MOSS ²1960: 10 und 319; MOFTAH 1992: 63 und Pl. 2 und 3.

[240] Wien, Österreichische Nationalbibliothek, Papyrus Reinisch; THAUSING/KERSZT-KRATSCHMANN 1969: 24 und Taf. 1 Szene 4.

[241] HORNUNG 1979: 527.

[242] Paris, Bibliothèque Nationale, Papyrus des Sutimes; NAVILLE 1886: Pl. 73; zu einem schönen Beleg aus der 20. Dyn. vgl. WILDUNG/SCHOSKE 1985: 97f Nr. 77.

derholt zu finden, so z.B. auf einer Grabmalerei im Grab des Nefer῾abet (TT' 5; **Abb. 60**).[243] Aus einem Strauch ragt ein Arm heraus, der einzig Wasser spendet. Auf einem Reliefblock aus dem Areal der Teti-Pyramide in Saqqara (**Abb. 61**)[244] hält die Baumgöttin, deren Oberkörper aus der Baumkrone herausragt, in jeder Hand ein Libationsgefäss und spendet daraus einer ganzen Familie kühles Wasser. Auf einer Stele unbekannter Herkunft, die heute in Bologna aufbewahrt wird, ist auf der Rückseite eine grosse Sykomore mit einer Baumgöttin eingeritzt, die aus zwei Libationsgefässen fünf Ba-Vögeln Wasser spendet (**Abb. 62**).[245] BRESCIANI behauptet zwar, die Göttin sei "certamente la dea Nut" (1985: 68). Aber sie ist wie auf den **Abb. 52-56** und **59-61** ohne Attribute und Namen und wir haben keinen Grund, sie anders denn als personifizierte Bäume oder als Baumnumina bzw. -göttinnen aufzufassen.

Wenn der Wasser spendenden Baumgöttin einmal Attribute beigegeben sind oder ein Göttinnen-Name beigeschrieben ist, dann kann sie als Nut, sie kann aber auch als Isis oder Hathor identifiziert sein. Im ramessidischen Grab eines gewissen Amenemheb in Gurnet-Murraï (TT 278) trägt die Göttin, die ganz anthropomorph im Baum steht, das Kuhgehörn mit der Sonnenscheibe auf dem Kopf und scheint so als Hathor identifiziert zu werden (**Abb. 63**).[246] Wahrscheinlicher aber handelt es sich um Isis, die vom Neuen Reich an mit dem Hauptschmuck der Hathor, Kuhgehörn und Sonnenscheibe, dargestellt werden kann[247] und wie hier in der lebenden Sykomore mit Blättern und Früchten erscheint, während Hathor eher selten und dann vielleicht in einer Sykomore ohne Blätter und Früchte dargestellt wird (vgl. unten). Wenn die Göttin hier mit beiden Händen nur Wasser spendet, so ist die Opfermatte, die etwas eigenartig über den Köpfen der beiden Ba-Vögel vor ihr plaziert ist, doch wohl, wenn auch nur durch Gedankengesellung, als ihre Gabe zu betrachten. Die Dominanz des Aspekts der Wasserspenderin bleibt aber bestehen. Ungedeutet sind die beiden *t* auf dem Stamm der Sykomore (vgl. unten **Abb. 81**).

Ausschliesslich als Wasserspenderin kann auch Nut dargestellt werden, so in einem Bild in TT 216, das sie als entscheidende Figur des Sonnenlaufs

---

243 PORTER/MOSS ²1960: 13; BRUYERE 1926: 148f.

244 Boston, Museum of Fine Arts 34.50; MARTIN 1987: 37 Nr. 91 Pl. 32.

245 Bologna, Museo Civico Archeologico KS 1906; BRESCIANI 1985: 68-71 Nr. 24, Tav. 33-35.

246 PORTER/MOSS ²1960: 355; VANDIER D'ABBADIE 1954: 50 und Pl. 32-34; SPIEGEL 1956: Pl. 15/2; MOFTAH 1965: 44.

247 BERGMAN 1980: 189.

zeigt (**Abb. 64**).[248] Die ganz anthropomorphe, mit Flügeln ausgestattete Göttin steht auf dem Dschedpfeiler und trägt auf dem Kopf ihren Namen und darüber eine Sykomore. Das erinnert an die **Abb. 47** und **55**. Die Sonnenscheibe über der Sykomore erinnert ihrerseits an die Vignette zum Totenbuch-Spruch 64, die eine Sonnenscheibe auf der Spitze eines Baumes mit der Beischrift zeigt: "Schön ist sein (Re's) Aufgehen" (**Abb. 65**).[249] Nut ist hier mit der Horizont-Sykomore identifiziert, über die die Sonne zum Himmel steigt und über die sie wieder ins Jenseits zurückkehrt. Gleichzeitig aber spendet sie zwei Menschen bzw. dem doppelt dargestellten Toten Wasser und ist so auch der Baum der Vignette von Totenbuch-Spruch 63A (vgl. **Abb. 59**).

Noch in der 21. Dyn. kann die Baumgöttin einzig als Wasserspenderin erscheinen, so z.b. auf einem Sarkophag in Kairo (**Abb. 66**).[250] Der divinisierte Baum ist hier nicht eine Sykomore oder sonst ein Laubbaum, sondern eine Palme. Der Ursprung der Baumgöttin als Palme reicht an den Anfang der 19. Dyn. zurück.

6. DIE KOMBINATION VON SYKOMOREN- UND PALMGÖTTIN AM ÜBERGANG VON DER 18. ZUR 19. DYNASTIE

Die Vignetten zu Totenbuch-Spruch 58, 59 und verwandten Sprüchen zeigen den oder die Tote, wie sie aus einem von einer oder mehreren Palmen oder einem Laubbaum beschatteten Teich Wasser trinken (vgl. **Abb. 57-58**). **Abb. 66a** zeigt die entsprechende Vignette aus dem Papyrus des Ani[251] aus der späten 18. oder der frühen 19. Dyn.[252] Die Vignette illustriert wörtlich den "Spruch, um Luft zu atmen und über Wasser zu verfügen im

---

[248] PORTER/MOSS ²1960: 314; BRUYERE 1925: Pl. 11/1; SCHÄFER 1935: 24 Abb. 6; HORNUNG 1981: 221 Abb. 8; BAUM 1988: 52.

[249] NAVILLE 1886: Taf. 75; HORNUNG 1979: 140; HERMSEN 1981: 93 und Abb. 2.

[250] Kairo, Ägyptisches Museum, Journal d'Entrée Nr. 29674; VIREY 1910: 242f Fig. 16. Noch auf dem Tübinger Sarg der Ta-di-tjai-na aus der 23.-26. Dyn. spendet Nut mit beiden Händen zwei Ba-Vögeln Wasser (BRUNNER-TRAUT/BRUNNER 1981: Taf. 115 rechts).

[251] Papyrus British Museum 10470; HORNUNG 1979: 129; ROSSITER 1989: 46.

[252] HORNUNG 1979: 525 sagt 19. Dynastie; DONDELINGER 1979: 48 datiert den Papyrus um 1300, d.h. ans Ende der 18. oder zu Beginn der 19. Dyn.; ROSSITER 1989: 23 gibt ca. 1420 als Entstehungszeit an, wobei sie aber einem andern chronologischen System anzuhängen scheint als HORNUNG und DONDELINGER.

Totenreich". Die Verstorbenen stehen in einem Teich, an dessen Rand eine
mächtige, von zwei Bäumen flankierte Dattelpalme steht. Mit der einen Hand
schöpfen die Toten Wasser, mit der anderen halten sie ein Segel, das als
Hieroglyphe auf das "Luft zu atmen" hinweist. Das Motiv ist den Gartensze-
nen der 18. Dyn. entnommen (vgl. **Abb. 49**). Rechts von der Überschrift,
die den Zweck von Totenbuchspruch 58 und 59 angibt, findet sich parallel
zur Palmteich- eine Baumgöttinnenszene. Der Baum steht wie bei den **Abb.**
53-55 am Rand eines Teiches, und wenn die Göttin dem Verstorbenen auch
Speisen darbietet, so geht es doch, wie der Teich und die Zweckangabe des
illustrierten Spruches zeigen, primär um Wasser und Kühlung.

Ähnlich wie auf dem Papyrus des Ani stehen auch im Grab eines Neferhotep (TT 6), das in die Zeit von Haremhab (1319-1292) bis in die Anfänge
Ramses II. (1279) zu datieren ist, die Trinkszene am Palmteich und die Szene
mit der Sykomorengöttin streng parallel (**Abb. 67**).[253] Auf **Abb. 66a** und
auf **Abb. 67** ist der Tote zweimal anthropomorph dargestellt. Die Parallelisierung des Palmteichs, aus dem der Tote trinkt, mit der Sykomorengöttin,
die dem Toten Wasser und Nahrung spendet, findet sich noch in einem Grab
(TT 158) aus der Zeit Ramses III. (1187-1156). Auch hier trinkt der anthropomorphe Tote nach Menschenweise aus dem Teich, von der Sykomorengöttin wird er aber in seiner Ba-Vogel-Gestalt getränkt (**Abb. 68**).[254]

Auf zwei Reliefs, die beide aus dem Grabe eines Niajj in Abusir stammen
und in die Übergangszeit von der 18. in die 19. Dyn., also um 1300 v.Chr.
datiert werden, ist nicht nur die Sykomore am Teich (vgl. **Abb. 53-55** und
59), sondern auch die Palme (vgl. **Abb. 57, 66a-68**) als Baumgöttin
dargestellt (**Abb. 69** und **70**).[255] Das Numen ist in beiden Fällen nur durch
zwei Arme repräsentiert, zwischen denen bei der Sykomore eine grosse, bei
der Palme eine kleinere weibliche Brust zu sehen ist.[256] Wie M. MÜNSTER
richtig gesehen hat, ist dieser Zug der Darstellung bei der Baumgöttin absolut
ungewöhnlich und kommt, wenn wir einmal von **Abb. 40** im Grab Thutmo-

---

[253] PORTER/MOSS ²1960: 15; WILD 1979: Pl. 23; HUGONOT 1989: 199 Fig. 172.

[254] PORTER/MOSS ²1960: 269; STEINDORFF/WOLF 1936: Taf. 13b; HUGONOT 1989:
201 Fig. 177.

[255] Die Reliefplatte mit der Sykomore befindet sich in Hannover, Kestner Museum 2933;
CRAMER 1936: 92 und Taf. 7; SEIPEL 1983: 144f. Nr. 83 mit Literatur; das Relief
mit der Palme in Berlin, Ägyptisches Museum 7322; BORCHARDT 1897: 45f und
Abb. 72-73; KEIMER 1929: 83-85, Abb. 2.

[256] HERMSEN behauptet: "Die Brüste der Göttinnen werden in den Darstellungen oft
gesondert und auffallend deutlich gezeigt, wo sonst nur die Arme mit den Speisen
abgebildet sind" (1981: 120).

sis III. absehen, nur bei diesen beiden Bildern vor. Die waagrechte Zeile über dem Sykomorenbild nennt "Isis, die Grosse, die Gottesmutter". "Isis, die Grosse" wird auch in der waagrechten Zeile über dem Relief mit der Palme genannt. Die ungewöhnliche Darstellung der Brüste dürfte darauf hinweisen, dass Isis als stillende Göttin zur Baumgöttin geworden ist. Dieser Zug ist wohl speziell ihr eigen, wenn auch Nut sich schon sehr früh ebenfalls als säugende Göttin prädizieren kann (vgl. die Inschrift auf **Abb. 42**). Dass es bei den beiden Reliefs des Niajj immer noch primär um Wasser geht, zeigen nicht nur die Teiche, an denen Sykomore und Palme stehen, sondern auch der Titel der Totenbuch-Sprüche 60, 62 und 63A, der auf **Abb. 69** direkt über Niajj steht: "Spruch, um über Wasser zu verfügen im Totenreich".

Auf einem Kalksteinrelief aus Saqqara im Museum in Kairo, das nur grob in die 19. Dyn. (1292-1190 v.Chr.) datiert werden kann (**Abb. 71**)[257], sind die Sykomoren- und die Palmengöttin am Teich in einem Bild kombiniert. Dabei ist der Stamm der Palme hinter dem der Sykomore verborgen und nur die Krone der Palme überragt die Sykomore. Aus der Sykomore schaut die Büste einer weiblichen Gestalt hervor. Sie heisst in der Beischrift "Sykomore, nützlich für ihre Herrin" (*nht 3ht n nbt.s*). Von der Palme wird nichts gesagt. Sie ist aber offensichtlich auch personifiziert. Denn zwei der vier Arme, die die Toten bedienen, sind wohl der Palme zugedacht.

Die Kombination der beiden Bäume am Teich auf dem Relief von **Abb. 71** ist offensichtlich nicht der erste Beleg für dieses Motiv. In München wird ein Relief aus dem Grab eines Amenemone aus Saqqara aufbewahrt, dessen oberer, teilweise abgebrochener Teil eine fragmentarische Baumszene zeigt (**Abb. 72**)[258], die aufgrund von **Abb. 71** ergänzt werden kann. Das Stück wird aus stilistischen Gründen in die ausgehende 18. Dyn. datiert. Im Gegensatz zu **Abb. 71** steht hier die Palme im Vordergrund. N. BAUM hat für die Kombination von Palme und Sykomore auf Naturvorbilder aufmerksam gemacht. In den Schuppen der Palme können sich Gastbäume einnisten, die mit der Zeit die Palme zum Absterben bringen. BAUM zieht es aber doch vor, die Kombination von Sykomoren- und Palmgöttin auf eine solche der ikonographischen Motive zurückzuführen[259], wie das auch hier geschehen ist.

---

[257] Kairo, Ägyptisches Museum, Journal d'Entrée 52542; KEIMER 1929: 81-88 und Pl. 1.

[258] München, Staatliche Sammlung ägyptischer Kunst; VON BISSING 1924: 209; WILDUNG [2]1976: 109ff, Nr. 76a.

[259] 1988: 275-284.

Die Sykomore von **Abb. 72** scheint kahl zu sein. KEIMER vertritt die Ansicht, dass die Blätter dereinst aufgemalt waren (1929: 84). Aber klar ist das nicht. Denn anscheinend gab es in der Gegend von Memphis eine uralte, zerfallene Sykomore, die man als Manifestation der Hathor verehrte (s. unten).

7. Die mit Nut, Isis und Hathor identifizierte Sykomorengöttin von der ausgehenden 18. bis zur 20. Dynastie

Entsprechend der Neigung dieser Zeit, besonders derjenigen Ramses II. für eine systematische Theologisierung der Grabdekoration, finden wir nun zahlreiche Sykomorengöttinnen, die mit den grossen Göttinnen Nut, Isis und Hathor identifiziert werden.

Die Meinung, die Baumgöttin sei eigentlich *Nut*, ist ziemlich weit verbreitet.[260] Sie ist vielleicht darauf zurückzuführen, dass sie auf zwei der zuerst publizierten Belege (unsere **Abb. 74** und **76**) mit Nut identifiziert wird und die Identifizierung mit Nut in der 19.-21. Dyn. besonders häufig zu sein scheint.[261] In Wirklichkeit wird die Sykomorengöttin vor der Amarnazeit einzig auf dem Beleg aus dem Grab des Qenamun (**Abb. 42**) mit Nut gleichgesetzt. Eine gewisse Affinität zu Nut, aber keineswegs eine klar ausgesprochene Identität, besteht bei den in Abschnitt 3 behandelten doppelt dargestellten Baumnumina der **Abb. 46a-49**. Die übrigen Belege stammen, soweit ich sehe, alle aus der 19. Dyn. oder aus noch späterer Zeit.

Ein erster, besonders früher Beleg erinnert stark an die in Abschnitt 6 diskutierten, am Ende der 18. Dyn. entstandenen Kombinationen von Palmteich- und Sykomorengöttin. Die Wandmalerei aus dem Grab des Amonmes (TT 19) aus der Zeit Ramses I. (1292-1290) bis Sethos I. (1290-1279; **Abb. 73**)[262] stellt den Verstorbenen und seine Frau unter einem Wasserstrahl dar, der von der Sykomorengöttin links zur Palme rechts hinüberreicht. Über der Sykomorengöttin steht: "Gesprochen von Nut...". Ein zweiter, ebenfalls relativ früher Beleg, der schon 1834 publiziert worden ist, kommt aus dem Grab eines Paser (TT 106), das unter Sethos I. (1290-1279) bzw. in den

---

[260] Vgl. z.B. DAVIES 1917: 46; BRESCIANI 1986: 68.

[261] Eine klarere Aussage wäre nur aufgrund einer möglichst kompletten Erfassung des umfangreichen Materials, die hier nicht geleistet werden konnte, und seiner statistischen Auswertung möglich; vgl. vorläufig BAUM 1988: 60 und 85 mit Anm. 419.

[262] PORTER/MOSS ²1960: 34; WRESZINSKI 1923: Taf. 120; FOUCART 1932: Pl. 20; HUGONOT 1989: 202 Fig. 178.

ersten Regierungsjahren Ramses II. (1279-1213) angelegt worden ist (**Abb. 74**).[263] Dem Typ nach gehört es zu den in Abschnitt 4 behandelten Bildern, die die Sykomore in enger Beziehung zum Teich darstellen, und bei denen die Göttin den Verstorbenen zwar auch Nahrung präsentiert, hier Sykomorenfeigen und Brote, die Hauptsache aber doch eindeutig die Wasserspende ist, die hier mindestens 10 Personen und einem Ba-Vogel zugute kommt. Die Toten empfangen das Wasser hier nicht, wie das meistens geschieht, in die hohle Hand, sondern in Becher wie auf den **Abb. 55, 59, 67**, alles Bilder der frühen 19. Dyn. Die Baumgöttin ist hier gleich doppelt als Nut charakterisiert. Erstens trägt sie ihren Namen auf dem Kopf, und zweitens steht über ihr: "Gesprochen von Nut, der Grossen und Nützlichen in diesem (ihrem) Namen der Sykomore: Ich spende dir kühles Wasser...". Wie das Bild betont auch die Inschrift die Wasserspende; auch das ist typisch für die frühe 19. Dyn.

Die Wasserspende spielt auch bei einer leider nur teilweise erhaltenen Darstellung im Grab des Neferronpet (TT 133) noch eine besondere Rolle (**Abb. 75**).[264] Hier quillt das Wasser nicht nur aus dem Libationsgefäss der Göttin, sondern auf der linken Seite ganz einfach aus dem Baum.[265] Über der Sykomorengöttin steht: "Gesprochen von Nut. Empfange für dich eine Gabe, kühles Wasser."

Bei einigen weiteren ,man könnte sagen, typischen Belegen aus der Zeit Ramses II. spielt die Wasserspende keine besondere Rolle mehr. Die Sykomore steht auch nicht mehr in betonter Nähe zum Teich. Dieser wird nicht mehr abgebildet. Ein erstes Beispiel findet sich im Grab des Nedschemger (TT 138) aus der Zeit Ramses II. (**Abb. 76**).[266] Die knorrige Sykomore ist mit unzähligen Früchten behangen, und auf der Opfermatte, die die Göttin präsentiert, türmen sich verschiedenste Speisen. Die Wasserspende tritt in den Hintergrund. Sie kommt merkwürdigerweise nur der Frau des Verstorbenen zugute. Über der Sykomorengöttin steht: "Darbringen einer Gabe, die der König gibt. Nut, die Gebärerin der Götter, die Herrin des Himmels". Wie bei den Belegen von **Abb. 74** und **75** laufen auch hier Bild und Text insofern parallel, als in Bild und Text nicht die Wasserspende, sondern die Opferga-

---

263 PORTER/MOSS ²1960: 222; ROSELLINI 1834: Tav. 134,1; CHAMPOLLION 1845: Pl. 184; WILKINSON/BIRCH ³1878: III 62-64 Pl. 24,1 (seitenverkehrt).

264 PORTER/MOSS ²1960: 249; DAVIES/GARDINER 1948: 51 und Pl. 35 (top).

265 Zu Wasser spendenden Bäumen auf Gefässmalereien der palästinischen Spätbronzezeit II (1400-1150) vgl. LOUD 1948: Pl. 64,4; KEEL/UEHLINGER 1992: 65 Abb. 55a-b = unsere **Abb. 75a**.

266 PORTER/MOSS ²1960: 252; ROSELLINI 1834: Tav. 134,3; CHAMPOLLION 1845: Pl. 162.

ben im Vordergrund stehen. Als "Gebärerin der Götter" wird Nut prädiziert, weil sie jeden Morgen die Sonne und jeden Abend die nächtlichen Gestirne gebiert. In dieser Eigenschaft wird sie seit der 18. Dyn. auf dem Innern der Sargdeckel dargestellt.[267] Als Sonnengebärerin und Sykomorengöttin erscheint sie auf **Abb. 64.**

Zwei weitere bekannte Belege aus der Zeit Ramses II. stammen aus dem Grab des Sennedschem (TT 1; **Abb. 77**)[268] und aus dem des Panechsj (TT 16; **Abb. 78**)[269]. In beiden Fällen besteht ein Gleichgewicht zwischen Speisen- und Wasserspende. Beim ersten ist der attributlosen Göttin beigeschrieben: "Nut, die Grosse", beim zweiten "Nut, die Gebärerin der Götter". Auf einem dritten Beleg aus dem Grab TT 356 des Amenemwia (**Abb. 79**)[270] steht zur Identifikation der Göttin nur gerade ihr Name "Nut" über dem Kopf.

Die Entwicklung ist nun nicht so eingleisig, dass das unter Ramses II. gewonnene Gleichgewicht zwischen Speisen- und Wasserspende und die Unabhängigkeit der Sykomorengöttin vom Teich ein- für allemal etabliert gewesen wäre. Noch in der 20. Dyn. findet sich ein Beleg, bei dem die Sykomorengöttin am Teich steht (TT 213; **Abb. 80**)[271], wie das in der ausgehenden 18. und zu Beginn der 19. Dyn. üblich war.

Alle hier für Nut als Baumgöttin vorgeführten Belege (**Abb. 42, 64** und **73-80**) stammen von Grabwänden. Wenn das gesammelte Material auch nicht im entferntesten vollständig ist, dürfte dies doch eine klare Präferenz signalisieren.[272]

Anders ist die Situation bei *Isis* als Baumgöttin. Sie findet sich in der 18. Dyn. wiederholt auf Grabwänden (**Abb. 40, 43, 69-70**). In der 19. Dyn. scheint man sie da nur noch selten zu finden (**Abb. 63?**). Hingegen begegnet sie schon früh auf einer Stele (**Abb. 46,** aus der Zeit Thutmosis IV.). In der 19. Dyn. ist sie dann regelmässig auf solchen zu finden. Das hängt sehr wahrscheinlich mit ihrer Rolle als Schwester-Gemahlin des Osiris zusammen, der mindestens auf abydenischen Grabstelen die Hauptfigur ist. Die Zugehörigkeit zu Osiris wird schon auf **Abb. 46**, wie dort gezeigt wurde, durch

---

[267] KURTH 1982, Sp. 535-541.

[268] PORTER/MOSS ²1960: 4; BRUYERE 1959: 29f und Pl. 24 rechts; WESTENDORF 1968: 191; LECLANT 1980: 138 Abb. 125.

[269] PORTER/MOSS ²1960: 28; WRESZINSKI 1923: Taf. 114; FOUCART/BAUD/DRIOTON 1932: 36-38 Fig. 19; SPIEGEL 1956: Taf. 16/2.

[270] PORTER/MOSS ²1960: 419; BRUYERE 1929: 87 Fig. 47 und Text p. 89.

[271] PORTER/MOSS ²1960: 310; BRUYERE 1926: 186 Fig. 124.

[272] Zu Nut auf einer Grabstele vgl. z.B. KOEFOED-PETERSEN 1948: Pl. 27.

die Komposition deutlich zum Ausdruck gebracht. Haben wir es bei **Abb. 46** mit einem "Chiasmus" zu tun, so bei der in Abydos erworbenen Stele eines Kamose von **Abb. 81**[273] mit einer "Inclusio". Die Begegnung des Toten mit Osiris wird von Isis eingerahmt, die links aussen ganz anthropomorph zusammen mit ihrer Schwester Nephtys und rechts aussen als Baumgöttin zu sehen ist. Diese ist zwar namen- und attributlos, aber in der beigeschriebenen Opferformel erscheinen nur Osiris und Isis[274], und auf dem Stamm der Sykomore finden sich wieder die zwei *t* oder hier *r*, die uns schon auf **Abb. 63** begegnet sind, wo die Baumgöttin sehr wahrscheinlich als Isis zu identifizieren ist. Auf **Abb. 56** begegnen sie auf dem Baum einer namenlosen Sykomorengöttin (vgl. auch **Abb. 76** mit Nut).

Ebenfalls aus Abydos stammt eine Stele im Museum von Kairo (**Abb. 82**).[275] Hier stehen die Verehrung des Osiris (und Anubis) im obersten und die der Isis als Baumgöttin im untersten Register strikt parallel. Eine weitere Stele unbekannter Herkunft (**Abb. 83**)[276] zeigt, im Gegensatz zu denen von **Abb. 46** und **81-82**, Isis nicht mit Osiris zusammen, sondern allein. Die Sykomore steht wie bei **Abb. 43** in einer Pflanzmulde. Diesen beiden Belegen und der Darstellung von **Abb. 60** ist zudem gemeinsam, dass die Sykomore eher einem Strauch gleicht. Vielleicht ist in allen drei Fällen ein junger Baum gemeint. Umso auffälliger ist, dass die Sykomorengöttin, die das Isis-Zeichen auf dem Kopf trägt und so deutlich identifiziert ist, in der Beischrift als "Hathor, Herrin des Westens" bezeichnet wird. Hathor scheint gelegentlich in einer uralten und nicht in einer eben gepflanzten Sykomore dargestellt gewesen zu sein (MOFTAH 1965). Beischrift und Bild laufen hier nicht parallel, sondern ergänzen sich. Die junge, hier abgebildete Sykomore und die uralte, normalerweise mit Hathor verbundene komplettieren sich ebenfalls, insofern in einem Merismus jede Sykomore und jede Sykomorengöttin eingeschlossen ist, die den beiden Verstorbenen je nützlich werden kann.

---

[273] Berlin, Ägyptologisches Museum 7291.

[274] Das "Nephtys" ganz links aussen kann als Teil der Opferformel, es kann aber auch als Beischrift zur Göttin verstanden werden.

[275] Kairo, Ägyptisches Museum CG 34.133; LACAU 1909 und 1926: Nr. 34.133. VON BISSING will die Stele gegen MARIETTE, der sie in die 20. Dyn. datierte, in die 18. Dyn. datieren (1924: 213). Wenn man an dieser Datierung festhalten will, was angesichts der Stele von **Abb. 46** möglich ist, so kommt dafür doch nur die ausgehende 18. Dyn. in Frage, da der Ba-Vogel in der Baumgöttinnen-Szene erst nach der Amarnazeit belegt ist.

[276] Die Stele wurde als Bestandteil der Collection F. Cook, Richmond, publiziert: MURRAY 1917: 64-66 (Stele des Tehutihetep und der Kajaj); Münster 1968: 152.

Hathor ist, soweit ich sehe, erst ganz am Ende der 18. Dyn. als Baumgöttin belegt, und das auch nur, wenn die Datierung von TT 255 in die Zeit Haremhabs (1319-1292) richtig ist.[277] In diesem Grab findet sich eine ganz konventionelle Darstellung einer attributlosen Baumgöttin, der aber Name und Titel "Hathor, Herrin des Westens" beigeschrieben sind (**Abb. 84**)[278], die wir schon auf **Abb. 83** mit einer Isis-Darstellung kombiniert getroffen haben. Die "Herrin des Westens" ist uns schon auf **Abb. 54**, Rücken an Rücken mit einer namenlosen Baumgöttin begegnet. Interessant ist, dass die Westgöttin, die sonst eher mit Isis gleichgesetzt wird, im Grab des Haremhab (1319-1292) konsequent mit Hathor identifiziert wird.[279] Auf einer Stele der 19. Dyn.[280] in Florenz (**Abb. 85**)[281] erscheint Hathor nicht nur in der Beischrift wie auf **Abb. 83** oder als attributlose Baumgöttin wie auf **Abb. 84**, sondern als Baumgöttin mit Kuhkopf und der Sonnenscheibe zwischen den Hörnern.[282] Die Beischrift identifiziert sie einmal mehr als "Hathor, Herrin des Westens". Der Baum, der zwar in einer Tränkmulde steht, scheint blatt- und früchtelos zu sein. Auch hier stellt sich, wie schon bei **Abb. 72** die Frage, ob Blätter und Früchte nur aufgemalt waren und verschwunden sind oder ob die Sykomore absichtlich als alt und kahl dargestellt wurde. Die Löcher unterhalb der Göttin scheinen für die zweite Lösung zu sprechen. Ein kahler Baum könnte auch auf einer Stele im Louvre intendiert sein (**Abb. 86**).[283] Allerdings ist der Baum für eine "uralte" Sykomore reichlich klein und schmächtig. Die Baumgöttin ist namenlos. Das "Hathor" in der Zeile

---

[277] Die Behauptung von HERMSEN "Hathor ist in Ägypten die Baumgöttin par excellence" (1981: 72) lässt sich, jedenfalls was die bildlichen Darstellungen als Baumgöttin anbelangt, weder von der Chronologie (besonders früh!) noch von der Häufigkeit her aufrechterhalten.

[278] PORTER/MOSS ²1960: 340; WILKINSON/BIRCH ³1878: III 119 und Pl. 38; FOUCART/BAUD/DRIOTON 1928: 18-20 Fig. 13.

[279] HORNUNG 1975; HORNUNG 1971: Taf. 3, 5, 13a, 15b, 17.

[280] Sie wird von BUHL 1947: 94 grundlos und zu Unrecht in die 18. Dyn. datiert.

[281] Florenz, Museo archeologico 2591; LANZONE 1885: Tav. 322,1; VON BISSING 1924: 214 Abb. 2; BOSTICCO 1965: 56f und Tav. 48.

[282] BERLANDINI 1983; BAUM 1988: 69.

[283] Paris, Musée du Louvre C 108; MOFTAH 1965: 45 Abb. 7. Auf einer Stele aus dem Friedhof von Abydos (PEET 1914: Pl. 24/2; MOFTAH 1965: 41 Abb. 1) scheint es sich bei dem Baum, der neben einem Teich steht, weder um einen alten, kahlen Baum (vgl. die Farbreste) noch um Hathor zu handeln, denn der Baum wird, wenn überhaupt, dann durch das grosse, links von ihm stehende Jmntt-Zeichen als Erscheinung der Westgöttin identifiziert.

über den Personen vor der Baumgöttin bezieht sich auf die Hausherrin "Hathor" und nicht auf die Göttin. Es bleibt deshalb letztlich fraglich, ob MOFTAH und ihm folgend HERMSEN[284] die vielleicht nur scheinbar[285] kahlen Bäume von **Abb. 85** und **86** zurecht mit Pyramidenspruch 574 (§ 1485)[286] in Verbindung gebracht haben, wo ein Baum angesprochen ist: "Heil dir, du Baum, der den Gott umschliesst, unter dem die Götter des unteren Himmels stehen, dessen Gezweig verdorrt, dessen Inneres verbrannt ist, dessen Kopf auf dem Arm liegt" (MOFTAH 1965: 40), bzw. "der Todesschmerzen aussendet" (FAULKNER 1969: 229). Ungefähr zwei Jahrtausende später, in der Saitenzeit, scheint auf diesen Baum angespielt zu werden, wenn es in der sog. Stele der Cheopstochter heisst "...um zu sehen das Gewitter (vielmehr seine Folgen) an der Stätte der Sykomore (*j3.t nh.t*), genannt nach der grossen Sykomore, deren Gerippe (Holz) gebrannt (*nhf*, vgl. *hnfj*), als der Blitz (?) eingeschlagen hatte (?) an der Stätte von Harmachis"[287]. Der "Baum" des Pyramidenspruchs, wenn es sich um den gleichen handelt, wird hier ausdrücklich als Sykomore bezeichnet. Seine Hinfälligkeit wird mit einem Blitzschlag erklärt. Als Standort wird der Bereich des grossen Sphinx von Gise genannt. Diese beiden weit auseinanderliegenden Hinweise auf einen uralten, halb zerstörten Baum bzw. eine Sykomore haben MOFTAH und HERMSEN mit der in der 4. Dyn. in der Nekropole von Gise häufig erwähnten Hathor als "Herrin der Sykomore"[288] kombiniert und daraus geschlossen, die Darstellungen von **Abb. 85** und **86** würden Hathor als Herrin der (uralten) Sykomore zeigen. Aber wenn am Baum von **Abb. 85** auch gewisse Zeichen der Hinfälligkeit wahrgenommen werden können und die Göttin eindeutig Hathor ist, so ist schon bei **Abb. 86** weder das eine noch das andere eindeutig der Fall. Da die Baumgöttin direkt unter den Gottheiten Osiris, Isis und Nephtys steht (vgl. **Abb. 86a**), ist vielleicht eher als an Hathor wie auf **Abb. 81** an Isis zu denken.

Andere Gottheiten als Isis, Nut und Hathor und vielleicht die Westgöttin scheinen in der 19.-20. Dyn. nicht oder nur ausnahmsweise mit der Baumgöttin identifiziert worden zu sein.[289] Zu diesen Ausnahmen kann man etwa

---

[284] MOFTAH 1965: 40f; HERMSEN 1981: 74-85.

[285] Vgl. den Kommentar zu **Abb. 72** S. 82.

[286] Übersetzung bei FAULKNER 1969: 229.

[287] Zitiert nach MOFTAH 1965: 41, der auch Textausgaben und Sekundärliteratur angibt.

[288] Vgl. die Belegstellen zu nb.t nht in ERMAN/GRAPOW ²1971: II 282.

[289] HERMSEN 1981: 101 Anm. 1 behauptet: "Neben Hathor, Nut und Isis treten noch Nephtys, Hft-hr-nb.s und Meret-Seger als Baumgöttinnen auf." Er sagt allerdings

die mit Nut identifizierte Thoëris rechnen, die in TT 335 (19. Dyn.) als Baumgöttin erscheint.[290]

8. DIE BAUMGÖTTINNEN AUF DEN DENKMÄLERN DER 21. DYNASTIE.

In der 21. Dyn. (1075-944) werden in Theben die Dekorationen von den Grabwänden auf die Sargwände verlegt. Auf den Totenbuch-Papyri werden die Texte weitgehend von den stark ausgebauten Vignetten verdrängt.[291] Bereits VON BISSING hat gesehen, dass die 21. Dyn. eine neue Darstellungsweise der Baumgöttin bevorzugt: "Jünger ist das Schema, bei dem die menschliche Figur gleichsam zum Träger des Baumes wird. Es begegnet zuerst auf dem Sarg der Nuzemit (vgl. unsere **Abb. 87**). Baum und Frauenfigur stehen da gewissermassen aufeinander, um nicht zu sagen hintereinander, jede organische Verbindung, welche die älteren Bilder zum Teil prachtvoll erreicht hatten, fehlt"[292]. Die Baumgöttin schwebt gleichsam vor dem Baum bzw. steht ganz anthropomorph im Baum, wie das gelegentlich schon auf Bildern der Ramessidenzeit zu sehen war (vgl. **Abb. 63**). Auf dem von VON BISSING zitierten Beleg vom Inneren des kleinen Sarges der Nedschemet, der Frau des Hohenpriesters Herihor, vom Ende der 20. Dyn. steht auf dem Stamm des Baumes "Nut", links über dem Baum mit der Göttin ist zu lesen "Nut, die Grosse, die Gebärerin der Götter"(**Abb. 87**).[293] Häufiger "schwebt" die Göttin aber nicht im Baum und setzt gleichsam den Stamm

---

nicht wann und gibt auch keine Belege dafür. Nephtys findet sich z.B. zusammen mit Isis in enger Verbindung mit einem Baum auf unserer **Abb. 51b** (19. Dyn.), auf dem Sarkophag Marseille Nr. 253 aus der 21. Dyn. (NIWINSKI 1988: 156) und auf unserer **Abb. 51c** (römische Zeit). Zu Ḥft-ḥr-nb.s vgl. unten die **Abb. 93-94**. Zu Meret-Seger kenne ich keinen Beleg (vgl. allerdings **Abb. 94**). Dafür finden sich noch Neith (vgl. **Abb. 92**) und Maat (**Abb. 95-96**), allerdings erst in der 21. Dyn., die HERMSEN nicht erwähnt. Zu den mit der Baumgöttin identifizierten Göttinnen vgl. weiter BAUM 1988: 60f., 69 und 85.

290 PORTER/MOSS ²1960: 402; BAUM 1988: 55.

291 Zu den Särgen vgl. NIWINSKI 1988; zu den Papyri PIANKOFF/RAMBOVA 1957; NIWINSKI 1989 und zur Symbolik dieser Zeit allgemein GOFF 1979; HEERMA VAN VOSS 1982.

292 VON BISSING 1924: 215.

293 Kairo, Ägyptisches Museum 26215; DARESSY 1909: 47 und Pl. 27, Nr. 61.024; NIWINSKI 1988: 116f Nr. 72.

fort, sondern ist aus dessen Achse seitlich verschoben und steht fest auf dem Boden neben der Sykomore, so z.b. auf dem Papyrus des Nesi-pa-ka-schutj im Louvre (**Abb. 88**).[294] Die Darstellung des Baumes ist auf den Sarkophagen und den Papyri in der Regel deutlich verschieden. Auf **Abb. 87** sind zwar noch Äste zu erkennen. In der 21. Dyn. besteht der Baum auf den Sarkophagen normalerweise aber nur aus einem kurzen Stamm und ziemlich schematisch gepinselten, einem Oval einbeschriebenen Blättern (**Abb. 90, 92, 95**). Weder Äste noch Früchte sind zu sehen. Auf den Papyri hingegen teilt sich der meistens extrem kurze Stamm knapp über dem Boden in kräftige Äste, an denen zahllose leicht hingemalte Blätter und reichlich Früchte hangen (**Abb. 88, 89, 91**). Neben diesen beiden für je einen Bildträger typischen Darstellungsweisen gibt es weitere, die sich nicht so leicht klassifizieren und zuordnen lassen.

Wie bei **Abb. 87** tragen auch auf **Abb. 88** der Stamm und die Göttin den Namen "Nut". Diese Doppelbeschriftung soll wohl dem visuellen Auseinandertreten beider Grössen gegensteuern und klar machen, dass in beiden die gleiche Macht sich manifestiert. Das wird aber nicht konsequent so gehalten. Auf dem Papyrus des Chonsu-mes A ist nur der Baumstamm mit "Nut" beschriftet, die Göttin bleibt ohne Legende (**Abb. 89**).[295] Häufig steht die Göttin ganz neben dem Baum, wie auf dem Sarg, der für Iset-em-achbjt, einer Frau Pinodjem II., angefertigt, und von Nesi-Chonsu usurpiert worden ist (**Abb. 90**).[296] Hier ist im Gegensatz zu **Abb. 89** der Baum am Teich (vgl. oben Abschnitt 4 und 5) ohne Namen, während über der Göttin gross und deutlich "Nut" zu lesen ist.[297]

So oft die Baumgöttin in der 21. Dyn. auch als Nut identifiziert wird, so ist diese Identifikation doch nicht exklusiv. Auf dem Papyrus der Nisti-ta-Nebet-Taui ist zwar auf dem Stamm der Sykomore zu lesen: "Nut, die Grosse, die Gebärerin der Götter", aber die anthropomorphe Göttin trägt auf ihrem Kopf die Kuhhörner mit der Sonnenscheibe (**Abb. 91**).[298] Diese sind

---

[294]   Paris, Musée du Louvre E 17401; PIANKOFF/RAMBOVA 1957: 105f und Nr. 9 Szene 3; NIWINSKI 1989: 363 Paris 50.

[295]   Wien, Kunsthistorisches Museum 3859; PIANKOFF/RAMBOVA 1957: 145 und Nr. 16 Szene 4; NIWINSKI 1989: 374 Vienna 1.

[296]   Kairo, Ägyptisches Museum 26199; DARESSY 1909: 127 und Pl. 48, Nr. 61.030; NIWINSKI 1988: 115 Nr. 67.

[297]   Ein weiterer Beleg aus der 21. Dyn. für Nut als Baumgöttin findet sich bei BRUYERE 1930: 196 Fig. 102.

[298]   Kairo, Ägyptisches Museum S.R.VII. 11493; PIANKOFF/RAMBOVA 1957: 97 und Nr. 8 Szene 7; NIWINSKI 1989: 294 Cairo 115.

ursprünglich ein Attribut der Hathor und werden später auch von Isis übernommen (vgl. oben **Abb. 63**), nicht aber von Nut.

Auf dem Sarkophag des Chonsu-mes in Uppsala steht die Göttin wie auf
Abb. 90 ganz neben dem Baum (**Abb. 92**).[299] Während der Baum namenlos bleibt, ist neben dem Kopf der Göttin zu lesen: "Nut, die Gebärerin der
Götter". Das Zeichen auf ihrem Kopf aber stimmt auch hier nicht zur Beischrift. Diesmal ist es das der *Neith*[300]. In die Rolle der Baumgöttin ist sie
wohl wie Isis, Nut und Hathor als Totengöttin geraten.[301]

Wir haben im vorhergehenden Abschnitt gesehen, dass Hathor als Baumgöttin regelmässig das Epitheton "Herrin des Westens" trägt. Auf dem Sarkophag der Ta-bak-chonsu erscheint *Amentet* "der vergöttlichte Westen" selber
als Baumgöttin, wobei ihr Leib gleichsam den Stamm bildet aus dem die Äste
herauswachsen (**Abb. 93**[302]; vgl. zur Gestalt **Abb. 49**). Die "Westgöttin,
die gegenüber ihrem Herrn (d.h. Amun in Karnak) ist" (*jmnt.t ḫft[.t] ḥr nb.s*)
ist auch auf einem Uschebti-Kasten der 21. Dyn. als Baumgöttin zu sehen
(**Abb. 94**).[303] Links vom Baum tritt die heilige Kuh aus dem Westgebirge
hervor. Das "Meret-Seger", das über ihr steht, dürfte sich auf diese und nicht
auf den Baum beziehen, was allerdings auch nicht ganz ausgeschlossen
werden kann (vgl. **Abb. 83**).

Auf einem Sarkophag aus den Grabungen Schiaparellis von 1905 in Deir
el-Medine, der sich heute in Turin befindet, ist eine weitere Göttin, nämlich
Ma'at, die Göttin der rechten Ordnung, die beim Totengericht eine ausschlag-
gebende Rolle spielt[304], als Baumgöttin dargestellt (**Abb. 95**).[305] Hier ist

---

[299] Uppsala, Victoriamuseet 228; ENGLUND 1974: 51 Fig. 7; NIWINSKI 1988: 174 Nr.
398.

[300] Zu weiteren Belegen für Neith vgl. BAUM 1988: 69, die auf zwei Darstellungen
hinweist: Sarkophag, Leiden, AM 16; LEEMANS 1840: Pl. 6; NIWINSKI 1988: 145
Nr. 223 und Sarkophag, Neuchâtel/Schweiz; KEIMER 1930: 315 Fig. 6; NIWINSKI
1988: 158; VON BISSING 1924: 213 möchte bei einem Beleg aus dem Britischen
Museum lieber Nut als Neith lesen.

[301] Zu Neith als Totengöttin vgl. BONNET ²1971: 516f.

[302] Wien, Kunsthistorisches Museum 6264-6266; VIREY 1910: 240 Anm. 3 und 241
Fig. 14; vgl. NIWINSKI 1988: 177 Nr. 414. Eine ähnliche Darstellung findet sich auf
einem Sarkophag der 22. Dyn. eines Chonsu-hotep in der Ny-Carlsberg-Glyptothek in
Kopenhagen ÆIN 1069; KOEFOED-PETERSEN 1951: Pl. 45 = BAUM 1988: 81 Fig.
19.

[303] Bologna, Museo Civico; BRUYERE 1930: 275 Fig. 142; BOTTI 1932: Pl. 28.

[304] Vgl. SEEBER 1976: 139-147.

[305] Turin, Museo Egizio Suppl. 7715; der Sarg ist unveröffentlicht, vgl. NIWINSKI 1988:
173 Nr. 388. Zeichnung nach einem Photo des Autors. Zu Maat als Baumgöttin vgl.

sie nur durch die Straussenfeder auf dem Kopf erkennbar. Auf einem weiteren Sarkophag, dem der Ta-sched-chonsu[306], ist Maat, die neben dem Baum auf einer Standarte steht, nicht nur durch diese, sondern auch durch die Beischrift identifiziert: "Gesprochen von Maat..." (**Abb. 96**).[307]

Neben der Sykomore hat auch die Palme als Sitz der Baumgöttin in die 21. Dyn. hinein überlebt (vgl. **Abb. 66**). Das Bild unterscheidet sich von allen andern hier beigebrachten Belegen aus der 21. Dyn. dadurch, dass die numinose Macht, die sich in der Palme offenbart, nur durch zwei Arme angedeutet wird. Normalerweise erscheinen die Baumgöttinnen in der 21. Dyn. ganz anthropomorph. Das ist auch auf dem Sarg eines Unbekannten der Fall (**Abb. 97**).[308] Die Göttin, die zwei Ba-Vögeln Wasser spendet, steht neben der Palme. In der senkrechten Kolumne rechts von ihr steht: "Geehrt von Isis, der Grossen, der Gottesmutter...". Die Göttin ist dadurch wahrscheinlich als Isis identifiziert.[309]

Mit dem Ende der 21. Dyn. ist die Entwicklung weder abgebrochen noch erstarrt, doch kann diese hier nicht weiter verfolgt werden. Hinweise auf zahlreiche Belege und einige ihrer Eigenheiten finden sich u.a. bei VON BISSING, bei BUHL und bei BAUM[310].

9. ZUSAMMENFASSUNG UND SCHLUSS

Eine kontinuierliche Tradition der Darstellung von Baumgöttinnen setzt mit Thutmosis III. (1479-1426) ein. Seine Mutter bzw. die Göttin Isis säugt ihn

---

auch VIREY 1910: 242 Fig. 15; Leiden, Sarkophag AM 26; LEEMANS 1840: Pl. 6; NIWINSKI 1988: 146 Nr. 227.

[306] Es scheint zwei Särge zu geben, die einer Ta-sched-chonsu gehörten (vgl. NIWINSKI 1988: 120 Nr. 88 und 181 Nr. 434). Es ist nicht klar, von welchem das Bild stammt.

[307] VIREY 1910: 241f Fig. 15; weitere Belege für Maat als Baumgöttin sind: Kairo, Ägyptisches Museum, Papyrus S.R. VII. 10223; NIWINSKI 1989: 274 Cairo 60, Pl. 32b-c; Leiden, Sarkophag AM 26; LEEMANS 1840: Pl. 6; NIWINSKI 1988: 146 Nr. 227.

[308] Appenzell/Schweiz, Heimatmuseum (Rathaus); WINTER 1986: 68 Abb. 7; KEEL 1986: 228 Abb. 132; vgl. NIWINSKI 1988: 105 Nr. 7.

[309] Isis erscheint in der 21. Dyn. auch sonst als Baumgöttin. So ist sie z.B. ganz anthropomorph in einem Laubbaum stehend auf der Uschebti-Kiste eines Chaemter in Leiden zu sehen (Rijksmuseum van Oudheden Inv. Nr. L.IX.1). Die Beischrift fängt an: "Gesprochen von Isis...".

[310] VON BISSING 1924: 212-223; BUHL 1947: 92-95; BAUM 1988: 38-86 passim.

in Gestalt eines Baumes (**Abb. 40**). Dass dieses uralte Motiv auf eine Sykomore übertragen wird, hängt wohl mit dem milchähnlichen Saft zusammen,
den Sykomorenfrüchte absondern, und mit der Möglichkeit, das Göttliche in
einem Baum real zu erleben. Niemand hat je gesehen, wie eine Frauengestalt
einen Verstorbenen säugt, aber Wohltat, Frische und Lebenserneuerung, die
Schatten und Früchte einer Sykomore gerade am Wüstenrand im Bereich der
Nekropole darstellen, waren erfahrbar. Dabei ist es überraschenderweise
nicht so, dass wir eine Entwicklung von einem sozusagen profanen Verständnis der wohltätigen Sykomore zu ihrer allmählichen religiösen Apperzeption
hätten, wie das zu sehen naheliegt.[311]

Schon unter den Nachfolgern Thutmosis III., unter Amenophis II. (1426-
1400) und unter Thutmosis IV. (1400-1390), finden wir Isis einmal als
Baumgöttin auf einer Standarte (**Abb. 43**) und einmal als Baum "verkleidet"
(**Abb. 46**). Beide Formen sind in der Folgezeit nur modifiziert aufgenom-
men worden (vgl. z.B. **Abb. 96** und **93**). Die dezidierte Gleichsetzung
einer grossen Göttin mit einem eher abstrakt dargestellten Baum zeigt aber,
dass ein klarer theologischer Wille am Anfang stand. Die Identifizierung der
Baumgöttin geschieht einmal durch ein beigefügtes Gebet (**Abb. 43**), einmal
durch das Isis-Zeichen auf dem Kopf der Göttin (**Abb. 46**). Ein weiterer
Beleg identifiziert eine riesige Sykomore durch eine längere, darübergesetzte
Rede als Manifestation der Nut. (**Abb. 42**). Was wir hier "Manifestation"
nennen, bezeichnen die Ägypter als "Namen". "Nut in ihrem Namen Sykomore" (vgl. **Abb. 74**). Dabei meint "Name" weder damals noch heute das
Wesen einer bestimmten Grösse, sondern das, was von ihr begegnet, auffällt
und beeindruckt.[312] Die Sykomore ist das *Eine*, Ihre Deutung als Erscheinung der Isis oder der Nut das *Andere*.[313] Die entschlossene Darstellung der
Isis oder der Nut als Sykomore entspringt wohl dem Bedürfnis, diese
grossen Göttinnen in dem, was wir "Natur" nennen, präsent und erfahrbar zu
machen bzw. die Erfahrung dieses Baumes zu einer Erfahrung des Göttlichen
zu verklären, kurzum aus der Verbindung von Himmel und Erde, aus der

---

311 Vgl. z.B. WINTER 1986: 60-62.

312 Wenn ein Kleinkind eine Kuh als "Muh" oder einen Hund als "Wauwau" bezeichnet,
     benennt es damit nicht das Wesen dieser Tiere, sondern das, was es am meisten beein-
     druckt hat, ihre Laute (vgl. Krähe, Uhu usw.) Ähnliches lässt sich von den meisten
     andern Namen sagen, so z.B. wenn das Reh, was die etymologische Bedeutung des
     Namens ist, als das Rote bezeichnet wird.

313 Hathor ist für diese frühe Phase als Baumgöttin nicht belegt. Die Behauptung, Hathor
     sei die Baumgöttin par excellence (HERMSEN 1981: 72), lässt sich, jedenfalls für den
     ikonographischen Bereich nicht aufrecht erhalten.

"Inkarnation" des Göttlichen im Augenblick der Begegnung mit dem Tod Kraft zu gewinnen. Für die AuftraggeberInnen dürfte letzteres das Entscheidende gewesen sein.

Die Annahme, die Baumgöttinnen seien schlicht als Weiterentwicklungen der Repräsentation und Personifikation des Gartens, als sekundär mit grossen Göttinnen identifizierte Gartenvertreterinnen zu verstehen[314], ist durch die vier Belege von **Abb. 46a-49** aus der Zeit Thutmosis III. (1479-1426) bzw. Thutmosis IV. (1400-1390) veranlasst worden. Hier den Ursprung der Baumgöttinnen suchen zu wollen, wird schon durch die Belege der **Abb. 40, 42-43** und **46** in Frage gestellt. Davon abgesehen wurde dem Umstand, dass in allen vier Belegen die Baumgöttinnen paarweise auftreten, nicht gesehen, oder es wurde ihm (ausser von N. BAUM 1988) keine Bedeutung beigemessen. Ihre Zweizahl ist aber wohl von den "zwei (namenlosen) Sykomoren, zwischen denen Re hervorgeht," nicht zu trennen (Pyramidenspruch 568; Sargtext-Spruch 159 und 161; Totenbuch-Spruch 109; vgl. **Abb. 51-51a**). Diese Annahme wird zusätzlich durch die Tatsache verstärkt, dass die namenlosen Sykomoren von **Abb. 46a-47** die Türe flankieren, aus der der Verstorbene hervorgehen soll, um an den Opfergaben teilzuhaben, und dass die beiden Sykomoren von **Abb. 49** im Namen Re's sprechen. Am ehesten kann noch der Beleg von **Abb. 50** die These einer Baumgöttin als Gartenvertreterin stützen. Das Bild steht aber nicht am Anfang, sondern am Schluss der Belege aus der Zeit vor Amarna und es ist nur fragmentarisch erhalten, sodass wir nicht wissen können, ob nicht auch hier einmal zwei Baumgöttinnen vorhanden waren.

Bei den Belegen der **Abb. 52-56** aus der Zeit nach Amarna, vom Ende der 18. und dem Anfang der 19. Dyn., fällt auf, dass im Gegensatz zu den Belegen von **Abb. 46a-50**, wo die Baumgöttinnen nur Speisen darreichen, die Spende von Wasser im Vordergrund steht. Die Baumgöttin steht bei den **Abb. 53-55** auch direkt an einem Teich (bei **Abb. 52** ist die entsprechende Partie nicht erhalten). Neu sind auch die Ba-Vögel, die jetzt neben den Verstorbenen (in Menschengestalt) auftreten. Auch sie scheinen vor allem Durst und weniger Hunger zu haben.

In diesen Neuerungen scheint sich der Einfluss der Totenbuch-Sprüche 58-62B bemerkbar zu machen. In 58-60 und 62-63B geht es darum, über Wasser zu verfügen, in 61 darum, seinen Ba zu erhalten. Die "Wassersprüche" werden durch einen Teich illustriert, der häufig von einem oder mehreren Bäumen (Laubbäumen oder Palmen) überschattet wird, und aus dem der

---

[314] ASSMANN 1975: 319; HERMSEN 1981: 104f; HUGONOT 1989: 201f.

oder die Tote trinken (**Abb. 57-58, 66a**). Dieser Baum kann nun personifiziert und divinisiert werden (**Abb. 59-64 und 66**). Die namenlosen Baumgöttinnen dieses Typs repräsentieren primär das Wasser des Teiches (**Abb.
59-62**). Sie können in Gestalt eines Laubbaums oder einer Palme (vgl.
Abb. 66) erscheinen und spenden nur *Wasser*. Sie können sekundär aber
auch mit einer der grossen Göttinen gleichgesetzt werden, so mit Isis oder
Nut (**Abb. 63-64**).

Auf einigen wenigen Bildern stehen das Wassertrinken aus dem Teich und
die Sykomorengöttin, die Wasser und Nahrung spendet, nebeneinander
(**Abb. 66a, 67-68**). Die Baumgöttin in Gestalt eines Laubbaums oder einer
Palme können aber auch streng symmetrisch auftreten (**Abb. 69-70**) oder
gleichsam zu einer Göttin verschmelzen (**Abb. 71-72**), wobei die vier Arme
auf **Abb. 71** deutlich machen, dass sie aus der Vereinigung zweier entstanden ist. Obwohl sie von der Palmkrone überragt wird, heisst sie einfach "Sykomore, nützlich für ihren Herrn". Auch wenn es also noch in der 19. Dyn.
Sykomorengöttinnen gibt, bei denen die primäre Grösse, die Sykomore, bestimmend bleibt (vgl. nebst **Abb. 71** auch **Abb. 56** und den in Anm. 232
genannten Beleg), ist es in dieser Zeit im Rahmen einer systematischen und
konsequenten Theologisierung der Grabdekorationen üblich, die Baumgöttin
mit einer der grossen, für die Toten besonders wichtigen Göttinnen zu identifizieren.

Besonders beliebt ist die von Anfang an in dieser Rolle auftretende Nut.
Sie dominiert vor allem in den thebanischen Grabmalereien (**Abb. 73-80**).
Auf den Totenstelen von Abydos (**Abb. 81-82**) und auf den Grabreliefs
von Saqqara (**Abb. 69**) scheint ihr hingegen Isis den Rang abzulaufen.

Hathor indes erscheint relativ spät und dann vor allem in ihrer Rolle als
"Herrin des Westens" als Baumgöttin (**Abb. 84**). Einige Belege scheinen die
Sykomore ohne Blätter darzustellen (**Abb. 85** und evt. **Abb. 86**). Hathor
wäre hier dann die Herrin der uralten, kahlen Sykomore, auf die wahrschein-
lich schon Pyramiden-Spruch 574 anspielt. Aber die Blätter können bei
diesen Belegen auch aufgemalt gewesen sein. Wie unsicher und tastend die
Gleichsetzung der Baum- bzw. Sykomorengöttin mit einer der grossen
Göttinnen bleibt, zeigt der Beleg von **Abb. 83**, wo die Baumgöttin das Isis-
zeichen auf dem Kopf trägt, die Beischrift aber von Hathor, der Herrin des
Westens redet (vgl. auch **Abb. 91-92**).

Die Baumgöttin auf den Särgen, Uschebtikästen und Totenbuchpapyri der
21. Dyn. zeichnet sich vorerst einmal durch eine formale Gegebenheit aus.
Die Göttin bildet nicht mehr eine Einheit mit dem Baum, sondern steht ganz
anthropomorph in, vor oder neben diesem (**Abb. 87-97**). Baum und/oder

Göttin werden durch Bei- oder Aufschriften immer noch häufig als Nut (**Abb.** 87-92) und gelegentlich als Isis (**Abb.** 97) bezeichnet. Dabei kann die Baumgöttin als Nut identifiziert sein, aber Insignien der Isis, der Hathor (**Abb.** 91) oder der Neith tragen (**Abb.** 92). Statt mit "Hathor, Herrin des Westens", wird sie jetzt öfter direkt als "Imentet" (oder "Amentet") "Westen" bezeichnet (**Abb.** 93-94). Neu ist, soweit ich sehe, ihre Gleichsetzung mit Maat (**Abb.** 95-96). In der Nahrung, Schatten, Kühle und Erfrischung spendenden Sykomore erscheint die rechte Ordnung, die es den Verstorbenen erlaubt, auch im Jenseits ein erfreuliches Dasein zu führen.

Dieser kurze Überblick zeigt, dass das Bild des Baumes und die literarische Überlieferung in einer komplexen Interaktion stehen. Die literarische (und ikonographische) Überlieferung kennt Göttinnen wie Isis und Nut, die für die Toten wichtig sind, die ikonographische Bäume wie Sykomoren und Palmen, mit denen sie die (gemalten) Gärten im Grab ausstattet. Die Ikonographie verbindet ab Thutmosis III. beide in einer Weise, wie das die literarische nicht gemacht hat. Sie bezeichnet diese Mischwesen weiterhin schlicht als Isis, Nut usw. oder als Sykomore. Der Terminus "Baum-Göttin" ("tree goddess") existiert im Ägyptischen nicht. Man könnte ihn so als modernes Schreibtischgebilde abtun (vgl. oben S. 22 Anm. 101). Aber die modernen Begriffe bezeichnen ganz genau den ikonographischen Sachverhalt, der in der ägyptischen Sprache kein prägnantes Äquivalent gefunden hat. Am nächsten kommt ihm etwa "Nut in ihrem Namen Sykomore" (vgl. **Abb. 74**). Damit versucht die ägyptische Sprache zu beschreiben, was die Ikonographie geschaffen hat. Der Vorrang der Ikonographie zeigt sich in den immer wieder neuen Versuchen, die Baumgöttin (von Isis bis Maat) literarisch zu klassifizieren.[315] Neben der Unabhängigkeit der Ikonographie und ihrem Einfluss auf die Literatur gibt es natürlich auch das Umgekehrte, z.B. den Einfluss des Totenbuch-Spruchs 109 auf die Belege von Abschnitt 3 oder den der Totenbuch-Sprüche 58-63B auf die von Abschnitt 5. Das Verhältnis zwischen Bild und Text muss also von Fall zu Fall bestimmt werden. Grundsätzlich und methodisch sind Bild und Text jedoch als je eigenständige Grössen anzugehen. Die vorschnelle Klassifizierung des einen mit Hilfe des andern (Jagd nach dem Textzitat) verhindert ein sachgerechtes Verständnis.[316]

---

315 Vor diesem Hintergrund sind die Versuche sehr fragwürdig, Figuren nackter Frauen aus Palästina partout mit bestimmten Göttinnen identifizieren wollen.

316 Vgl. VON BISSINGs Einteilung der Baumgöttinnen-Bilder unter den Überschriften Nut, Isis, Hathor, "Sondergottheiten" und namenlose Numina (1924: 212-215).

40

41

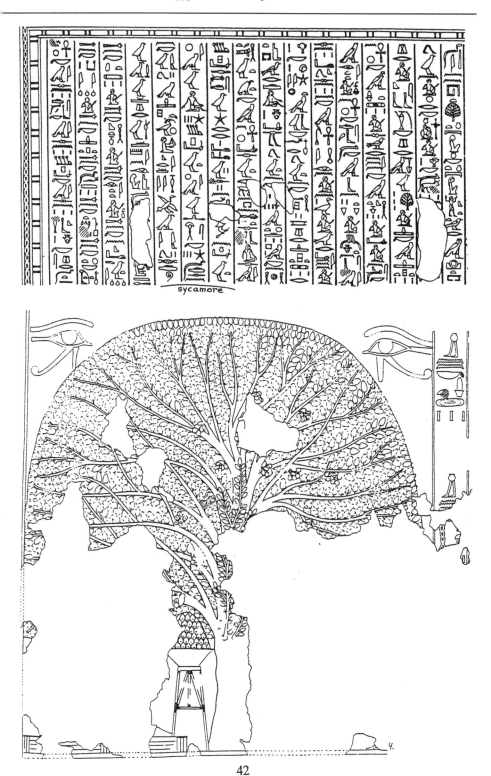

sycamore

42

43a

44

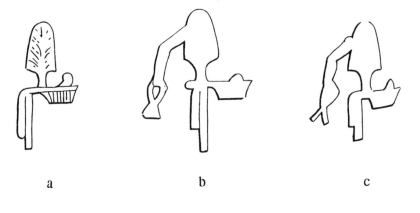

a   b   c

45

46

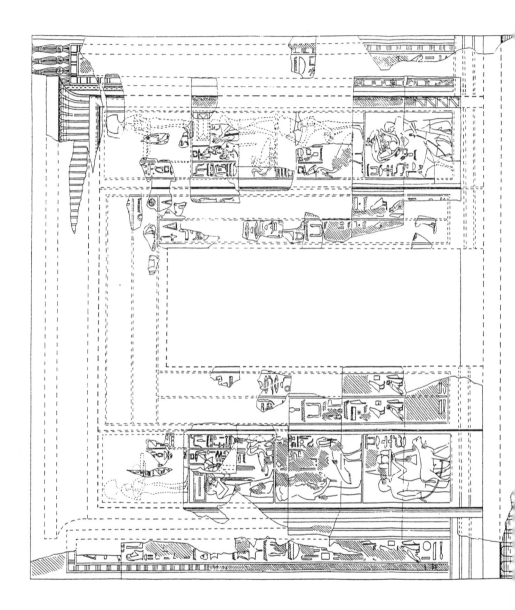

46a

47

47a

48

49

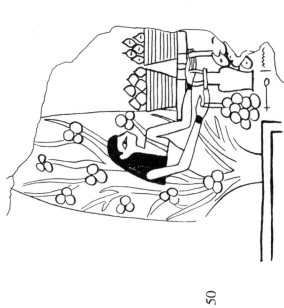

50

51

51a

51b

51c

52

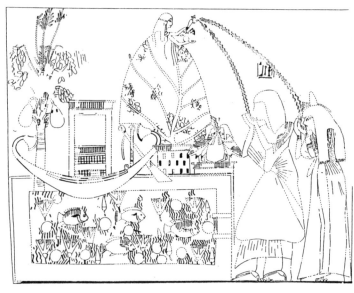

53

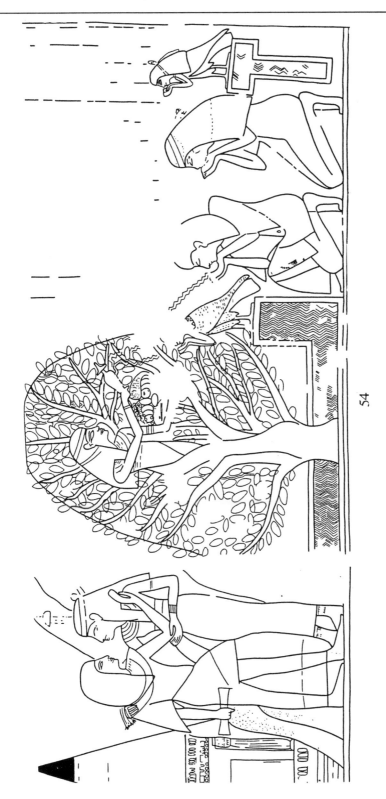

54

55

56

58

59

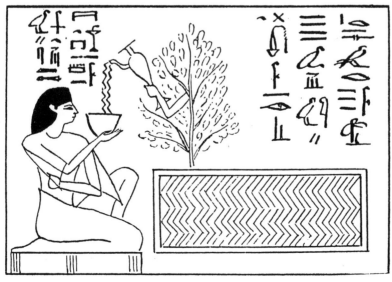

60

61

62

63

64

66

65

66a

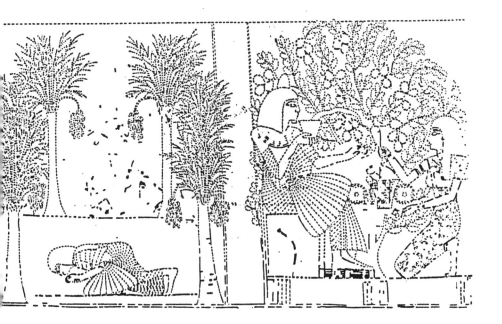

67

68

69

70

71

72

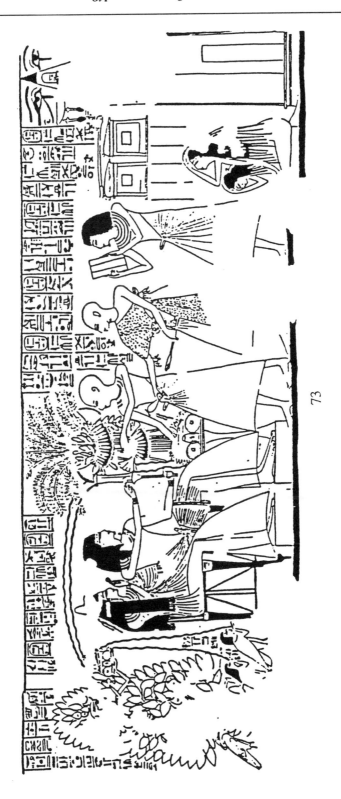

73

74

75

75 a

76

77

78

79

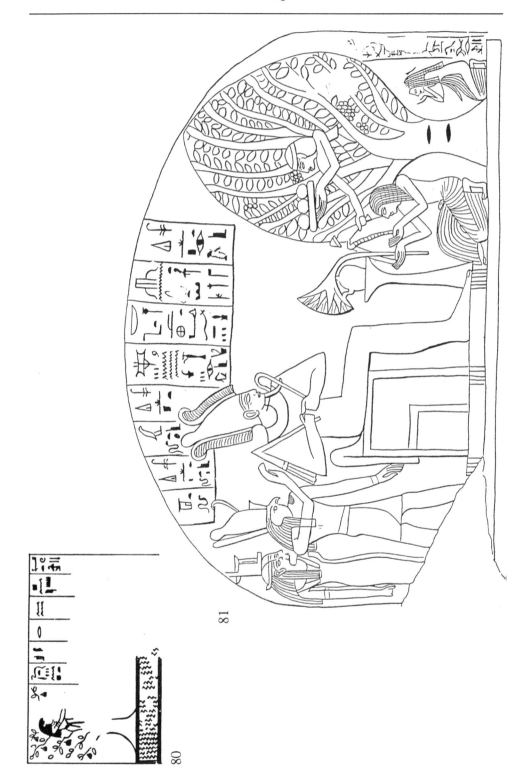

80

81

83

84

85

86

86a

87

88

89

90

91

92

93

94

95

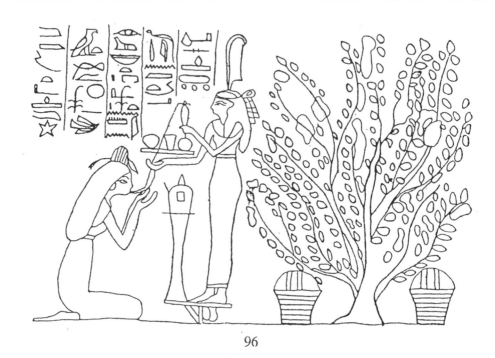

96

97

LISTE DER 54 ABGEBILDETEN BAUMGÖTTINNEN

Appenzell, Heimatmuseum = Abb. 97

Berlin, Ägyptologisches Museum 4376 = Abb. 51c

— 7291 = Abb. 81

— 7322 = Abb. 70

— 18534 = Abb. 41

Bologna, Museo civico KS 1906 = Abb. 62

— 1969 = Abb. 94

Boston, Museum of Fine Arts 34.50 = Abb. 61

Florenz, Museo archeologico 2591 = Abb. 85

Hannover, Kestner Museum 2933 = Abb. 69

Kairo, Ägyptisches Museum CG 34133 = Abb. 82

— CG 61024 = Abb. 87

— CG 61030 = Abb. 90

— JdE 29674 = Abb. 66

— JdE 52542 = Abb. 71

— S.R. VII. 11493 = 40017 = Abb. 91

London, British Museum 307 = Abb. 46

— 10470 (Papyrus Ani) = Abb. 66a

— 37983 = Abb. 50

München, Staatliche Sammlung Ägyptischer Kunst Gl. 298 = Abb. 72

Paris, Bibliothèque Nationale, Papyrus des Sutimes = Abb. 59

— Louvre C. 108 = Abb. 86

— E 17401 = Abb. 88

TT 1 = Abb. 77

TT 2 = Abb. 51b

TT 5 = Abb. 60

TT 16 = Abb. 78

TT 19 = Abb. 73

TT 39 = Abb. 46a

TT 41 = Abb. 54

TT 49 = Abb. 52

TT 51 = Abb. 55

TT 52 = Abb. 47

TT 63 = Abb. 49

TT 74 = Abb. 48

TT 93 = Abb. 42

TT 96 = Abb. 43

KAPITEL III

TAUBEN-, STIER- UND SCHLANGENDARSTELLUNGEN AUS PALÄSTINA/SYRIEN

ELEMENTE UND KONSTELLATIONEN "VOKABULAR" UND "SYNTAX"

"Art is born of art." GOMBRICH [5]1977: 20

1. Isolierte Tierfiguren[*]

Archäologische Ausgrabungen in Palästina/Israel und in Syrien fördern häufig isolierte Tierfiguren zutage: Tauben, Stiere, Löwen, Schlangen und manche andere. Die Ausgrabungsberichte verzichten meistens auf eine Interpretation.

Kürzlich hat nun Edith PORADA isolierte altorientalische Tierfiguren zu deuten versucht, indem sie sie mit ihren zoologischen Vorbildern verglich. "I read extensively on the nature and habits of the animals, wild and domesticated, and on man's relation to them as a hunter and domesticator".[304] Sie untersucht das Verhältnis der Skulpturen zu ihren natürlichen Vorbildern und schliesst mit dem Satz: "Thus, to explore the artist's world of thought in the Ancient Near East, we should analyze sculptures of animals for their expression and treatment just as we do sculptures of human beings".[305] PORADA befasst sich mit Kunstwerken von hoher Qualität, bei denen Stiluntersuchungen sinnvoll sind. Eine Kultur ist dadurch bestimmt, dass sie aus der unendlichen Vielfalt der Wirklichkeit eine Auswahl trifft, diese beschränkte Auswahl in einer bestimmten Weise wahrnimmt und einen Kanon für ihre Darstellung entwickelt. Je mehr Musse und Energie einer Kultur für "Kunst" zur Verfügung standen, umso konsequenter konnte sie, wie z.B. die ägyptische[306], einen Kanon entwickeln. Darin gewinnt sie ihre unverwechselbare Identität. Bei den bescheidenen Gegenständen, wie sie in Palästina/Israel in der Regel gefunden werden, müssen wir schon zufrieden sein, wenn wir sie zoologisch identifizieren und ihren inhaltlichen Platz im Symbolsystem ihrer Kultur festmachen können.

Die Situation isolierter Tierfiguren kann ikonographisch-ikonologisch mit der von Ostraka verglichen werden, auf denen nichts stehen würde als etwa *jonah* "Taube", *ʿegæl* "Jungstier", *naḥaš* "Schlange". Solche Funde könnten zwar dazu beitragen zu erkennen, dass die Phänomene "Taube", "Stier",

---

[*] Dieser Text wurde zuerst an einer Studientagung der Vooraziatisch-Egyptisch Genootschap "Ex Oriente Lux" zum Thema "Dier en Dierbeeld in het oude Nabije Oosten" am 4. April 1992 in Harleem bei Leiden vorgetragen.

[304] 1990: 71. Die Lesefrüchte, z.B. allerhand Interessantes über die medizinische Verwendung der Magensteine der Bezoarziegen, die sie bei dieser Gelegenheit mitteilt, sind zwar interessant, tragen aber wenig zur Erhellung des eigentlichen Themas bei, es sei denn, dass sie uns darauf aufmerksam machen, dass einer andern Kultur Dinge wichtig sein konnten, von denen wir nichts wissen.

[305] 1990: 78f.

[306] vgl. DAVIES 1989.

"Schlange" usw. in dieser Kultur selten oder häufig wahrgenommen und vergegenwärtigt wurden. *Tierfiguren* und *-bilder* haben, auch bei anspruchsloser Ausführung, den phonetisch-schriftlichen Belegen gegenüber den Vorteil, dass wir feststellen können, in welchen Proportionen die einzelnen Körperteile wahrgenommen und dargestellt, welche betont, welche vernachlässigt und welche Positionen bevorzugt wurden, bei Tauben z.B. ob die ruhende oder die fliegende. Auf die Fragen aber, in welchem Verhältnis die dargestellten Tiere zu anderen Tieren, zum Menschen, zum König und d.h. zur Gesellschaft oder zu den göttlichen Mächten standen, oder anders gesagt, welche Bedeutung bzw. welchen Sinn diese Grössen für die Menschen einer bestimmten Kultur hatten, auf solche und ähnliche Fragen antworten isolierte "Vokabeln" bzw. Figuren nicht. Falls die Archäologie als Hilfswissenschaft der Geschichte und besonders der Kulturgeschichte einen Sinn haben soll, muss aber mindestens der Versuch unternommen werden, ihre Funde als Bestandteile, als "Vokabeln" in den "Sätzen" eines bestimmten kulturellen Symbolsystems zu verstehen.

Damit ist nicht gemeint, dass man in schriftlich fixierten Texten, die der gleichen Kultur angehören wie die Figuren und Bilder, die uns beschäftigen, Sätze finden müsste, in denen etwas über die dargestellten Grössen ausgesagt wird, wie viele meinen, die sich an Erwin PANOFSKYs[307] oder einem ähnlichen ikonographisch-ikonologischen Interpretationsschema orientieren. Aufgrund dieser Schemata wird, nachdem die einzelnen Elemente identifiziert sind und durch Stiluntersuchung verifiziert worden ist, ob die Identifikation auch zutrifft, sofort nach dem Text Ausschau gehalten, ohne den angeblich eine eigentlich ikonographische Interpretation nicht möglich ist. Dieses Interpretationsschema, das im Wesentlichen an der christlichen, teilweise noch an der griechisch-römischen Kunst orientiert ist, betrachtet darstellende Kunst als Illustration. Die vorzeitige Parteinahme für den Zeugen Text gegenüber dem Zeugen Bild, den man nicht ausreden lässt, ist schon in den genannten Bereichen in vielen Fällen unergiebig und verfälscht das Zeugnis der Bilder. Auf den Alten Orient lässt sich das parteiische Schema häufig gar nicht erst anwenden, da Texte, wie z.B. in der palästinischen MB und weitgehend auch in der SB ganz einfach fehlen.

Doch deswegen muss die Frage nach Bedeutung und Sinn der Bilder keineswegs unterbleiben. Wir können davon ausgehen, dass jede Einzeldarstellung im Rahmen eines kulturellen Symbolsystems steht. Wo wir einzelne Figuren finden, müssen wir nach Konstellationen suchen, in denen die Einzelfiguren ihren Platz gehabt haben könnten. Je komplexer die Konstellatio-

---

[307] Vgl. sein Interpretationsschema im Anhang.

nen sind, in denen das einzelne Element auftaucht, umso genauer wird in der Regel die Semantik dieser Teilgrössen zu bestimmen sein. Wie bei Wortuntersuchungen werden wir auf Parallelen, d.h. darauf achten müssen, welche Einzelgrössen in gleichen Zusammenhängen für andere eintreten können Endlich kann das Studium diachroner Entwicklungen ähnliche Ergebnisse zeitigen, aber auch zu ähnlichen Fehlschlüssen führen wie die Etymologie in den philologischen Wissenschaften. An einigen Beispielen soll die Praktikabilität und Fruchtbarkeit dieser Grundsätze, die ich hier nur knapp formulieren konnte, demonstriert werden.

Es geht im folgenden also nicht darum, Monographien zu Taube, Stier und Schlange vorzulegen. Dazu wäre für jedes einzelne dieser Tiere ein eigener Band nötig. Es geht nur darum, zu zeigen, wie Einzelfiguren in grössere Zusammenhänge eingeordnet werden können und müssen, um eine dichte Beschreibung des Symbolsystems einer bestimmten Kultur zu einer bestimmten Zeit zu erreichen.

2. EINFÄLTIGE TAUBE

2.1. Isolierte Taubenbilder von der MB bis in die EZ IIC

2.1.1. Terrakotten, teilweise von Gefässrändern

Während den Ausgrabungen des Oriental Institute Chicago von 1925-1939 in Megiddo kamen im Areal BB östlich des mbz Tempels in Stratum X (MB IIB; ca. 1650-1550) zwei Vogelfiguren zum Vorschein (**Abb. 98a-b**). Die kleinen Tonfiguren stellen den Vogel fliegend dar. Anstelle der Füsse finden sich kleine Sockel.

1947 fand Immanuel BEN-DOR in Naharija nördlich von Haifa nahe der Mittelmeerküste bei der Ausgrabung eines mbz Tempels neun sehr ähnliche Tonfiguren (**Abb. 99a-c**). BEN-DOR bezeichnet sie als Tauben. Eine hat die Flügel zusammengefaltet (**Abb. 99b**). Die andern haben sie ausgebreitet. Bei allen neun Stücken aus Naharija ist der Fuss wie bei denen aus Megiddo mit einem kleinen Sockel versehen. In drei Fällen weist dieser Sockel ein Loch auf, das BEN-DOR vermuten lässt, die Figuren seien mit Hilfe eines Stifts an einem Gefäss befestigt gewesen. Für die Figuren mit den Löchern ist das möglich, obwohl natürlich auch vorstellbar ist, dass sie in einer Reihe auf einem Gesims oder sonstwo angebracht waren. Die von M. DOTHAN in den Jahren 1954-1955 durchgeführten Nachgrabungen in Naharija brachten weitere Vogelfiguren ans Licht.[308] Taubenappliken waren auch in der SB noch beliebt. Eine Tontaube aus Bet-Schean gehört einer Schicht des 14./13. Jh. an[309], eine andere, die in die gleiche Zeit zu datieren ist, stammt aus dem Grabentempel in Lachisch.[310] Vier solche Taubenappliken sind im Raum 1021A im südlichen Tempel in Bet-Schean in Stratum V (ca. 1150-950) gefunden worden (**Abb. 100a-d**).[311] Taubenfiguren dieser Art sind in Palästina also mindestens von der MB IIB in die EZ IIA belegt.

BEN-DOR verweist für seine Tonappliken aus Naharija auf zyprische, kretische und mykenische Parallelen.[312] Aber ähnliche Figuren lassen sich in

---

[308] 1956: 22.

[309] Stratum VII; Raum 1089; ROWE 1940: 65, Pl. 20,19, Pl. 64A,19.

[310] TUFNELL 1940: Pl. 28,3.

[311] Vgl. noch ROWE 1940: 65, Pl. 64A,1.

[312] 1950: 27.

Vorderasien mindestens bis ins Chalkolithikum zurückverfolgen.[313] Auf einem chalkolithischen Gefäss aus dem Negev sitzen zwei solche Figuren auf dem Gefässrand einander gegenüber (**Abb. 101**).[314] Sie sind ein bisschen flacher gearbeitet, aber sonst den Naharija-Figuren sehr ähnlich. Ob alle Einzelfiguren von Gefässrändern stammen, muss wie gesagt offen bleiben und scheint mir unwahrscheinlich, da bei vielen Figuren der Sockel zu einer Art Standfuss erweitert ist (z.b. bei einigen Stücken aus Nippur) und, soweit ich sehe, anscheinend bei keiner ein Stück Gefässrand mitabgebrochen ist. Wir haben wohl damit zu rechnen, dass in Heiligtümern Tauben nicht nur auf Gefässrändern, sondern auch auf andern Gegenständen zu finden waren, wie z.b. die chalkolithische "Krone" mit einer Taube aus dem Nachal Mischmar zeigt (**Abb. 102**). Auch Architekturteile waren mit ihnen ausgestattet, wie in Abschnitt 2.1.3. zu sehen sein wird.

2.1.2. Knocheneinlagen

Isolierte Vogelfiguren finden sich in der MB IIB in Palästina nicht nur aus Ton, sondern auch in Form von Knocheneinlagen an kleinen Kästchen aus Holz.[315] In diesem Falle sind die Vögel, wie z.b. auf Belegen aus Jericho (**Abb. 103**), durch den stark betonten Bug und den verhältnismässig kleinen Kopf als Tauben charakterisiert. Gelegentlich scheinen bei diesen Knocheneinlagen Tauben in Reihen angeordnet gewesen zu sein.[316]

---

[313] Zu Belegen vor der MB IIB vgl. MALLOWAN/CRUIKSHANK ROSE 1935: 84 Fig. 46,1-3; 87f und Pl. 5b (Arpaçije); VAN BUREN 1930: 182 Nr. 911 (Susa); MOORT-GAT-CORRENS 1988: 58 Abb. 25 (Tell Chuēra); vgl. weiter LEGRAIN 1930: 35 Nr. 333-338, 340 und 342 (Nippur); DUNAND 1937/1939: 124 und Pl. 81, 1850-1851 (Byblos); KEEL/WINTER 1977: 41-48 Abb. 1-5; bei Abb. 5 handelt es sich aufgrund der Haltung aber ziemlich eindeutig um einen Falken und nicht um eine Taube.

[314] Zu Gefässen vom Tepe Gawra und aus Nuzi mit Vögeln auf den Rändern vgl. BRENT-JES 1962: Taf. 5,5-6. Zu einem Gefäss aus Vounos, Zypern, aus der Zeit um 2000 und zu römischen Mosaiken mit dem Motiv vgl. KEEL 1984: 57f und Abb. 37f. Auch auf dem berühmten spätbronzezeitlichen Kesselwagen aus Larnaka, Zypern, sitzen Tauben; vgl. MATTHÄUS 1985: 318f Nr. 708 und Taf. 108 = KEEL ⁴1984: 124 Abb. 188.

[315] LIEBOWITZ 1977; WEIPPERT 1988: 245f.

[316] Vgl. z.B. KENYON 1965: 321 und 355.

2.1.3. Reihen von Tauben an Tempeln und Tempelmodellen

Reihen von Tauben finden sich an einem zweistufigen Absatzaltar in Form
eines Tempelmodells aus der MB IIB, das in Salamija bei Hama gefunden
worden sein soll (**Abb. 104**). Die Tauben waren in Form von Appliken
unter den horizontalen Leisten angebracht.[317] Zu einem solchen Taubenfries
dürfte auch das Fragment gehört haben, das M. VAN LOON auf dem Tall
Hammam et-Turkman in Syrien in einer mbz Schicht gefunden hat (**Abb.
105**).[318] Friese mit Tauben fanden sich schon auf Absatzaltären des archaischen Ischtar-Tempels in Assur (vgl. unten Abb. **197**). Bestandteile von
einem Original-Fries sind vom Ende der Ur-I-Zeit (um 2500 v. Chr.) vom
Ninchursag-Tempel auf der Zikkurat in El-Obed erhalten geblieben (**Abb.
106**). Neben der Taubenreihe finden sich da "Rinder, ausserdem eine Hürde,
aus der seitlich zwei Rinder heraustreten, während rechts davon Kühe von
hockenden Männern gemolken werden... Die Verwandtschaft mit den zahlreichen Hürdenszenen der Frühgeschichte ist evident. Was dort aber trotz aller
Weltverbundenheit zugleich einen stark numinosen Charakter trug, ist hier in
der Meiereiszene leicht in das Genremässige umgebogen. Die grosse Lebens-
göttin ist zu einer Gutsherrin geworden".[319]

2.1.4. Reihen von Tauben auf Rollsiegeln

Reihen von Tauben auf Rollsiegeln finden sich in Mesopotamien schon in
der Dschemdet-Nasr-Zeit zu Beginn des 3. Jt.s[320] und in der altsyrischen
Glyptik zu Beginn der ersten Hälfte des 2. Jt.s. Die Reihen sind bald hori-
zontal (**Abb. 107**: Tauben und Hasen), bald vertikal angeordnet (**Abb.
108**: eine Hand und zwei Köpfe, zwei Capriden, drei Tauben, drei Hasen)[321], bald sind horizontale Reihen mit einer vertikalen kombiniert, wie auf

---

317 BRETSCHNEIDER 1991: 204f Nr. 33.

318 Vgl. ebd. 203 Nr. 30. Zu einem in die SB datierten syrischen Haus- oder Tempelmo-
     dell mit Taubenappliken im Museum von Leiden vgl. AKKERMANS 1991: 40-42 NR.
     13.

319 MOORTGAT 1967: 49f.

320 FRANKFORT 1939: 35, 229 und Pl. 7j.

321 Zur Auswahl der Tiere vgl. auch **Abb. 138**; zu weiteren Reihen s. MOORTGAT
     1940: Nr. 532 (Hasen und Tauben); Nr. 531 (Skorpione), PORADA 1948: Nr. 942
     (Hasen und Tauben); BUCHANAN 1981: Nr. 1177 (Hasen und Tauben); Nr. 1250
     (Hasen).

einem Rollsiegel aus Megiddo Stratum XII (1750-1700; **Abb. 109**), auf dem zwei Reihen auffliegender Tauben[322] und eine Reihe von Blüten (?) durch zwei vertikal übereinander angebrachte Skorpione unterbrochen werden. Die zahlreichen Vogelreihen auf sbz Rollsiegeln des "common style" der Mitanni Glyptik, die besonders häufig in Bet-Schean in den Straten IX-VII, d.h solchen der SB II (ca. 1400-1150), gefunden worden sind[323], scheinen keine Tauben, sondern Wasservögel darzustellen.[324]

2.1.5. Tauben als Anhänger und auf Anhängern

Auch Tauben als Anhänger scheinen in Palästina erst in der SB einzusetzen. In Mesopotamien ist auch diese Gattung wesentlich früher anzutreffen, so z.b. im Königsfriedhof in Ur um 2500.[325] Beim Amulett-Anhänger in Form einer Taube vom Tell el-ʿAǧul (**Abb. 110**) ist nicht ganz klar, ob er aus einer Schicht der MB IIB oder einer solchen der SB I-IIA stammt.[326] Eindeutig aus einer frühen sbz Schicht kommt der Taubenanhänger aus Megiddo Stratum VIII (**Abb. 111**). Nicht nur der Fundkontext, sondern auch die blau glasierte Fayence weisen einen Vogelanhänger aus dem Grabentempel in Lachisch der SB zu (**Abb. 112**). P.E. MCGOVERN identifiziert den Vogel allerdings als "goose or duck".[327] Aber für eine Gans ist der Hals viel zu kurz. Eine Ente käme eher in Frage, aber dafür vermisst man doch den typischen Entenschnabel. Am wahrscheinlichsten scheint auch hier eine Taube. Im 8./7. Jh. finden wir Tauben auf Skaraboiden (**Abb. 113**) und Skarabäen (**Abb. 114**), in letzterem Fall mit einem Sichelmond verbunden (vgl. auch **Abb. 139**).

---

[322] Die stark gekrümmten Schnäbel könnten an Raubvögel denken lassen, aber Tauben haben leicht gekrümmte Schnäbel, die gelegentlich übertrieben stark gekrümmt dargestellt werden. Die Verbindung mit dem Skorpion spricht ebenfalls für Tauben, da beide der Sphäre der Göttin angehören (vgl. **Abb. 130** und **138**).

[323] PARKER 1949: Nr. 46.56.69.72.137; vgl. ebd. die Nr. 33 aus Geser und die Nr. 116 aus Megiddo; dazu LOUD 1948: Pl. 161,18.

[324] SALJE 1990: 69 und Taf. 8,145-153.

[325] WOOLLEY 1934: Pl. 142, U 9078; vgl. weiter KEEL/WINTER 1977: 48. Die dort vorgeschlagene apotropäische Deutung scheint mir heute allerdings fraglich. Der apotropäische Vogel aus Babylon, bei dem eine entsprechende Inschrift stand, ist ein Falke, keine Taube (vgl. oben Anm. 313).

[326] PETRIE 1931: 8; Pl. 21,114 und Pl. 24 Photo.

[327] 1985: 116 Nr. 91.

2.1.6. Taubenfigurinen auf Sockel

Viel jünger als die mbz Belege sind zwei Taubenterrakotten aus der Grab-höhle 1002 in Lachisch, die während des ganzen 7. Jh.s verwendet wurde. Die Vögel sind mit ausgebreiteten Flügeln auf einen zylinderförmigen Stand-fuss gesetzt (**Abb. 115**). Vergleichbare Tauben-Figurinen sind auch in Jeru-salem (**Abb. 116**) und an verschiedenen Orten in Juda gefunden worden. Im Gegensatz zu den mbz und sbz Stücken hat der viel grössere Sockel hier eindeutig nicht dazu gedient, die Vögel auf einen Gefässrand zu setzen. Es handelt sich um eigenständige Figurinen. Sie erinnern an die besonders im 7. Jh. sehr häufigen Pfeilerfigurinen der Dea nutrix (**Abb. 117**). Ihr Verbrei-tungsgebiet deckt sich weitgehend mit dem der weiblichen Pfeilerfiguri-nen.[328]

Die bisher aufgeführten Vogel- bzw. Taubendarstellungen sind wie einzel-ne Vokabeln, oder im Falle der Reihungen Wiederholungen der gleichen Vokabel, Wörter ohne Satzzusammenhang. In der Regel assoziiert man in unserem Kulturkreis mit Taubendarstellungen die Friedenstaube (vgl. Gen 8,8-10), die Taube als Opfertier (vgl. Gen 15,9; Lev 1,14; 5,7.11; 12,6.8; Lk 2,24; Joh 2,14), die Taube als Symbol der Sanftmut, Liebe und Zärtlich-keit (Hhld; Mt 10,16) oder es wird bestritten, dass sie irgendeine bestimmte Bedeutung habe. Sie sei vielmehr irgendein Ziergegenstand (Nippes). An die Taubengestalt des Hl. Geistes denkt man kaum, da diese für typisch christlich gehalten wird.

2.2. Der archäologische Fundkontext

Achten wir auf den Fundkontext, so ist die Deutung als Nippes wenig wahrscheinlich. Bei **Abb. 98, 101, 107, 110** und **113-114** sind die Fundzusammenhänge, mindestens die genauen, unbekannt. Die Stücke von **Abb. 99-100, 106, 108-109, 112** und **116** stammen aus Heiligtümern, **Abb. 104-105** von Tempelmodellen, die Stücke der **Abb. 103, 111** und **115** aus Gräbern. **Abb. 103** dürfte allerdings als "profanes" Objekt ins Grab gelangt sein, da der Bildträger wohl ein Schmuck- oder Kosmetikkäst-chen war. Aber auf Gegenständen aus diesen Bereichen sind religiöse Motive ziemlich häufig. AMIRAN will das chalkolithische Gefäss von **Abb. 101** als Libationsgefäss und die Vögel auf seinem Rand "as items in the cult of a female deity" verstehen. Soweit ihre Deutung die Vögel betrifft, führt sie

---

[328] HOLLAND 1977: 126f Typ E; vgl. weiter KEEL/UEHLINGER 1992: 369-401.

allerdings nicht die Spur einer Begründung an.[329] Von Heiligtümern als
Hauptfundorten abgesehen, ist darauf hinzuweisen, dass Nippes wahrscheinlich eine Erfindung des 19. Jh. und vorher kaum anzutreffen sind.

Für die MB IIB ist darauf hinzuweisen, dass das Heiligtum von Naharija,
wo die meisten Taubenterrakotten gefunden worden sind, offensichtlich einer
Göttin geweiht war, denn man hat dort nicht nur 19 ausschliesslich weibliche
Silber- und Bronzefiguren gefunden, sondern auch ein Steatitmodel, in dem
man - wohl in der Tempelwerkstätte - Figuren einer weiblichen Gottheit als
Devotionalien herstellte.[330] Der Befund in den andern Heiligtümern (in
Megiddo, im Grabentempel in Lachisch und dem ausserhalb der Mauern gele-
genen Heiligtum in Jerusalem) ist nicht so eindeutig wie in Naharija, aber die
dortigen Funde legen nahe, dass in ihnen mindestens *auch* eine oder mehrere
weibliche Gottheiten verehrt wurden.

Nun kann man natürlich bei einem archäologischen Fundkontext nie ganz
sicher sein, ob einzelne Dinge nicht zufällig dahin gelangten, wo sie letzten
Endes zusammen gefunden worden sind. Irgend jemand kann sie da verloren
oder versteckt haben. Wenn es sich allerdings nicht um ein Einzelstück handelt, sondern, wie das in Naharija sowohl bei den Taubenterrakotten als auch
bei den Göttinnenfiguren der Fall ist, um an verschiedenen Stellen mehrfach
gefundene Artefakte, dann ist die Wahrscheinlichkeit eines solchen Zufalls
gering. Die Taube gehört zur Sphäre der Göttin. Eine präzise Relation zwischen ihr und der Taube ist damit allerdings noch nicht gegeben. Ist die
Taube ein Attributtier der Göttin oder repräsentiert sie diese? Die Pfeiler-
tauben des 7. Jh.s, die in gleichen Zusammenhängen wie die Säulenfiguren
der Dea Nutrix auftauchen, scheinen letzteres nahe zu legen.[331] Die einen
erscheinen wie Parallelen der andern. Damit aber kommen wir in die Nähe
des nächsten grossen Abschnitts, in dem die Taube nicht mehr vereinzelt oder
in Reihen, sondern in ihrer Kombination und in Kompositionen mit andern
Grössen, also nicht mehr als isolierte "Vokabel", sondern in "Satzzusammen-
hängen" betrachtet werden soll.

---

[329] 1986: 86; ähnlich schon MALLOWAN/CRUIKSHANK ROSE 1935: 87f: "*The Dove* is
almost certainly to be associated with 'mother-goddess' worship: the best association
comes from Crete."

[330] NEGBI 1976: 177f Nr. 1525-1534; 183f Nr. 1607-1612, 1620-1623.

[331] KEEL/UEHLINGER 1992: 369f.

2.3. Die ikonographische Konstellation

2.3.1. Taube und Palme

Aufgrund zahlreicher Belege ist bekannt und gesichert, dass kanaanäische Göttinnen, vor allem Aschera, aber wahrscheinlich auch Anat und andere mit einem Baum, genauer einer Palme als Attribut bzw. in Gestalt einer Palme erscheinen und dargestellt werden konnten.[332] Schon in der MB IIB ist auf einem der wenigen bemalten Gefässe eine von sehr schematisch gemalten Vögeln flankierte Palme zu sehen (**Abb. 118**).[333] Auf dem berühmten, ungefähr zeitgenössischen Wandbild im Hof 106 des Palastes von Mari[334] befindet sich auf den Palmen, die den Ischtartempel flankieren und von denen nur die rechts erhalten ist, eine überdimensionierte, sorgfältig ausgeführte weisse Taube (**Abb. 119**). A. PARROT hat den Vogel, weil er 1951 in den Ruinen von Mari einen "Chasseur d'Afrique" gesehen hat, als solchen identifiziert.[335] AL-KHALESI ist ihm darin gefolgt.[336] Nun ist "Chasseur d'Afrique" keine offizielle ornithologische, sondern eine volkstümliche Bezeichnung für den Bienenfresser (*Merops apiaster* L.). Der Bienenfresser ist viel schlanker als der Vogel auf der Palme. Seine Schwingen und sein Schwanz sind blaugrün, die Kehle leuchtend gelb und die Oberseite kastanienbraun und gelb. PARROT hat sich durch sein Erlebnis hinreissen lassen, die krassen Unterschiede zu übersehen. AL-KHALESI, der von Ornithologie ebenso wenig Ahnung hat, versteht Vogel und Palme als naturalistische Elemente, die er von

---

[332] KEEL/UEHLINGER 1992: 32ff, 57, 62, 144, 225, 263ff, 454f. Zur Identität der Göttin mit Capriden bzw. Schlangen und Blumen oder Zweigen auf einem Löwen oder ohne Löwen vgl. unten die **Abb. 202-220**.

[333] Vielleicht sind auch die Knocheneinlagen aus Grab G 82 in Jericho in Gestalt von Tauben, die ein Fischgratmuster flankieren als Tauben am Baum zu interpretieren (KENYON 1965: 387 Fig. 192).

[334] Vgl. GATES 1984 (mit Literatur).

[335] 1958: 61 Anm. 1. BARRELET hat in ihrer vorgängigen ausführlichen Diskussion des Bildes den Vogel zwar überhaupt nicht erwähnt (1950: 10f), in einem bereits 1955 erschienenen Aufsatz hat sie ihn aber explizit und begründet als Taube identifiziert und als Attributtier der Göttin erkannt: "Le même oiseau figure...sur un palmier dans la peinture de la cour 106 à Mari, où il se trouve alors parmi l'entourage d'une Ishtar guerrière. Les indications de couleur fournies par ce dernier monument – plumage blanc, bec et pattes rouges – permettent de dire que l'oiseau représenté est une colombe, et de supposer que la présence de cette colombe près d'Ishtar correspond à un détail du culte, ou à une symbolique" (1955: 246). PARROT hat diese zutreffende und gut begründete Interpretation nicht zur Kenntnis genommen.

[336] 1978: 11.

stärker konventionellen unterscheiden will. Dabei übersieht er, dass das Grössenverhältnis zwischen Palme und Vogel völlig unrealistisch ist. Gravierende Fehlurteile auf dieser untersten Stufe, auf der der einzelnen "Vokabeln", verurteilen die Deutung des "Satzes" zum voraus zum Scheitern. Der Satz sagt hier aber, dass Palme und (weisse) Taube zur Sphäre der Göttin (Hörnerkrone!) gehören, deren Kopf sich genau im Zentrum der ganzen Anlage befindet, was man sieht, wenn man zwei Diagonalen in das rechteckige Bild hineinlegt. Die Tauben gehören ebenso zu ihrer Sphäre wie der liegende Löwe, auf den sie ihren rechten Fuss gesetzt hat. Die Kombination Taube und Palme mit der mehr oder weniger deutlich anwesenden Göttin sei hier nur noch durch zwei fast 1000 Jahre jüngeren Belege illustriert. Der eine ist ein Salblöffel aus Stratum VI (2. Hälfte 8. Jh.) aus Hazor (**Abb. 120**). Der Griff des Salblöffels ist als Palmette gestaltet, die Rückseite des Löffels als Frauengesicht. Die Art der Kombination signalisiert, dass die Palme geheimnisvoll die Göttin verkörpert.[337] Das Gesicht der Göttin ist links und rechts von Tauben flankiert. In den Körper derer links ist noch ein Stern eingeritzt. Der zweite Beleg ist ein ungefähr zeitgenössisches Tempelmodell (**Abb. 121**).[338] Der Eingang wird von zwei Palmettbäumen flankiert. Über dem Eingang ist eine Taube mit ausgebreiteten Flügeln zu sehen. Unter ihr befand sich wahrscheinlich ein Bild der Göttin, deren Heiligtum das Tempelmodell nachbildete.[339]

Die Kombination von Palme und Taube, den wichtigsten Elementen eines Palmgartens[340], verkörpert die freundliche, "kultivierte" Seite der Göttin, zu der der Löwe, der ihre aggressive Seite repräsentiert, in Kontrast steht.

2.3.2. Taube und Göttin

Der Kopf der (verlorenen) Göttin im Tempelmodell von **Abb. 121** war genau unter den ausgebreiteten Flügeln der Taube plaziert. Die Taube über

---

[337] Vgl. dazu KEEL/UEHLINGER 1992: 224f.

[338] Zu einem sehr ähnlichen Stück vgl. BRETSCHNEIDER 1991: 234 Nr. 88, Abb. 81. Beide Modelle sollen aus Jordanien, aus dem Bereich des Nebo kommen.

[339] Zu Tempelmodellen mit Tauben aus Zypern vgl. KEEL 1984: 144f Abb. 40 und 42; zu einem aus Mykene: MARINATOS/HIRMER [3]1976: Taf. 227.

[340] In Ägypten werden gelegentlich Taubennester auf Palmen dargestellt. Dabei handelt es sich um Turteltauben (KEIMER 1952; HUGONOT 1989: 200 Fig. 174; Thebanisches Grab 296). Auch weisse Felstauben finden sich auf ägyptischen Malereien (HOULIHAN 1986: 101-103 Fig. 146; Nordpalast Achenatens), aber sie haben nie emblematische Bedeutung als Attributs- oder Manifestationstier einer Gottheit.

oder auf dem Kopf von Göttinnen ist seit Beginn des 2. Jt.s belegt. Auf einem Rollsiegelabdruck der anatolischen Gruppe aus Kültepe Stratum II (1950-1850) thront eine Göttin mit einem Vogel auf dem Kopf über zwei Panthern auf einem Capriden (**Abb. 122**). Ein weiterer Vogel sitzt auf ihrer Hand und zwei fliegen von ihr weg. Die Göttin erscheint so als eine Herrin der Tiere und zwar der wilden (Feliden), vitalen (Capride) und der Vögel. Mindestens beim Vogel auf ihrem Kopf dürfte es sich um eine Taube handeln, aber mit Sicherheit ist es nicht auszumachen.

Auf einem syro-kappadokischen Rollsiegel aus der Zeit zwischen 1850 und 1750 macht der Wettergott seine Aufwartung vor einem höchsten Gott in Begleitung zweier Göttinnen (**Abb. 123**). Die vordere ist durch einen Vogel auf dem Kopf charakterisiert, den man mit einiger Zuversicht als Taube identifizieren kann, die hintere steht auf dem Stier des Gottes. In engster Verbindung mit dem Wettergott ist die Göttin mit der Taube auch auf einer Siegelabrollung aus Ebla zu sehen (**Abb. 124**; um 1725 v. Chr.). Neben dem Vogel wird sie hier durch den achtstrahligen Stern charakterisiert. Wie auf **Abb. 122** und **123** ist sie bekleidet. Auf **Abb. 124** trägt sie zudem den mit Hörnern versehenen Zylinderhut der grossen syrischen Herrin. Auf einer Abrollung aus Alalach Stratum VII (1720-1650) ist sie mit dem fürstlichen Wulstsaummantel bekleidet (**Abb. 125**). Die Taube sitzt auf ihrer Schulter. In der Rechten hält sie eine Mehrfachkeule. Sie ist nicht in Begleitung des Wettergottes, sondern erscheint in eigenem Recht. Vor ihr steht in verehrender Haltung ein Wulstsaummantelfürst.[341] Erheblich später als im Osten erscheint die Göttin mit einem oder zwei Vögeln auf dem Kopf im Westen. Die Göttin mit den für die Epiphanie typisch erhobenen Armen (**Abb. 126**) wurde in Gazi westlich von Heraklion in einer Schicht der spätminoischen Zeit IIIb (um 1250 v. Chr.) gefunden.[342] Die ältesten Belege aus Syrien zeigen die Göttin mit der Taube zuerst als Herrin der Tiere, als Mutter alles Lebendigen und dann als Herrin schlechthin.

Auf der Siegelabrollung von **Abb. 122** ist vor dem Wettergott auf dem Stier zum ersten Mal als kleine Nebenfigur die "heilige Stripperin" zu sehen,

---

[341] Die syrische Herrin im Wulstsaummantel mit der Taube auf dem Kopf stellt auch eine Bronze im Metropolitan Museum of Art in New York dar; vgl. dazu KEEL/WINTER 1977: 70-74 und Abb. 27a-d. Zu einem weiteren Beleg für die syrische Herrin mit dem Vogel auf dem Zylinderhut auf einem Rollsiegel vgl. PORADA 1948: Nr. 956 rechts aussen. Eine thronende syrische Herrin mit einer Taube auf dem Knie findet sich bei WARD 1910: Nr. 902. Zu altbabylonischen Terrakotten mit einer Göttin mit zwei Vögeln auf der Schulter bzw. auf der Rücklehne ihres Thrones vgl. KEEL/WINTER 1977: 53f mit Abb. 10-12.

[342] Zu weiteren Belegen siehe MARINATOS/HIRMER [3]1976: Taf. 134f.

die traditionell als sich entschleiernde Göttin bezeichnet wird, sich aber nicht
nur entschleiert, sondern ihren Rock hebend sich entkleidet.[343] Ihre Entblös-
sung soll den Wettergott dazu animieren, sein Samenwasser fahren zu lassen,
das die Erde befruchtet. Auf einem altsyrischen Siegel (ca. 1750-1650) erscheint die sich Entblössende als einzige anthropomorphe Gestalt, von zwei
Affen[344] und zwei wegflatternden Tauben flankiert (**Abb. 127**). Die Axialkomposition rückt sie in die Mitte und signalisiert ihren göttlichen Status, den
sie auf andern Siegeln ganz deutlich einnimmt.[345] Die Tauben sind von der
Herrin der Tiere und ihrer Erbin, der grossen syrischen Göttin, zur Hierodule
hinübergewechselt und erhalten in diesem neuen Umfeld eine erotische Konnotation. Eine Gussform aus dem Handel, die aber vom Kültepe stammen
dürfte und etwa um 1700 zu datieren ist, isoliert das Motiv der sich entschleiernden Göttin mit den Tauben (**Abb. 128**).[346] Die Komposition ist schon
früh nach Westen gewandert. Als Attributtiere einer nackten Göttin tauchen
sie um 1550 wahrscheinlich als orientalischer Import im 3. Schachtgrab von
Mykene auf (**Abb. 129**).

Wie wird die Taube aus einem Begleittier der "Herrin der Tiere" zu einem
Attributtier der erotischen Göttin? Anlass dazu könnte ihr auffälliges Paa-
rungsverhalten (Schnäbeln) gewesen sein, das sie als besonders verliebter
Vogel erscheinen liess, der eine natürliche Affinität zur stark erotisch konnotierten Hierodule besass. Auf altsyrischen Siegeln erscheinen gelegentlich
Tauben, die zu schnäbeln scheinen, im Umfeld der Göttin.[347] Sicher wurde
dieses Schnäbeln in der griechisch-römischen Antike plastisch dargestellt und
als Küssen interpretiert.[348]

---

[343] Vgl. dazu WINTER [2]1987: 272-283, bes. 273.

[344] Zu nackten Tänzerinnen in Begleitung von Affen auf einer altbabylonischen, also zeitgenössischen Terrakotta vgl. OPIFICIUS 1961: 160f und zu den Affen 234, Taf. 18 Nr.
584.

[345] Zu der sich entschleiernden Göttin mit Tauben und Verehrer(n) vgl. z.B. DELAPORTE
1910: Nr. 455 = WINTER [2]1987: Abb. 284; RAVN 1960: Nr. 137; BUCHANAN 1966:
Nr. 884.

[346] Sehr ähnlich wie auf der Kültepe-Gussform findet sich das Motiv als Terrakottarelief
in Alalach in Stratum III (14. Jh. v. Chr.); vgl. dazu KEEL/WINTER 1977: 63-65 mit
Abb. 22; vgl. auch LAMBERT 1992: Nr. 150, ein altsyrisches Rollsiegel aus der Zeit
zwischen 1800 und 1700 aus der Erlenmeyer-Sammlung in Basel, das sich jetzt unter
der Inv. Nr. 1992.12 am Biblischen Institut der Universität Freiburg/Schweiz befindet.
Auf diesem Siegel steht die Göttin –von zwei Wulstsaummantelfürsten flankiert– auf
einem doppelten Podest. Die zwei Vögel, die nicht mit Sicherheit als Tauben zu identifizieren sind, stehen auf dem oberen Podest.

[347] WARD 1910: Nr. 938 (British Museum); EISEN 1940: Nr. 156 (Moore Collection).

[348] KEEL 1984: 59f mit Abb. 39.

2.3.3. Die Taube zwischen Partner und Partnerin

Auf altsyrischen Hämatit-Rollsiegeln, von denen auch in Palästina eine Anzahl gefunden worden ist (vgl. **Abb.** **134, 156**), erscheint nicht nur die isolierte, von Tauben flankierte "heilige Stripperin" (**Abb. 127-128**). In einer begrenzten Zahl von Fällen sitzt oder steht ihr ein Partner gegenüber, dem sie sich zuwendet (**Abb. 130**). Der sitzende Partner im Wulstsaummantel dürfte der Fürst sein, der im Kult den Partner-Gott darstellt, welcher durch die Entkleidung der Hierodulengöttin zu neuer Zeugung und Schöpfung animiert werden soll.[349] Während auf **Abb. 130** die Tauben wie auf den **Abb. 127-129** in alle Richtungen davonfliegen, sind auf **Abb. 131** beide auf den thronenden Partner der Göttin gerichtet.

Dieses Gerichtetsein wird noch deutlicher, wenn nur *eine* Taube von einer Göttin, während diese dezidiert ihr Kleid auf die Seite schiebt, auf den Wettergott als ihren Partner zufliegt (**Abb. 132**). Die Taube verkörpert hier die Liebesbereitschaft und Zärtlichkeit der Göttin, die ihrem Partner gleichsam entgegenfliegen. Die Taube wird zur Liebesbotin.[350] Das ist sie auch noch auf einem sbz Siegel, auf dem die Göttin thronend und bekleidet dargestellt und die Taube auf einer Stange vom lebendigen Vogel zum Emblem geworden ist (**Abb. 133**).[351]

Die Rolle der Liebesbotin übernimmt die Taube aber nicht nur bei göttlichen, sondern auch bei ganz menschlich gezeichneten Paaren.[352] Auf einem altsyrischen Rollsiegel vom Tell el-ʿAǧul ist ein solches Paar bei einem intimen Symposion dargestellt (**Abb. 134**). Palme (vgl. **Abb. 118-121**) und achtstrahliger Stern (**Abb. 124**) signalisieren, dass das Beisammensein im Zeichen der Göttin stattfindet. Auf einem altsyrischen Rollsiegel aus Krakau

---

[349] WINTER ²1987: 277-280.

[350] An dieses Siegel anzuschliessen ist PORADA 1948: Nr. 907, auf der die Taube von ihm zu ihr fliegt, und vielleicht auch das Stück PORADA 1948: Nr. 945, doch ist der Partner kaum der Wettergott und der Vogel vielleicht keine Taube (vgl. dazu KEEL/ WINTER 1977: 60f).

[351] Zu einer ähnlichen Darstellung auf einem ungefähr zeitgenössischen zyprischen Siegel s. KENNA 1971: Nr. 36 = WINTER ²1987: Abb. 484. Hier scheint ein Bote des Wettergottes der thronenden Göttin eine Taube zu überbringen.

[352] Vgl. WARD 1910: Nr. 1190; PORADA 1948: Nr. 922. Auf einigen Siegeln scheint die Taube von einem Verehrer zu einer thronenden menschlichen oder göttlichen Gestalt zu fliegen: DELAPORTE 1923: Nr. A909; PORADA 1948: Nr. 912; TEISSIER 1984: Nr. 457*.

mit dem gleichen Thema wird die Gegenwart der Göttin durch eine fliegende Taube angedeutet (**Abb. 135**).[353]

Ein altsyrisches Rollsiegel der Sammlung E. Borowski vereinigt beide Themen (**Abb. 136**). Die von Tauben flankierte Göttin auf dem Stier entschleiert sich vor einem Fürsten, der von einer Schutzgöttin begleitet wird. Als Nebenszene sehen wir ein Paar (die Figur links scheint einen ähnlichen Haarknoten zu tragen wie die Göttin rechts), dessen liebevolle Verbundenheit durch die Taube visualisiert wird, die von Mann zu Frau fliegt.

Auch die Komposition, in der die Taube Partner und Partnerin miteinander verbindet, ist nach Westen gewandert. Auf einer attischen Schale des 6. Jh.s fliegt sie von Aphrodite zu Hermes (**Abb. 137**), auf einem etruskischen Spiegel vom Ende des 5. Jh.s von Aphrodite zu Adonis.[354] In Ägypten hat die Komposition in altorientalischer Zeit bemerkenswerterweise nie Eingang gefunden. Hingegen hat sie in Palästina/Syrien bis in die römische Zeit überlebt und erscheint im Neuen Testament in der Taufperikope (Mk 1, 9-11 Parr.), wo die Taube die Liebe verkörpert, die den Vater mit dem Sohn verbindet.[355]

2.4. Zusammenfassung

Fragen wir, was Fundkontext und "Syntax" über die Jahrhunderte hinweg zum Verständnis und d.h. zur Einsicht in die Regeln, nach denen das Zeichen "Taube" verwendet und zu welchem Zweck es verwendet wurde, beitragen, kann folgendes Ergebnis skizziert werden. Die ältesten Belege zeigen Tauben auf Gefässrändern und in ähnlichen Zusammenhängen (**Abb. 98-102**) sowie Taubenreihen an Tempeln und Tempelmodellen (**Abb. 104-106, 197**) und auf Rollsiegeln (**Abb. 107-109**). Die Fundkontexte, wie z.B. der archaische Ischtartempel in Assur, der Ninchursagtempel in el-Obed, das Heiligtum von Naharija, weisen diese Themen einer grossen Göttin zu. Zu dieser gehört auch die Palme, mit der die Taube öfter eng verbunden ist (**Abb. 118-121**). Durch die Tauben am Wasser (auf Gefässrändern), die

---

[353] Auf einem altsyrischen Siegel der Sammlung Marcopoli fliegt bei einem ähnlichen Symposion eine Taube von ihr und eine von ihm in Richtung Partner bzw. Partnerin (TEISSIER 1984: Nr. 440*).

[354] GERHARD [2]1974: Taf. 116

[355] Zu den möglichen Wegen, auf denen die Taube in die Taufperikope gelangt ist, vgl. SCHROER 1986. Zur weissen Taube als Verkörperung des Hl. Geistes in der christlichen Kunst vgl. BRAUNFELS 1970; POESCHKE 1972 und KEEL/UEHLINGER 1990: 126-130.

Taubenreihen und die Tauben mit der Palme, die alle zu ihrer Sphäre gehören, wird die Göttin als Lebensmutter prädiziert. Eine der ältesten anthropomorphen Darstellungen, die die Göttin mit Tauben (?) verbindet, zeigt sie als Herrin der Tiere (**Abb. 122**). Tauben und Taubenreihen (**Abb. 107-109**) sind in Syrien zusammen mit Hasen, Capriden und Skorpionen zu sehen, die alle in der unmittelbaren Umgebung der vitalen, zärtlichen und liebesbereiten Göttin zu finden sind. So zeigt **Abb. 138** die Göttin in Begleitung dieser Tiere, wie sie mit dem Wasser- und Quellgefäss in der Hand ihrem Partner, dem Wettergott gegenübertritt. Zu Beginn des 2. Jt.s ist die Taube in Anatolien und Syrien zuerst mit der Göttin als Herrin verbunden (**Abb. 123-125**). Erst im 2. Viertel des 2. Jt.s wird sie der sich entschleiernden Hierodule zugesellt (**Abb. 127-129**). Wo die "heilige Stripperin" mit ihrem menschlichen oder göttlichen Partner zusammen ist, wird die Taube zur Liebesbotin, zum Symbol der Liebe, die beide verbindet (**Abb. 130-137**). Der Parallelismus der Tauben-Pfeilerfigurinen mit denen der Dea Nutrix (**Abb. 115-117**) legt nahe, dass die Taube gelegentlich vom Attributtier der Göttin zu deren Verkörperung unter dem Aspekt der Liebe und Zärtlichkeit, der himmlischen Macht geworden ist. Schon auf einem mitannischen Rollsiegel des "common style" steht ein Verehrer vor einer von fünf Sternen und einem Sichelmond (vgl. **Abb. 114**) umgebenen Taube (**Abb. 139**).[356] Die Taube hat also durchwegs *eine* Bedeutung, wenn auch verschiedene Nuancen da sind. Vom Begleittier der Lebensmutter, wo sie in der Mehrzahl auftritt, zum Inbegriff und Symbol der Verliebtheit und zärtlichen Zuwendung sind nur graduelle Unterschiede. Ob sie ins griechisch-römische Symbolsystem eingedrungen ist, das die Taube als Symbol anscheinend aus Vorderasien übernommen hat, und sie als Begleittier der Aphrodite-Venus zeigt und das sie als solches an die Renaissance und bis zum spanischen Lied "La Paloma" weitervermittelt hat, oder ob sie im christlichen Symbolsystem als Verkörperung des Geistes der Liebe erscheint, immer bedeutet die Taube im Umfeld weiblicher Gestalten Zärtlichkeit und zwischen zwei Personen die Liebe, die sie verbindet. Beachtet man diesen minimalen Zusammenhang, hat die Taube also durch Jahrtausende *eine* Bedeutung, wenn ihre "Eindeutigkeit" (vgl. Mt 10,16) auch die Nuancen der Liebe, der Zärtlichkeit, der Sanftmut und der Einfalt annehmen kann.

---

[356] PORADA 1948: 140 Nr. 1009 spricht von "Griffin and worshiper flanking tree (?)", aber ein Greif ist immer vierbeinig, nicht zweibeinig, und eher als mit einem Baum haben wir es wohl mit drei Sternen zu tun, die durch eine Vertikale verbunden sind.

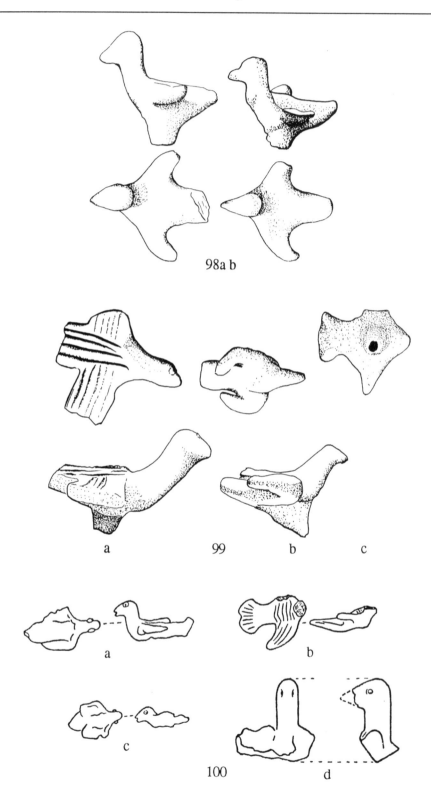

98a b

a 99 b c

a b

c

100 d

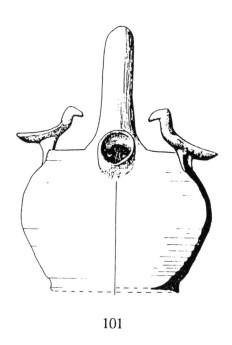

101

102

103

104

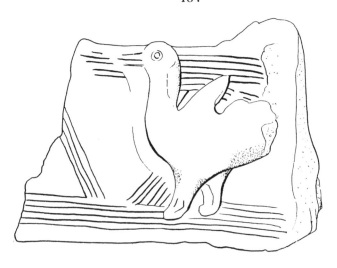

105

106

107

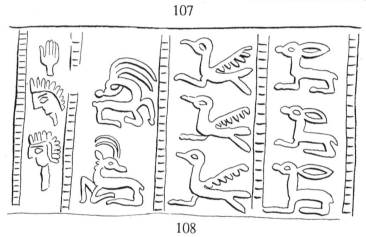

108

109

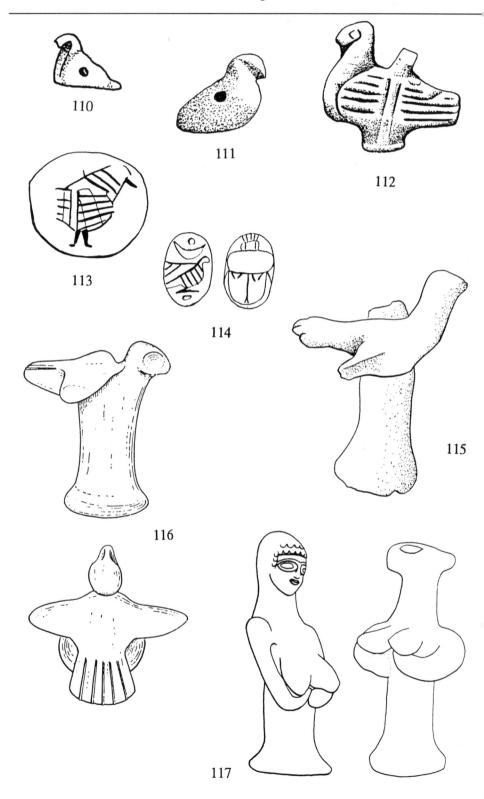

110

111

112

113

114

115

116

117

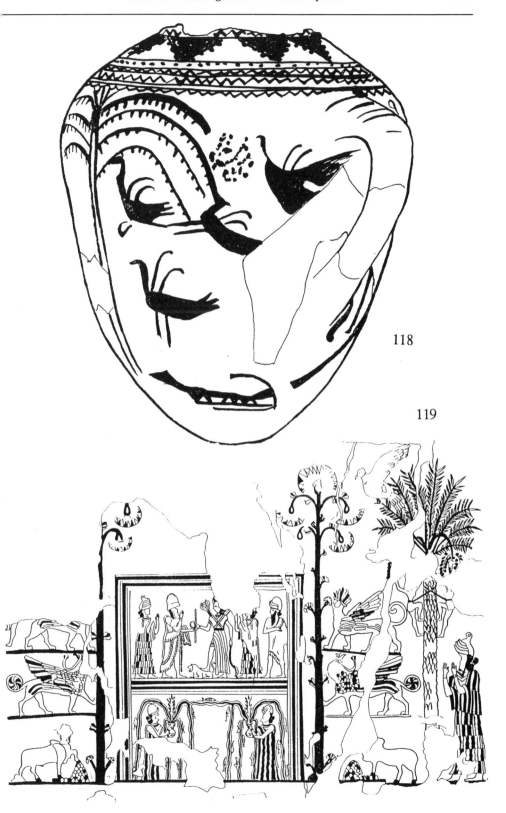

118

119

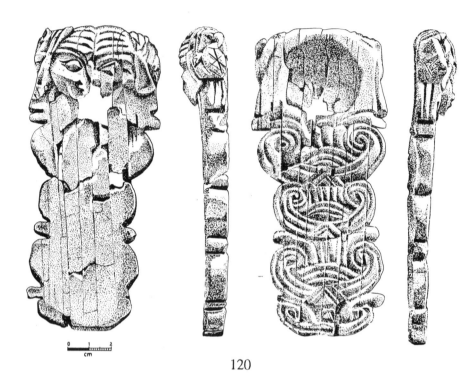

0 1 2
cm

120

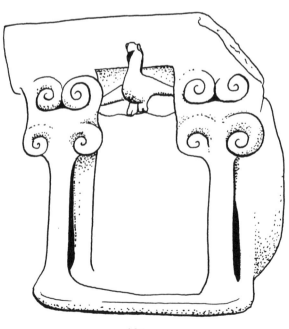

121

122

123

124

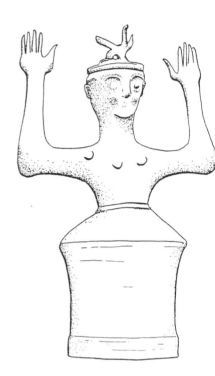

126

125

127

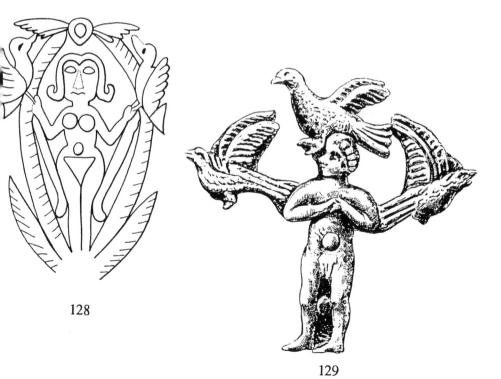

128

129

130

131

132

133

134

135

136

137

138

139

3. Zwei Aspekte des Stiers

3.1. Stierfigurinen und ihr archäologischer Fundkontext

In den letzten Jahren haben zwei Stierfigurinen-Funde aus Palästina/Israel Aufsehen erregt. Der zweite und neuere Fund ist der von 1990 aus Aschkelon. In einer Schicht, die vom Ende der MB IIB, d.h. aus der Zeit zwischen 1600 und 1550 datiert, wurde im Rahmen der von L.E. STAGER geleiteten Grabung des Harvard Semitic Museum eine Stierfigurine gefunden, die 11,4 cm lang und 10,2 cm hoch, aus Bronze gefertigt und mit Silberblech überzogen ist (**Abb. 140**).[357] Der Fund machte unter allerhand ungenauen Überschriften die Runde durch die Weltpresse. Das Magazin "Time"[358] titelte: "The Return of the Golden Calf. A figurine backs the tale of Moses and the idolatrous Israelites" und im Fribourger Lokalblatt, den "Freiburger Nachrichten"[359] wurde nichts geringeres angekündigt als "Das 'Goldene Kalb' gefunden". Die kleine Stierfigurine ist nicht aus Gold, nicht einmal vergoldet, ausserdem gab es um 1600 in Aschkelon keine Israeliten und die Figurine kann so kein Beweis für ihre Idolatrie sein. Die schnelle und massive Korrelation mit dem biblischen Text dient einzig dazu, die Figurine interessant zu machen[360] und ihr eine Bedeutung zu geben, die ihr eigentlich nicht zukommt. Es ist auch nicht die erste ihrer Art aus der MB, wie "Time" behauptet. Eine sehr ähnliche, allerdings nur etwa halb so grosse, mit Goldblech überzogene Bronzefigur eines jungen Stiers ist z.B. in Byblos, in einem Depot der MB im Gebäude II (Temple syrien) auf der Westseite des Gebäudeteils E in der Jarre 2000 gefunden worden (**Abb. 141**).[361] Die Stierfigurine in Aschkelon war, als man sie fand, in einem zylindrischen, oben gewölbten, bienenkorbähnlichen Tongefäss untergebracht. Dieses war mit einer Tür versehen, die gerade so gross gemacht worden ist, dass das Tier passieren

---

[357] STAGER 1991: 24-29.

[358] Ausgabe vom 6. August 1990.

[359] Ausgabe vom 27. Juli 1990.

[360] Das Motiv des "Goldenen Kalbes, dem alle huldigen" oder "Der Tanz ums Goldene Kalb" als Bild für die Gold- und Geldverfallenheit der Menschen ist sehr populär. Die biblische Erzählung hingegen ist weitgehend unbekannt. Zu dieser vgl. SCHROER 1987: 84-104; JAROŠ ²1982: 211-235 und besonders HAHN 1981.

[361] Eine sehr schöne, farbige Abbildung dieser Figur bei CHOURAQUI 1982: 439. Zu weiteren mbz Stierfigurinen aus Byblos vgl. DUNAND 1937/1939: Pl. 58, 2056-2057 und 2060-2061.

kann (**Abb. 142**). Das Gefäss, das im Magazinraum eines Heiligtums gefunden worden ist, kann als Modell eines Heiligtums interpretiert werden. Es ist möglich, dass es sich bei der Figurine um die Kopie eines grösseren Stierbildes handelt, das in diesem Heiligtum in einer Kapelle in der Form eines "Bienenkorbs" verehrt wurde. Zwei Siegelabrollungen aus Acemhöyük, südöstlich des grossen Salzsees in Zentralanatolien, zeigen einen Stierkopf, der aus einer bienenkorbähnlichen Kapelle herausschaut (**Abb. 143**). Die Siegelabrollungen sind rund 200 Jahre älter als die Stierfigurine aus Aschkelon.[362]

Die Verehrung von Stierbildern war in Anatolien sehr verbreitet. Schon auf den Siegelabrollungen aus der Schicht II (ca. 1950-1850) vom Kültepe finden wir neben Göttern, die auf Stieren stehen (s.u.), Stierbilder als selbständige Kultobjekte (**Abb. 144**).[363] Sie sind im Vergleich zu den Stieren, auf denen die Wettergötter stehen, stark schematisiert dargestellt und tragen auf dem Rücken ein spitzes Dreieck. Auf altsyrischen Siegeln ist gelegentlich ein liegender Stier auf einem Sockel dargestellt (vgl. **Abb. 124**).[364] In Anatolien gibt es kultisch verehrte Stierbilder noch zur Grossreichszeit, sowohl bildlich dargestellt, etwa in in Alaca Höyük (**Abb. 145**; 15. Jh.), als auch in Texten erwähnt (Calmeyer-Seidl 1983: 152f). Die Fundumstände der Stierstatuette aus Aschkelon machen die Annahme wahrscheinlich, dass auch im mbz Palästina ein Kult vor Stierbildern existiert hat.

Der erste aufsehenerregende Fund einer Stierfigurine wurde in den siebziger Jahren ganz zufällig von einem Soldaten der israelischen Armee, Ofer Broshi, auf einem Hügel 8 km östlich von Dotan gemacht. Broshi brachte seinen Fund nach Hause, nach Schamir, einem Kibbuz ganz im Nordosten Israels. Vom Kurator der kleinen Sammlung des Kibbuz wurde er zuerst dort ausgestellt. Die Benachrichtigung der Israel Antiquities Authority führte dann zur Aufstellung des Fundes im Israel-Museum sowie zu einem Survey der Umgebung und der Ausgrabung des Fundortes durch A. MAZAR im April 1978 und im September 1981.[365] Der Platz ist inzwischen als "Bull-Site" in die Geschichte eingegangen (Palästina-Koordinaten: 1807/2016).

---

[362] ÖZGÜÇ 1980: 61-63.

[363] Weitere Belge bei ÖZGÜÇ 1965: 64f und Pl. 5,15a-b. Pl. 12,34 und 35. Pl. 13.37-39 u.ö.

[364] Evtl. ist auch ein Beleg aus der Marcopoli Sammlung hierher zu zählen (TEISSIER 1984: Nr. 474).

[365] MAZAR hat die Ergebnisse seiner Untersuchung auf Hebräisch und Englisch, je in einem wissenschaftlichen (1982 und 1982a) und in einem mehr populären Artikel (1982b und 1983) veröffentlicht.

Die aus Bronze (92% Kupfer; 4% Zinn, 4% Blei) hergestellte Stierfigur ist 17,5 cm lang und 12,4 cm hoch (**Abb. 146**). Der Fundkontext datiert sie in die frühe EZ I, d.h. im Bergland zwischen 1250 und 1150. Natürlich kann sie noch in der ausgehenden SB hergestellt worden sein.[366] Die beiden nächsten Parallelen stammen jedenfalls aus der SB. Die eine wurde in Hazor gefunden, im innersten Raum des Tempels H, Stratum IA (13. Jh.). Sie ist wie die vom "Bull-Site" aus Bronze gefertigt, 5,5 cm lang und 4,5 cm hoch (**Abb. 147**). Die Zapfen an den Beinen zeigen, dass die Figur auf einer Unterlage befestigt war. Die andere Parallele kommt aus Ugarit. Die Figur ist aus Bronze, 6,5 cm lang und (mit dem Zapfen) 10 cm hoch (**Abb. 148**). Sie wurde zusammen mit drei weiteren Bronzefiguren, einem alten Thronenden im Wulstsaummantel (El) und zwei identischen Figuren eines schlagenden Gottes (Baʿal)[367], gefunden. Der Fundkontext datiert die ganze Gruppe ins 14./13. Jh.

Im Gegensatz zu den mbz Figurinen der **Abb. 140** und **141** stellen die jüngeren Figurinen von **Abb. 146-148** Buckelrinder dar. Bei dem mindestens teilweise stark schematisierenden Beleg vom "Bull-Site" laufen die Oberschenkel der Vorderbeine direkt in den Buckel über. Eine weitere Eigentümlichkeit der mbz im Vergleich mit den sbz ist die Beinstellung. Die mbz sind schreitend, die sbz stehend dargestellt. Bei den Stücken von **Abb. 146** und **147** sind die Vorderbeine schräg nach vorne gestemmt, was den Eindruck erweckt, die Tiere würden sich leicht zurücknehmen, um ihre Kräfte für einen Angriff zu sammeln, aber vielleicht ist dieser Eindruck etwas subjektiv.

Wie bei den mbz besteht auch bei den sbz Stieren kein Zweifel an ihrer kultischen Funktion. Das Stück von **Abb. 146** ist innerhalb eines Freilichtheiligtums von 21 x 23 m zum Vorschein gekommen, das durch solide Mauern umgrenzt war, innerhalb derer ein 55 x 97 x 130 cm grosser Stein gefunden worden ist, der als Massebe oder Altar gedient haben dürfte.[368] **Abb. 147** kommt, wie gesagt, aus dem Allerheiligsten des Tempels H in Hazor. Und **Abb. 148** ist zusammen mit Kultfigurinen gefunden worden. Vor allem aber suggeriert der Zapfen an der Basis, dass die Figurine als Standarte verwendet wurde. Eine ähnliche Figur, die ebenfalls eine Standarte bekrönt haben dürfte, ist in der Tranchée 63 in Byblos gefunden worden, leider ohne eindeutigen stratigraphischen Kontext (**Abb. 149**). Der buckellose Stier

---

[366] Zu wahrscheinlich sbz Bronzefiguren aus ez Fundzusammenhängen vgl. WENNING/ ZENGER 1986: 83 Anm. 21, 2. Abschnitt und SHILO 1984: 17; Fig. 24 und Pl. 29,3.

[367] SCHAEFFER 1966: Pl. II und Pl. III links; PRITCHARD 1969: Nr. 826 und 827.

[368] Zu diesem Heiligtum vgl. MAZAR 1982a: 32-40; WENNING/ZENGER 1986: 75-77.

dürfte eher in die MB als in die SB gehören. Eine Muschelschnitzerei aus dem Ischtar-Tempel in Mari zeigt, dass Stierstandarten in Syrien schon in frühdynastischer Zeit in der ersten Hälfte des 3. Jt.s bekannt waren (**Abb. 150**).

O. EISSFELDT hat auf diese und spätere Standarten, z.T. ebenfalls mit Stieren, hingewiesen, um gegen das gängige Verständnis der Stierbilder in den biblischen Erzählungen von Ex 32 ("Goldenes Kalb") und 1 Kön 12 (Stierbilder Jerobeams I. in Bet-El und Dan) als Bestandteil eines stark sexuell bestimmten Fruchtbarkeitskultes zu polemisieren.[369] Von den altorientalischen Stierstandarten her möchte er die Stierbilder in den genannten biblischen Erzählungen wie die Lade als Vergegenwärtigung eines Wege- und Führungsgottes verstanden wissen. Die Polemik der genannten Texte würde sich nur gegen die Darstellung Jahwes im Bild, nicht gegen sexuell geprägte Fruchtbarkeitsriten richten. EISSFELDTs Intervention war wenig Erfolg beschieden. So haben etwa R. WENNING und E. ZENGER in einem anregenden Aufsatz das Stierbild von **Abb. 146** unter Verweis auf Hosea "als realsymbolische Verdichtung" der "natürlichen Fruchtbarkeit" interpretiert.[370] Dabei liegen zwischen der Stierfigurine und den Texten Hoseas rund 400 Jahre. Methodisch vorsichtiger und angemessener wäre es, festzustellen, in welchen Bildzusammenhängen die "Vokabel" Stier in der Zeit um 1200 in der Regel anzutreffen ist, ehe man ein so viel späteres Textcorpus wie Hosea zur Deutung heranzieht.

Die bis anhin vorgeführten ikonographischen Belege bezeugen zwar Stierkulte im Kanaan der MB und SB. Aber auch die Stierstandarten erlauben nicht zu sagen, welchem Aspekt des Stiers diese Kulte galten. EISSFELDT ist darin recht zu geben, dass ein kultisch verehrtes Stierbild aufgrund der archäologischen Funde nicht notwendig lebensgross und amovibel vorgestellt werden muss. Aber aus seiner Mobilität folgt keineswegs notwendig, dass es einen Wege- und Führungsgott repräsentieren muss. Man könnte es z.B. auch über die Felder oder um diese herumtragen, um den Wettergott dazu zu bewegen, Regen zu spenden. Auch die Lage des Stier-Heiligtums östlich von Dotan auf einem *Hügel* erlaubt keine eindeutigen Schlüsse, denn man hat sich nicht nur zur Sicherung der Fruchtbarkeit auf Bergen und Hügeln versammelt (vgl. etwa Ri 4,12). Eine einigermassen gesicherte Interpretation der Bedeutung der Stierbilder von **Abb. 140** und **146** kann nur eine Untersuchung der Syntax ergeben, in der Stierbilder zu einer bestimmten Zeit in einer bestimmten Kultur regelmässig erscheinen.

---

[369] 1940/41: 208-210 bzw. 1963: 298-301.

3.2. Der Wettergott in der ersten Hälfte des 2. Jt.s

Gelegentlich schon im Mesopotamien der frühdynastischen[371], regelmässig und häufig aber in dem der Akkadzeit steht der Wettergott auf einem Löwendrachen oder einem von einem Löwendrachen gezogenen Wagen[372]. In Anatolien ist der Wettergott seit Beginn des 2. Jt.s mit dem Stier verbunden. Die meisten Funde stammen aus Kültepe Stratum II (ca. 1950-1850). "Auf Siegeln der sogenannten Anatolischen Gruppe aus Kültepe sind Götter sowohl auf Löwendrachen als auf Stieren wiedergegeben, manchmal sogar auf ein und demselben Siegel (**Abb. 151**). Die ersteren tragen fast alle ein Blitzbündel; sie werden deswegen und wegen des Drachens von N. ÖZGÜÇ als Adad, als babylonischer Wettergott bezeichnet[373]. Dagegen halten die Götter mit Stieren meistens einen Becher oder einen Zweig (**Abb. 151**; vgl. auch **Abb. 122**), fast nie jedoch einen Blitz. Sie können durch jüngere Textstellen und durch Analogie zum mesopotamischen Wettergott mit Stier sicher als solche identifiziert werden. Die Götter mit Stier bestimmt N. ÖZGÜÇ als lokale Wettergötter[374] – im Gegensatz zu Adad auf dem Drachen".[375]

Ungefähr gleichzeitig oder vielleicht etwas später als in Anatolien, von der frühaltbabylonischen Zeit an, wird der Wettergott in Mesopotamien häufig auf einem Stier stehend mit der Blitzgabel in der Hand dargestellt (**Abb. 152**).[376] Das Motiv des Wettergottes, der auf dem Stier steht, dürfte aus Anatolien stammen.[377]

In Nordsyrien scheint der auf dem Stier stehende Wettergott in der ersten Hälfte des 2. Jt.s im Gegensatz zu Anatolien und Babylonien überraschenderweise fast unbekannt gewesen zu sein. Provinziell altbabylonische Stücke wie das von **Abb. 153** kann es natürlich auch in Syrien gegeben haben. Eine 7,3 cm hohe Bronze von einem mbz Kontext aus Byblos zeigt eine auf einem Stier stehende anthropomorphe Gestalt (**Abb. 154**), die vielleicht als

---

[370] 1986: 82.

[371] WISEMAN 1962: 32 und Pl. 28c (BM 123279) = AMIET ²1980: Pl. 105,1389; vgl. weiter VANEL 1965: 11-17.

[372] VANEL 1965: 18-28 und 172f Abb. 4-8; BOEHMER 1965: 62-64 und Abb. 362-374.

[373] 1965: 59f.

[374] 1965: 63ff.

[375] CALMEYER-SEIDL 1983: 152f; zum Wettergott auf Stier in Anatolien zu Beginn des 2. Jt.s vgl. auch VANEL 1965: 58-68.

[376] Zu den Problemen und zu einer eventuellen Entwicklung vgl. VANEL 1965: 29-57.

[377] Ebd. 48.

Wettergott zu interpretieren ist. Fragmente einer ursprünglich etwa 50-60 cm hohen Basaltfigur eines Gottes auf dem Stier (**Abb. 155**) aus dem Tempel H in Hazor stammen zwar aus einem sbz Stratum (IB, 14. Jh.). Die Figur könnte aber schon im Tempel der ersten noch mbz Phase gestanden haben. Jedenfalls zeigt das typisch anatolische Symbol auf der Brust des Gottes, dass auch bei dieser Gestaltung des Gottes auf dem Stier anatolischer Einfluss bestimmend war. Weder bei **Abb. 154** noch bei **155** ist unabhängig vom Stier nachzuweisen, dass es sich um einen Wettergott handelt.

Dennoch gibt es auch im mbz Syrien und Palästina eine enge Verbindung zwischen Wettergott und Stier. Eindeutig als Wettergott charakterisierte Gestalten stehen auf altsyrischen Siegel aber nicht auf dem Stier, sondern halten einen Stier, der vor ihnen liegt, an der Leine, so z.B. auf einem Rollsiegel aus Megiddo (**Abb. 156**).[378] Gelegentlich dreht der Stier den Kopf zu seinem Herrn zurück, wie auf dem Siegel des "Iḫlibšarri, dem Diener Adads" (**Abb. 157**).

Auf dem Rollsiegel von **Abb. 156** ist der Stier durch die Begegnung seines Herrn mit der sich entkleidenden Göttin in eine Sphäre der Sexualität einbezogen. Eine solche ist schon bei den altanatolischen Darstellungen des Gottes auf dem Stier (vgl. **Abb. 122** und **151**) und bei den altbabylonischen durch die Anwesenheit einer nackten Göttin (vgl. **Abb. 152-153**) nicht selten gegeben. Das Einbezogensein des Stiers in diese Atmosphäre wird auf altanatolischen (vgl. **Abb. 123**), vor allem aber auf altsyrischen Siegeln dadurch betont und hervorgehoben, dass die sich entschleiernde Göttin auf dem Stier des Gottes steht (**Abb. 158**). Gelegentlich steht der Stier und wird nicht mehr vom Gott an der Leine gehalten (**Abb. 159**).[379] Öfter fehlt der Wettergott überhaupt und sie entschleiert sich auf dem Stier nur in Anwesenheit von Verehrern (**Abb. 160**).[380] Repräsentiert hier der Stier den Wettergott?

---

[378] Zu einem Stück vom Tell el-ʿAǧul vgl. PETRIE 1934: Pl. 9,354; vgl. weiter DELA-PORTE 1923: Nr. A 558 und A 916; EL-SAFADI 1974: 319 Nr. 83 und Taf. 11,83.

[379] Vgl. auch WINTER ²1987: Abb. 270. Das Original befindet sich heute im Besitz des Biblischen Instituts der Universität Freiburg/Schweiz Inv. Nr. 1992.1.

[380] Ebd. Abb. 276.292.306; vgl. auch LAMBERT 1992: Nr. 149. Vielleicht ist dieses Motiv der Ursprung des Ikons "Europa auf dem Stier".

3.3. Der Stier in der 2. Hälfte des 2. Jahrtausends

Die SB I und IIA ist ebenso sehr durch internationalen Austausch wie durch zahlreiche kriegerische Verwicklungen charakterisiert. Palästina wird zu einer ägyptischen Kolonie und der Pharao zur überragenden politischen Figur. Auf den Siegelamuletten, die seine Soldaten und Beamten ins Land bringen, wird er in der 18. Dynastie gelegentlich als Stier dargestellt, der seine Feinde niedertrampelt, so auf einem Skarabäus Amenophis II. (1426-1400), der auf dem Tell el-ʿAǧul gefunden worden ist (**Abb. 161**) und auf einem Skarabäus aus Megiddo Stratum VIII d.h. aus dem 14. Jh. (**Abb. 162**).[381]

In der SB IIB, während der 19. ägyptischen Dynastie, im 13. Jh., erfährt der kanaanäische Wettergott Baʿal, mindestens in Palästina, einen weitreichenden Identitätswandel, weil er mit dem ägyptischen Seth identifiziert wird.[382] Seth ist zwar, wie der Wettergott Baʿal, mit dem Sturm verbunden[383], aber H. TE VELDE hat überzeugend gezeigt, dass der Sturm, in dem Seth sich manifestiert, keine Manifestation der Fruchtbarkeit, sondern roher Gewalt ist.[384] Seth wird auch als Stier bezeichnet. Aber auch der Stier wird in diesem Zusammenhang nicht unter dem Aspekt der Fruchtbarkeit, sondern dem der kämpferischen Kraft wahrgenommen.[385] Auf dem Fragment einer ramessidischen Stele ist "Seth, der Stier von Ombos" mit Stierkopf und mit den Flügeln des Sturmgottes dargestellt, wie er am Bug der Sonnenbarke die Apophisschlange bekämpft (**Abb. 163**).[386] Der kämpferische Charakter Baʿal-Seths zeigt sich auch darin, dass er in der SB mit Vorliebe dabei gezeigt wird, wie er den gefährlichen Feind schlechthin, den Löwen, überwindet und dominiert.[387]

---

[381] Zum Pharao als aggressiver und siegreicher Stier auf Siegelamuletten vgl. JAEGER 1982: 167 §§ 1207-1210.

[382] Vgl. KEEL/SHUVAL/UEHLINGER 1990: 304-321.

[383] ZANDEE 1963.

[384] ²1977: 54.

[385] Ebd. 54, 86.

[386] Oben an der Stirnseite des Osirisschreins ist gelegentlich ein Stierkopf mit durchschnittenem Hals zu sehen, aus dem Blut fliesst (z.B. auf dem Papyrus des Nebqet, Paris, Louvre Pap. 3068). Es dürfte sich um den Kopf des Seth in Stiergestalt handeln, der in diesem Fall als Feind und Opfertier dargestellt ist (vgl. dazu TE VELDE ²1977: 94-98).

[387] KEEL/UEHLINGER 1992: 86 und 88f mit den Abb. 88a-90b; 129f und 131 mit den Abb. 134a und 138a-b.

Aber nicht nur durch den Einfluss des Seth tritt in der SB beim Stier die kämpferische Seite, die es natürlich immer gegeben hat[388], in den Vordergrund. Auch in Nordsyrien scheint eine ähnliche Entwicklung stattgefunden zu haben. Auf den Fragmenten einer Elfenbeinpyxis vielleicht nordsyrischer Herkunft aus dem Grabentempel in Lachisch sind Stiere zu sehen, die unter sich und solche, die gegen Löwen kämpfen, wobei der Kampf im einen Falle nicht eindeutig läuft (**Abb. 164**). Ein ähnlich kämpferischer Stier, der gegen ein Mischwesen anzutreten scheint, ist auf einem Elfenbeinfragment aus Megiddo zu sehen (**Abb. 165**).[389] Wahrscheinlich handelt es sich bei diesen Elfenbeinschnitzereien einfach um die Darstellung von Tierkämpfen, bei denen primär das dramatische Aufeinanderprallen zweier gewaltiger Mächte interessiert.

Wenn auf dem Siegel des Ini-Teschub von Karkemisch (13. Jh.) der Wettergott, der auf dem Stier steht, einen Löwen bekämpft (**Abb. 166**), wird aber deutlich, dass hier ein kosmischer Kampf gekämpft wird. Dass dieser im Hintergrund steht, darf mindestens überall dort angenommen werden, wo der Stier im Kampf mit Löwe und Löwin entgegen dem üblichen Ausgang solcher Begegnungen als Sieger erscheint, wie z. B. auf einem Stierkopfamulett vom Tell el-Farʿa-Süd (**Abb. 167**) und auf einem Skarabäus vom Tell Keisan (**Abb. 168**), beide aus dem 11./10. Jh. Besonders eindrücklich zeigen zwei Reliefs vom Tell Halaf in Nordsyrien aus dem 10. oder 9. Jh. den Sieg des Stiers über den Löwen (**Abb. 169-170**).[390]

In der SB IIB sowie in der EZ I und IIA dominiert dort, wo der Stier in Syrien/Palästina nicht als isolierte "Vokabel", sondern in Kompositionen auftaucht, der Aspekt der Aggressivität, der Kampfeslust und Kampfeskraft. Es ist von daher problematisch, die Stierfigurinen von **Abb. 146-148** im Sinne der MB II in erster Linie oder gar ausschliesslich als Symbol der Fruchtbarkeit deuten zu wollen.

Nicht nur die Ikonographie dieser Zeit, sondern auch die Textüberlieferung steht einer solchen Interpretation entgegen. Jerobeam, der im 10. Jh. in Bet-El und vielleicht auch in Dan, Jungstierbilder aufstellen und diese Kultstätten neu aufwerten lässt, um der Wallfahrt nach Jerusalem ihre Attraktivität zu nehmen, deutet die Stierbilder mit dem Satz: "Hier ist

---

[388] Vgl. DELAPORTE 1923: NR. A 922; BUCHANAN 1966: Nr. 905 links aussen; TEISSIER 1984: Nr. 448.

[389] Ein aggressiv daherstürmender Stier findet sich auch auf einer Elfenbeinritzerei, die man in Dor, in einer Schicht des 11. Jh. gefunden hat (STERN 1992: 48 Abb. 56).

[390] Ein etwas jüngeres Relief aus Karkemisch, das den Wettergott mit Hörnerhelm beim Töten eines Löwen zeigt (HOGARTH/WOOLLEY 1914: Pl. B 11,a = KEEL/SHUVAL/UEHLINGER 1990: 192f Fig. 26), begünstigt die mythische Interpretation des siegreichen Stiers auf den **Abb. 167-170**.

Jein Gott, Israel, der dich aus Ägypten heraufgeführt hat" (1 Kön 12,28b). Die Herausfüh-rung aus Ägypten wird von einem Teil der Überlieferung als Jahwe-Krieg, als kämpferischer Vorgang geschildert. Das Stierbild wird durch diesen Weihespruch im Lichte der zeitge-nössischen Ikonographie, wie EISSFELDT[391] richtig gesehen hat, nicht als Symbol der Fruchtbarkeit, allerdings auch nicht im Sinne EISSFELDTs als solche des Weges und der Führung, sondern als Symbol des Kampfes vorgestellt. Auf den Exodus-Stiergott spielt auch der alte Bileamspruch an: "Gott hat sie aus Ägypten geführt. Er hat Hörner wie ein Wildstier" (Num 23,22). Nicht die Fruchtbarkeit des domestizierten Stieres, sondern der aggressive Aspekt des Wildstiers wird bei diesen Stiermetaphern in den Vordergrund gerückt. In einer alten und stolzen Charakterisierung des Stammes Josef, dem Hauptstamm des Nordreiches, wird dieser als Erstling und Stier (G) gefeiert, dem Herrlichkeit zueigen ist. "Seine Hörner sind Wildstierhörner. Mit ihnen stösst er Völker nieder bis an die Grenzen der Erde" (Dtn 33,17)[392].

Wie die Ikonographie, so betonen auch die Texte die Aggressivität und Kampfkraft des Stiers. Das heisst natürlich nicht, dass die Fruchtbarkeit des Stiers keine Rolle gespielt hätte (vgl. etwa Dtn 28,4.11), aber sie war in der SB IIB und in der EZ I-IIA beim Stier nicht der dominierende und keinesfalls der einzige Aspekt. Ikonographisch kam die Frucht-barkeit der Herden im Palästina-Syrien von der SB IIB-EZ IIA nicht im Stier, sondern im säugenden Muttertier zum Ausdruck.[393]

Die aggressive Seite des Stiers und seines Gottes steht auch in der ersten Hälfte des 1. Jt.s noch häufig im Vordergrund. Als aggressiv möchte man den Stier etwa auf einer Basaltstele aus Arslan Tasch aus der Zeit Tiglatpi-lesers III. (um 740) interpretieren (**Abb. 171**). Der aggressive Charakter wird durch den weitausholenden Schritt des Gottes unterstrichen, der Blitze schwingend über ihm steht. Diesen Eindruck mag man als subjektiv abtun. Gewicht erhält er erst dadurch, dass ein sehr ähnliches Bild mehrmals auf den Standarten erscheint, die die kämpfende Truppe auf den Reliefs aus dem Nordwestpalast Assurnasirpals II. (ca. 883-859) mit sich führen (**Abb. 172**).[394] Der Gott auf dem daherstürmenden Stier schwingt hier im Gegen-

---

[391] 1940/41.

[392] Zur Bedeutung des Stierkults in Bet-El und Dan vgl. zuletzt WYATT 1992 und oben Anm. 360.

[393] KEEL/UEHLINGER 1992: 141-144 mit den Abb. 151a-152b; 160f mit Abb. 165a-166b; 166f mit den Abb. 172-175c.

[394] Vgl. auch LAYARD 1849: Pl. 22 und 27. Die Stierstandarten finden sich in Assurna-sirpals II. Thronsaal B insgesamt viermal (BM 124542, 124547, 124551, 124553). Die Standarte mit dem bogenschiessenden Adad, der auf einem daherstürmenden Stier steht, ist auch auf einem Rollsiegel des 9. Jh.s neben der des kriegerischen Ninurta abgebildet (MOORTGAT-CORRENS 1988: 123-133, bes. 123 Abb. 5a-b). Den Hinweis auf diesen Beleg verdanke ich Ch. Uehlinger; zum Ganzen vgl. jetzt BLEIBTREU 1992.

satz zu **Abb. 171** keine Blitzbündel, sondern hält einen gespannten Bogen. Beide, Bogen und Blitzbündel, manchmal in Blitzpfeilen kombiniert, sind übliche Attribute des Wettergottes, der in diesem Kontext als Kriegsgott erscheint. Die zweite Standarte, die diese regelmässig begleitet, zeigt nicht, wie B. HROUDA zurückhaltend und unzutreffend sagt "zwei gehörnte Tiere, mit dem Rücken einander zugewandt, und dazwischen eine Pflanze"[395], sondern ganz deutlich zwei Stiere und dazwischen das Blitzzeichen[396]. Letzteres wird auf einem Relief Sargons II. (ca. 721-705) durch den bogenschiessenden Wettergott ersetzt (**Abb. 173**).

3.4. Der Stier als Symbol der Zeugungskraft im 9./8. Jh.

Neben dem Stier mit aggressiv-kämpferischen Konnotationen findet sich in der neuassyrischen Kunst des 9. und 8. Jh., zumindest in der Rollsiegelglyptik, auch der Stier als Symbol der Zeugungskraft, allerdings ohne die erotischen Konnotationen der altsyrischen Kunst. Auf einem überdurchschnittlich grossen, im linearen Stil gravierten Rollsiegel aus Serpentin (**Abb. 174**) sind unten eine Pflügeszene mit einem Stier und oben der Wettergott und sein Stier zu sehen. Der Wettergott hält drei Ähren und wird von seiner Partnerin mit der Handtrommel begrüsst. Ihre Taube fliegt zu ihm (vgl. **Abb. 131-133**). Der Stier erscheint hier zweimal in einem Kontext landwirtschaftlicher Fruchtbarkeit. Noch deutlicher ist dieser Aspekt bei einer im gleichen Stil geschnittenen, ebenfalls durchwegs in Serpentin gearbeiteten Gruppe. Sie zeigt eine säugende Kuh, über der häufig der Ischtarstern zu sehen ist, die von einem Stier besprungen wird (**Abb. 175-176**).[397] H. FRANKFORT hat **Abb. 176** als Deckung einer Stute durch einen Hengst interpretiert und darin einen Beweis dafür gesehen, dass die Landwirtschaft die Assyrer nicht interessierte, ausser wenn sie im Dienst der Armee (Pferdezucht) stand.[398] Hörner und Schwanz der Tiere lassen aber keinen Zweifel daran, dass es sich um Bovinen und nicht um Equiden handelt. Die falsche "Übersetzung" einer "Vokabel" macht die korrekte Interpretation des ganzen "Satzes" zum vornherein unmöglich.

---

[395] 1965: 107 und Taf. 30,5.

[396] JACOBSTHAL 1906: 1-9.

[397] KEEL 1980: 122-125 mit den Abb. 101-105; BOROWSKI 1952: 175f Nr. 6; PITTMAN 1988: Nr. 63 und das kürzlich erworbene Rollsiegel des Biblischen Instituts der Universität Freiburg/Schweiz Inv. Nr. 1991.62.

[398] 1939: 197.

3.5 Zusammenfassung

Stierfigurinen aus dem mbz (**Abb. 140-142** und **149**) und sbz/frühez (**Abb. 146-148**) Palästina/Syrien zeigen, dass der besonders für Anatolien in der ersten Hälfte des 2. Jt.s gut belegte Stierkult (**Abb. 143-145**) auch in der Levante verbreitet war. Mindestens einzelne dieser Bilder (**Abb. 148-149** scheinen, wie das **Abb. 150** für Mari schon für das 3. Jt. bezeugt, bei uns unbekannten Gelegenheiten als Standarten mitgetragen worden zu sein. Man denkt bei diesen Stierbildern gern an Zeugungskraft und Fruchtbarkeit. O. EISSFELDT hat aber schon 1940/41 mit Nachdruck vorgeschlagen, solche Stierbilder im Hinblick auf 1 Kön 12,28b analog zur Lade eher als Verkörperungen eines Wege- und Führungsgottes zu verstehen. Klarheit über die im 11./10. Jh. vorherrschende Bedeutung der "Vokabel" Stier können nur Kompositionen geben, die dem Stier eindeutig bestimmte Konnotationen zuweisen.

Zu Beginn des 2. Jt.s taucht der Wettergott, der im Mesopotamien des 3. Jt.s auf dem Löwendrachen steht, in Anatolien und Babylonien auf dem Stier stehend auf (**Abb. 122** und **151-153**). In Syrien scheint diese Komposition überraschenderweise kaum belegt zu sein. Eine Bronzefigur aus Byblos und eine Basaltfigur aus Hazor (**Abb. 154-155**) sind eher Ausnahmen, und **Abb. 155** ist zudem eindeutig anatolisch inspiriert. Für Syrien typisch ist der Stier, der, an einer Leine gehalten, vor dem Wettergott liegt. Der Wettergott auf dem Stier oder mit dem Stier erscheint regelmässig vor einer sich entkleidenden (**Abb. 122, 156**) oder nackten Göttin (**Abb. 151-153**), die ihn dazu bewegen soll, sein fruchtbares Samenwasser in die Ackerfurchen zu giessen. Nicht selten steht die sich entkleidende Göttin auf dem Stier (**Abb. 123, 158-160**).

In der SB taucht der Stier, zuerst auf ägyptischen Denkmälern, in Palästina in neuen Zusammenhängen auf. Er verkörpert den Pharao, der seine Feinde niederstösst (**Abb. 161-162**). Durch die Identifizierung Ba'als mit Seth, der auch "Stier" genannt werden kann, aber unter dem Aspekt des Aggressiven und Kämpferischen (**Abb. 163**), fällt auch dem Stier des Wettergottes zunehmend diese Rolle zu. Kämpfende Stiere sind in der SB auch auf nordsyrischen (?) Elfenbeinen beliebt (**Abb. 164-165**). Der Wettergott, der auf dem Stier stehend einen Löwen bekämpft (**Abb. 166**), legt nahe, in den Stieren, die, den Alltagserfahrungen eher entgegengesetzt, Löwen besiegen (**Abb. 167-170**), Verkörperungen des Wettergottes zu sehen. Auch biblische Texte, die ins 10. Jh. zurückreichen können, reden nicht von der Zeugungs-, sondern von der Kampfkraft des Stiers (Num 23,22; Dtn 33,17). Dieser

Aspekt des Stiers bleibt in Assyrien noch im 9. und 8. Jh. aktuell, wo Standarten mit dem auf dem Stier daherstürmenden Wettergott in den Krieg mitgeführt werden (**Abb. 171-173**). Von dieser in der ausgehenden SB und frühen EZ dominierenden Tradition her ist es problematisch, Stierfiguren wie die von **Abb. 146-147** ausschliesslich als Symbole der Zeugungskraft und der Fruchtbarkeit zu interpretieren.

Im 9./8. Jh. findet sich auf assyrischen Rollsiegeln wieder der zeugende, fruchtbare Stier, der eine Kuh bespringt (**Abb. 175-176**). Im Gegensatz zu den mbz Belegen fehlt hier die erotische Komponente, die selbst dann, wenn in diesem Kontext Gott und Göttin sich begegnen (**Abb. 174**), bieder landwirtschaftlich bleibt.

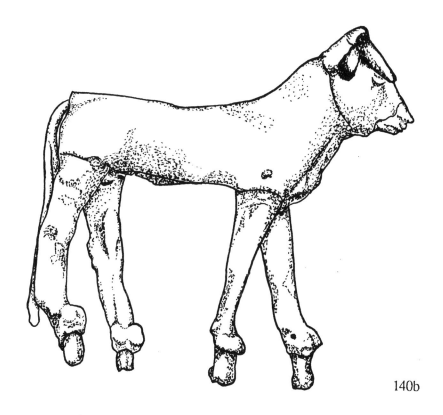

140b

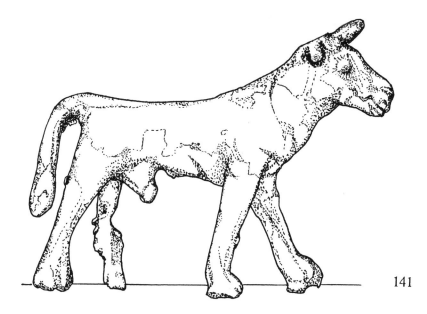

141

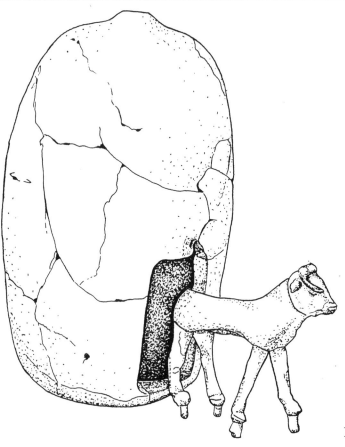

142

143

144

145

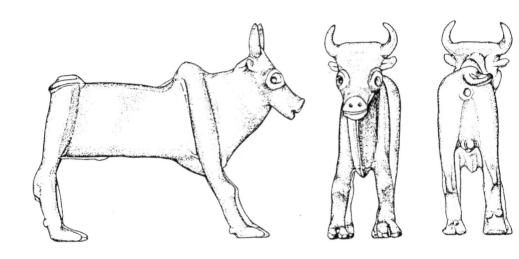

146

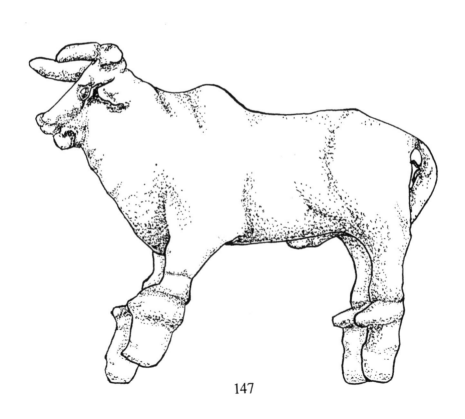

147

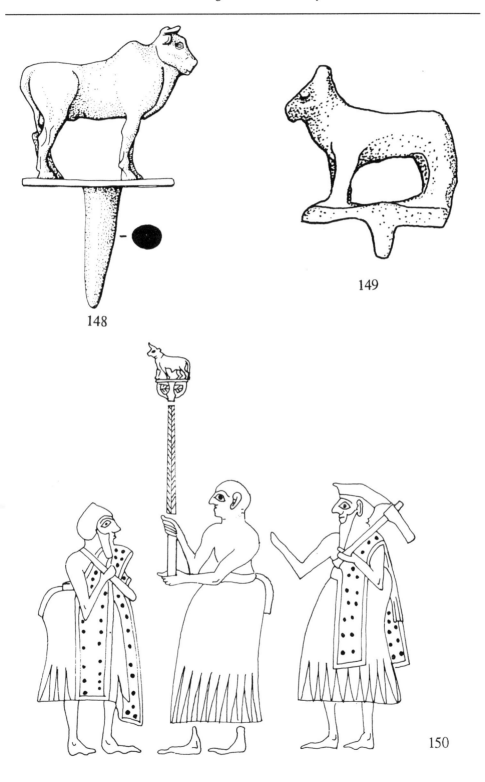

148

149

150

151

152

153

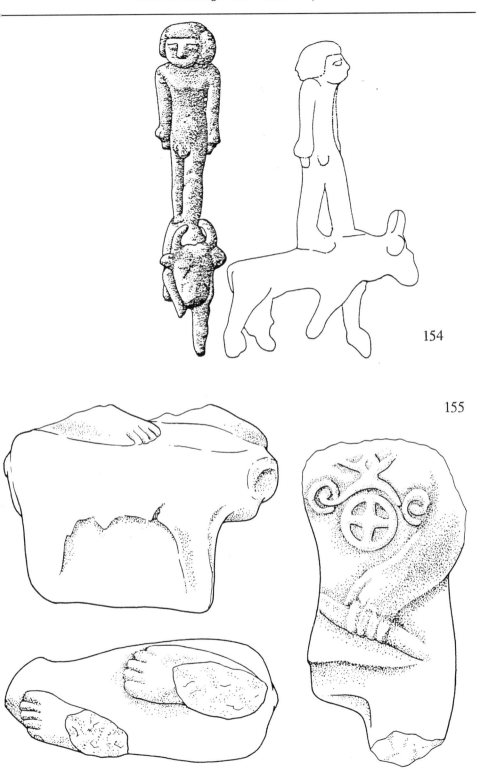

154

155

156

157

158

159

160

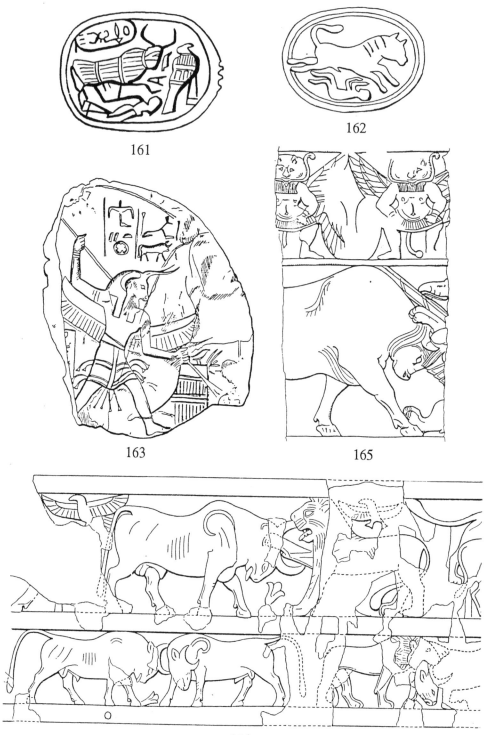

161

162

163

165

164

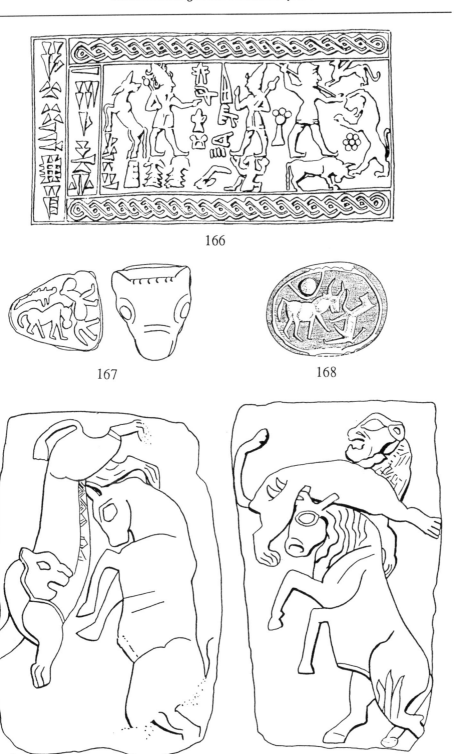

166

167   168

169   170

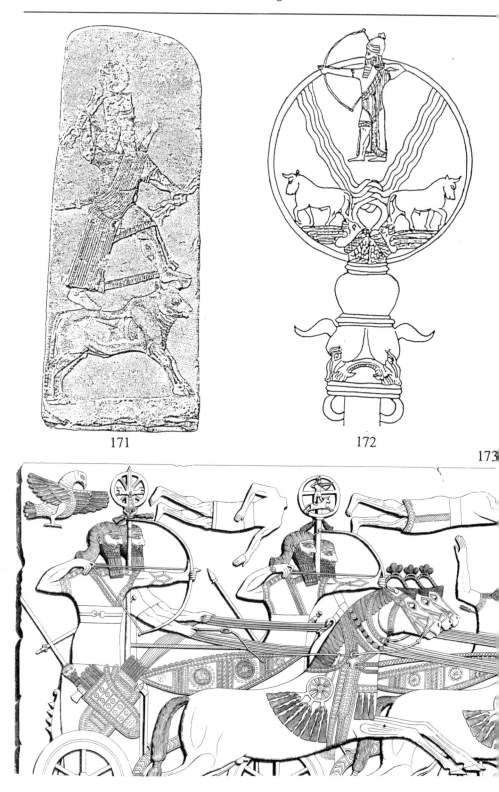

171   172

173

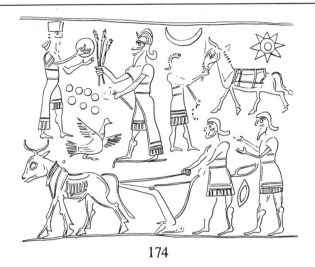

174

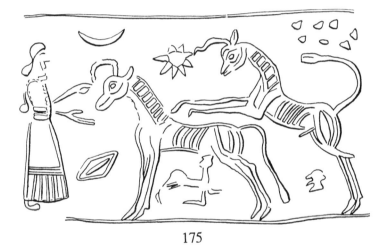

175

176

4. POLYVALENZ DER SCHLANGE

4.1. Kleine Bronzeschlangen

Bei seinen Grabungen in Geser im Bereich des mbz "High Place" mit der berühmten Stelenreihe hat MACALISTER eine 9,2 cm lange, aus Bronzeblech geschnittene Schlange gefunden (**Abb.** 177), die er zu Recht als Kobra identifiziert hat.[399] Einen sehr ähnlich gestalteten Kopf, allerdings ohne den verdickten Hals, weist eine 11,2 cm lange Bronzeschlange aus dem Tempel H Locus 2174, Stratum IB (14. Jh.) in Hazor auf (**Abb. 178**). Die Fundschicht ist zwar sbz, aber manche der Funde aus den sbz Phasen des Tempels H gehörten ursprünglich der ersten, mbz Phase dieses Heiligtums an.

Ein etwas anderer Typ von Bronzeschlange, der keine Ähnlichkeiten mit einer Kobra hat, rundplastisch geformt und in der Regel etwa doppelt so lang ist wie die Stücke von **Abb.** 177 und 178, reicht ebenfalls bis in die MB zurück. Ein Exemplar von ca. 18 cm Länge (**Abb. 179**) wurde am gleichen Ort (Locus 2032) in Megiddo Stratum X (1650-1550) gefunden, an dem die zwei Taubenfiguren von **Abb. 98** zum Vorschein gekommen sind. Aus einer Schicht des 14. Jh. stammt die 20 cm lange Bronzeschlange von der Plattform an der Westseite des sbz Tempels (Locus 185) auf dem Tel Mevorach (**Abb. 180**). Vom Ende des 13. oder aus dem 12. Jh. dürfte die berühmte vergoldete, nur 11,85 cm lange Bronzeschlange vom Pronaos (Locus 110) Stratum II des "Mining Temple" in Timna-Süd datieren (**Abb. 181**). Sie ist zoologisch wohl als eine Zornnatter-Art (Coluber) anzusprechen, eine Schlangenart, die trotz ihres dramatischen Namens harmlos ist. Zwei weitere Bronzeschlangen sind 1957 in einer sbz Schicht in Sichem gefunden worden, wahrscheinlich im Tempelareal.[400] Sie sind m.W. bis heute nicht veröffentlicht.

Zwei Bronzen sind mit weniger grosser Sicherheit als Schlangen anzusprechen: ein Stück aus dem Tempel H in Hazor (Locus 2113) Stratum IA (13. Jh.; **Abb. 182**), das nur 7 cm lang ist, und eines aus Megiddo, aus dem Palastbereich beim Tor (Länge 10 cm; Locus 3187; Stratum VIIB, 1150-1100; **Abb. 183**).

---

[399] 1912: II 399. Es handelt sich *nicht* um *zwei* Bronzeschlangen, wie wiederholt gesagt worden ist (z.B. WELTEN 1977: 281; JAROŠ ²1982: 159), sondern um eine, die zweimal (von verschiedenen Seiten) abgebildet ist.

[400] JOINES 1974: 62f.

4.2. Der archäologische Fundkontext

Die Stücke verteilen sich zeitlich von der MB IIB bis zum Beginn der EZ I, die von **Abb.** **177-178, 180-181** und **183** stammen aus dem innersten Bereich von Heiligtümern. Man pflegt sie als Votivgaben zu bezeichnen.[401] Das ist schon von daher unwahrscheinlich, dass ausser im Tempel H in Hazor in jedem Heiligtum nur je ein Exemplar gefunden worden ist und die beiden Belege in Hazor aus verschiedenen Straten stammen. Mit der Bezeichnung "Votivgabe" wäre zudem über die Bedeutung der Schlangen nichts gesagt. Welcher Gottheit wurden sie geweiht? Warum und zu welchem Zweck? Falls sie die Gottheit repräsentierten, welchen Aspekt stellten sie dann dar?

Wenn die Identifizierung der Schlange von **Abb. 177** und evt. auch der von **Abb. 178** als Kobra (Uräus) mit aufgeblähtem bzw. mit nicht aufgeblähtem Hals richtig ist, könnten sie – wie die ägyptische Uräusschlange, die berühmte Schlange an der Stirn des Pharao und zahlreicher ägyptischer Gottheiten – apotropäische Bedeutung gehabt haben.[402] Die Schlangen würden in unserem Zusammenhang dann vor allem die Numinosität des heiligen Ortes signalisieren.[403] Die Schlange von **Abb. 182** weist eine Öse auf und konnte wohl an einer Schnur am Hals getragen werden, wo sie ebenfalls unheilabwehrende Funktion gehabt haben dürfte.

4.3. Schlangenappliken aus Ton

4.3.1. Schlangen an Gefässen

Eine sehr einfache Form von Kontext, der auf die Produzenten zurückgeht, bilden Tongefässe verschiedenster Art, auf oder an denen Schlangen in Form von Tonappliken erscheinen.[404] Die runden schlanken Formen der Henkel regten gelegentlich dazu an, sie in Schlangen zu verwandeln. Ein Beispiel vom Anfang der MB II (zwischen 2000 und 1900)[405] liefert die "Jarre

---

401 ROTHENBERG 1972: 184; JAROŠ ²1982: 159.

402 Für die Frühzeit und das Alte Reich vgl. JOHNSON 1990; allgemein KEEL 1977: 83-103 und MARTIN 1986.

403 Zur Schlange als Hüterin von Örtlichkeiten vgl. BRUYERE 1930: 105-108; VAN BUREN 1934: 63f; weitere Literatur bei STEVENS 1989: 16 Anm. 3.

404 Zu Schlangenappliken an Gefässen im Mesopotamien des 5. bis zum Anfang des 3. Jt.s vgl. STEVENS 1989.

405 WARD 1987: 509-512.526.531.

Montet" aus Byblos (**Abb. 184**). Der Henkel am Deckel ist in Gestalt einer Zornnatter(?) geformt. Der Sinn, der sich mit dieser von der Form des Henkels angeregten Schlange verbunden haben dürfte, ist wohl der der Hüterin des Schatzes[406], der in diesem Gefäss aufbewahrt worden ist.

In der MB IIB sind ziemlich häufig Krüge, Schalen und andere Gefässe anzutreffen, deren Henkel als Schlangen gestaltet sind oder um deren Schulter sich eine oder mehrere Schlangen winden. Der Kopf dieser Schlangen ruht nicht selten auf dem Rand des Gefässes, wie z.b. bei einem Krüglein aus Bet-Schemesch (**Abb. 185**) oder einer Schale aus Hazor (**Abb. 186**). K.R. JOINES hat unter dem Titel *The Serpent and its Association with Water* eine grosse Zahl von Belegen vom Tell el-ʿAǧul, aus Bet-Schemesch, Gibeon, Hazor, Jericho, Megiddo, Sichem und Ugarit zusammengestellt und die Schlangen als "apparently searching for water" interpretiert.[407] Es ist aber ganz unwahrscheinlich, dass in den häufig nur 10-15 cm hohen Krüglein vom Typ der **Abb. 185** Wasser aufbewahrt worden ist. Eher ist etwa an kostbares, parfümiertes Öl zu denken. Vor allem aber muss man sich fragen, ob die Produktion des Genrebildchens "Wasser suchende Schlange" im Rahmen der Kultur der MB und überhaupt in irgendeiner altorientalischen Kultur anzunehmen ist. Wahrscheinlicher scheint mir, dass die Schlangen auch hier den kostbaren Inhalt schützen und ihm ihre Vitalität mitteilen sollten, von der ihre als Regeneration interpretierte Häutung zeugt.[408] Eine Schlangenapplike ist noch auf dem Fragment einer Schale aus Bet-Schean Stratum IX, das wohl am ehesten ans Ende der SB I zwischen 1450 und 1400 zu datieren ist, zu sehen (**Abb. 187**). Nach ROWE handelt es sich um das älteste Schlangenobjekt, das in Bet-Schean gefunden worden ist.[409] Zwei kleine Bruchstücke eines groben, handgemachten Gefässes, um dessen Rand sich eine Schlange windet, sind im sbz "Mining Temple" in Timna gefunden worden.[410] Um zwei riesige Vorratskrüge (jeder fasst 350 l), die A. BIRAN im Temenos von Dan in einem Magazin des 10./9. Jh.s in situ gefunden hat, windet sich je eine lange Schlange (**Abb. 188**). Es ist schwer einzusehen, welche Funktion die Schlange hier gehabt haben soll, wenn nicht die, den

---

[406] Zum Inhalt der Jarre, der u.a. in 80 Siegelamuletten, drei Rollsiegeln, Gold- und Fayenceschmuck, Figurinen usw. bestand, s. TUFNELL/WARD 1966.

[407] 1968: 248f. JAROŠ ²1982: 157f hat die Deutung übernommen und noch auf einen weiteren, sehr schönen Beleg aus Byblos hingewiesen.

[408] VAN BUREN 1934: 60-89; weitere Literatur bei STEVENS 1989: 16 Anm. 16.

[409] 1940: 93.

[410] ROTHENBERG 1988: Fig. 16,2-3.

(heiligen?) Inhalt der Gefässe von jeder Art von Verderbnis und wahrscheinlich auch vor unbefugten Händen zu schützen.[411]

Als Schützerin eines heiligen Gegenstandes bzw. Ortes und Signal für seine Numinosität ist wohl auch die Schlange zu verstehen, die an der Seite eines Hörneraltars vom Tel Beerscheba zu sehen ist (**Abb. 189**). Die genaue Entstehungszeit des Altars innerhalb der EZ II ist umstritten.[412]

4.3.2. Schlangen an Kultgeräten, hauptsächlich Kultständern

Auf einer mbz Schale von 25 cm Durchmesser aus Megiddo (**Abb. 190**) wechseln die vier Schlangen, die auf der Schulter des Gefässes angebracht sind, mit vier Stierköpfen ab. Da der Stier, wie der vorausgehende Abschnitt gezeigt hat, in der MB vor allem mit Sexualität und Zeugungskraft assoziiert wird, könnten durch die Gesellung mit den Stierköpfen[413] die Schlangen hier zusätzlich zur schützenden Funktion auch diese Konnotation haben.

Schlangen, Stiere und Tauben[414] finden sich auf einem ca. 25 cm hohen Kultständer (**Abb. 191**) aus Byblos Levée 20, einem Niveau, das, wie die meisten andern in Byblos, Material aus verschiedensten Perioden enthält, in diesem Falle im grossen ganzen aber doch bronzezeitlich zu sein scheint.[415]

Auf eher ungewöhnliche Weise verbindet ein zoomorphes Gefäss aus Jericho Grab B 3 (1750-1700) Schlange und Taube? (**Abb. 192**).[416] Das

---

[411] Zu weiteren, mehr oder weniger genauen und zutreffenden Parallelen vgl. BIRAN 1982: 42f Anm. 26-30. Zu einem schönen vergoldeten Sibergefäss phönizischer Herkunft aus dem 7. Jh. von Preneste, dessen Inneres sechs aufgerichtete Schlangenprotome schützen, vgl. MOSCATI 1988: 445.

[412] KEEL/KÜCHLER 1982: 205-165. ROTHENBERG berichtet vom "Mining Temple" in Timna: "Also found were fragments of a primitive votive altar...with a snake crawling along its rim" (1972: 154).

[413] Zu Stierköpfen in einem ausgesprochen sexuell-erotischen Kontext vgl. das Megiddo-Siegel von **Abb. 156**.

[414] Das genaue Bildprogramm: Am oberen Rand sind zwei Stiere Kopf an Kopf zu sehen und dann im Uhrzeigersinn ein Vogel, wahrscheinlich eine Taube, ein kleiner Vogel, nochmals ein grosser Vogel, ein Fisch und ein Tier mit einem langen Hals. Auf dem Gefässkörper winden sich, wie es scheint, fünf Schlangen mehrheitlich nach oben. Zu einem solchen Ständer gehörte vielleicht auch ein fbz (?) Fragment aus Geser (MACALISTER 1912: II 20 und III Pl. 124,26f).

[415] DUNAND 1937/1939: 269-287.

[416] Zoomorphe Gefässe sind in der MB IIB nicht allzu selten. Ein Gefäss in Gestalt einer Taube (?) stammt aus Megiddo Stratum XII (ca. 1750-1700; LOUD 1948: Pl. 247,1); ein Krüglein, dessen Hals die Form eines hockenden Affen hat und das ebenfalls ins 18. Jh. datiert, aus dem Heiligtum einer Göttin in Naharija (DOTHAN 1956: 22 und

Gefäss hat die Form eines Vogels, wahrscheinlich einer Taube. Eine kleine Schlange windet sich um ihren Hals und hat ihren Kopf auf die Spitze des Schnabels gelegt, der als Ausguss dient. Das Eingussloch findet sich in Form eines kleinen Gefässes auf dem Rücken des Vogels und wird seinerseits durch eine kleine Schlange bewacht. Die beiden Schlangen hüten so die Ein- und Ausgänge der "Taube" und dürften so wie beim Gefäss von **Abb. 190** Konnotationen des Schützens und der Sexualität verbinden.

Eine grössere Anzahl von Fragmenten und fast ganz erhaltenen Tonge- fässen mit Schlangenappliken stammen aus dem südlichen und in geringerer Zahl aus dem nördlichen Tempel in Bet-Schean Stratum V (ca. 1075- 950).[417] Mindestens ein halbes Dutzend zylindrische, nach oben sich verjün- gende, ca. 50 cm hohe Tongefässe mit zwei vertikalen Henkeln sind zu re- konstruieren (**Abb.193-196**).[418] Zwei bis vier Schlangen winden sich an der Aussenseite der Gefässe empor. Im Gegensatz zu Gefässen mit Schlan- gen vom Typ der **Abb. 188** sind es also eine Mehrzahl von Schlangen und sie umringeln das Gefäss nicht, sondern sie streben steil nach oben. Auf den Henkeln und in dreieckigen oder ovalen Öffnungen in der Gefässwand sitzen Tauben. Gelegentlich sieht es so aus, als ob die Schlangen es auf die Tauben abgesehen hätten. Aber bei dem am besten erhaltenen Exemplar (**Abb. 194**) ist klar, dass die Schlangen die Tauben nicht schnappen wollen, sondern bestenfalls umwerben.

Um die Funktion und das Bildprogramm der Gefässe gibt es eine alte Dis- kussion, die von derjenigen um die kretischen "snake tubes" aus der Spätmi- noischen Zeit (ca. 1400-1150) mitbeeinflusst ist. Die sogenannten "snake tubes" sind ebenfalls zylindrische Gefässe, häufig mit mehreren übereinan- derliegenden vertikalen Henkeln versehen, die oft als stilisierte Schlangen gedeutet worden sind. Gelegentlich sind sie auch zusätzlich mit Schlangen- appliken, nicht aber mit Tauben versehen.[419] ROWE hat die zylindrischen Gefässe aus Bet-Schean als Blumenvasen oder -ständer gedeutet, als eine Art Adonis-Gärten (vgl. Jes 17,10), die mit Erde gefüllt worden seien. Die Tau- ben würden die Göttin repräsentieren, die aus der Unterwelt hervorgeht und

---

Pl. 3F); ein Trinkgefäss in Form eines Capridenkopfes aus dem mbz Jericho (ZIFFER 1990: 85* und Fig. 41*).

[417] Vgl. WEIPPERT 1988: 363-366.

[418] ROWE 1940: 60, Pl. 14,1=58A,1-3=**Abb.193**; 14,3=57A,3-4=**Abb. 194**; 61, Pl. 16,1; 61,Pl. 16,2=Pl. 59A,1-3 **Abb. 195**; 61, Pl.16,3=60A,1-2 **Abb. 196**; 61, Pl. 16,9.

[419] Zum Ganzen vgl. GESELL 1976.

Tammuz in Gestalt der Schlange mit sich bringt.[420] L. DEVRIES hat diese Deutung übernommen und für den mesopotamischen Ursprung der Kombination von Schlangen und Tauben auf zweistöckige Hausständer aus dem archaischen Ischtartempel in Assur hingewiesen (ca. 2600-2200 v Chr.), auf denen Reihen von Tauben und zu ihnen emporkriechende Schlangen dargestellt sind (vgl. **Abb. 197**).[421] Zu den Ahnen der zylindrischen Gefässe aus Bet-Schean sollen nach DEVRIES auch die kretischen "snake tubes" und zylindrische Gefässe aus Zypern gehören, die mit Tauben dekoriert sind.[422]

Der Deutung als Blumenvasen oder -behälter stehen das Fehlen eines Bodens und die dreieckigen und ovalen Öffnungen entgegen. Die Identifikation der Tauben und Schlangen auf diesen Gefässen mit Ischtar und Tammuz macht die Vielzahl der dargestellten Tiere unwahrscheinlich. Sie könnten bestenfalls als Attributtiere dieser Gottheiten gedeutet werden. Davon abgesehen sind die Präsenz und Bedeutung von Ischtar und Tammuz im Palästina des 12.-10. Jh.s keineswegs erwiesen. Die Belege aus Assur liegen räumlich und zeitlich so weit weg, dass ein direkter Zusammenhang nicht anzunehmen ist. Sie belegen aber, dass Taube und Schlange schon im 3. Jt. der Ischtar heilig waren und – wie für die Taube schon gezeigt wurde und die Schlange zu zeigen sein wird – im 2. Jt. auch der Sphäre der grossen syrischen Göttin zugehörten. Die kretischen "snake tubes" kommen zeitlich als Vorbilder in Frage, liegen aber räumlich etwas weit weg, und die grosse kretische Göttin ist zwar eng mit Schlangen liiert[423], aber weniger eindeutig mit Tauben. Das von DEVRIES aus Zypern angeführte Gefäss datiert, wie schon H. GRESSMANN gesehen hat, erst aus dem 7. Jh.[424], ist also jünger als unsere Kultständer.

Die Deutung der Gefässe als Schlangenbehälter geht auf Sir Arthur EVANS zurück, der die Tauben in den Öffnungen auf **Abb. 194** für Schlangen hielt und glaubte, die Tongefässe seien als Behälter für lebende Schlangen benützt worden, daher der Name "snake tubes".[425] Nach GESELL, die die Frage eingehend studiert hat "is there any reason to think that the tubes were snake shelters".[426] Die zahlreichen Öffnungen dieser Gefässe hätten den Schlangen

---

[420] ROWE 1940: 52-54.

[421] Dazu BRETSCHNEIDER 1991: 39-66.

[422] DEVRIES 1975: 141-146.

[423] MATZ 1962: pl. 61; BUCHHOLZ/KARAGEORGHIS 1971: Abb. 1233.

[424] GRESSMANN ²1927: Nr. 524.

[425] EVANS 1937: 167; vgl. schon MACALISTER 1912: II 399 zur Bronzeschlange von Geser (**Abb. 177**) und zuletzt STERN 1984: 23.

[426] GESELL 1976: 255.

jederzeit erlaubt, das Weite zu suchen. Wenn die Schlangenappliken als Hinweis auf den Inhalt der Gefässe gesehen werden, warum dann nicht die Tauben oder die Löwen, Steinböcke und Menschen auch, die auf vergleichbaren Behältern zu sehen sind.[427] B.E. WILLIAMS hat die kretischen zylinderförmigen Gefässe schon 1908 als Ständer für Opferschalen u.ä. gedeutet.[428] Diese Deutung ist die einzige, die allen Fakten gerecht wird. Die Attribute auf den Opferständern stehen mit der Gottheit in Zusammenhang, der die Opferständer geweiht waren.[429] Da die Taube, wie wir in III.2. gesehen haben, eng mit der Göttin verbunden ist, dürfte das auch bei der Schlange der Fall sein.[430] Für die Verbindung von Taube *und* Schlange mit der Göttin ist also am ehesten vorderasiatischer Ursprung anzunehmen.

Nebst den zylinderförmigen Opferständern sind in Bet-Schean Stratum V auch vier Fragmente von rechteckigen Opferständern mit Schlangenappliken (**Abb. 198**)[431] und eines mit einer Schlangen- und Taubenapplike (**Abb. 199**) gefunden worden. Mehr Beachtung haben zwei allerdings auch nur fragmentarisch erhaltene, aber weitgehend rekonstruierbare zweistufige Opferständer gefunden (**Abb. 200-201**).[432] Bei **Abb. 200** war der runde obere Abschluss mit drei Tauben versehen, die weggebrochen sind. Auf beiden Breitseiten steht eine nackte, wahrscheinlich weibliche Gestalt im "ersten Stock" in einer "Türöffnung". Sie hält unter jedem Arm eine Taube. Ebenfalls auf beiden Seiten kriecht eine Schlange zu ihr empor. Eine ähnliche Figur, allerdings ohne Tauben, findet sich auf einem ebenfalls zweistöckigen Opferständer aus der 1. Hälfte des 2. Jt.s aus Rumeila in Syrien.[433] Beim Ständer von **Abb. 201** ist nur eine Front erhalten. Die Schlange im untersten Stock ist ähnlich gestaltet wie beim Ständer von **Abb. 200**. Auf dem ersten Absatz waren statt einer zwei Türöffnungen mit zwei statt einer Figur, deren Geschlecht und Verhältnis zueinander aufgrund des sehr fragmentarischen Zustandes unklar bleibt. Von rechts nähert sich ein Löwe. In der Fensteröffnung über den beiden Türöffnungen sass eine nackte weibliche

---

[427] BRETSCHNEIDER 1991: passim
[428] WILLIAMS 1908: 48.
[429] GESELL 1976: 255.
[430] BRETSCHNEIDER 1991: 63f.
[431] ROWE 1940: 60,62,64 und Pl. 14,4.5 = **Abb. 140**; Pl. 17,3 und Pl. 20,2.
[432] ROWE 1940: 62, Pl. 17,1 und Pl. 56A,2 und 57A,1-2 = **Abb. 142**; Pl. 17,2 und 56A,1 und 3 = **Abb. 143**.
[433] BRETSCHNEIDER 1991: 202 Nr. 27 und Abb. 25.

Gestalt, von der nur gerade die herunterhängenden Beine, das deutlich ge-
zeichnete Geschlecht und ein Stück des Unterleibs erhalten sind.[434] Der
Löwe als uraltes Attributtier der Göttin[435] erhebt zur Gewissheit, dass hier
auch die Schlange zu ihrer Sphäre gehört.

4.4. Die Schlangenstandarte von Hazor

Die Zusammengehörigkeit von Göttin und Schlange suggeriert auch die
mit Silberblech überzogene Bronzestandarte aus dem Areal C, Locus 6211 in
Hazor aus einer Schicht des 14./13. Jh. (**Abb. 202**). YADIN hat das Haupt-
motiv als Kopf und Oberteil einer menschlichen Figur beschrieben, die mit
jeder Hand eine Schlange hält.[436] So ganz klar ist das allerdings nicht, wie
YADIN auch sieht, wenn er sagt: "The present state of the silver plating makes
it difficult to determine the connection between the figure and the snakes,
though it is clear that the figure is holding them".[437] Diese Behauptung ist
wahrscheinlich von den ägyptischen "Qudschu"-Stelen beeinflusst. Eine von
M. TADMOR veröffentlichte Röntgenaufnahme der Standarte stellt ihrer Auffassung nach YADINs Deutung in Frage (**Abb. 203**). Nach TADMOR haben
wir es mit einem hochgestellten, rechteckigen Kasten mit doppeltem Boden
und zwei Luftlöchern zu tun. Der doppelte Boden sollte erleichtern, Schlangen in den Kasten zu befördern. Die rudimentären "Arme" seien Henkel, um
den Kasten zu tragen. Der obere Teil des "Kastens", wo auch in der Röntgenaufnahme deutlich Augen und Nase erkennbar sind, wäre als Gesicht der
Schlangengöttin gestaltet. Kisten mit Henkeln dieser Art sind sonst völlig
unbekannt. Die Theorie mit dem doppelten Boden und den Luftlöchern und
Henkeln ist zu gesucht, um überzeugender zu wirken als die von den rudimentären Armen, die Schlangen halten. Die rudimentäre, um nicht zu sagen
unbeholfene Art der Arbeit erschwert eine eindeutige Interpretation ausserordentlich. Was eindeutig zu identifizieren ist, ist ein Gesicht zwischen Schlangen, und das erinnert, wie angedeutet, an die ägyptischen "Qudschu"-Stelen.

---

[434] Vgl. das Photo bei ROWE 1940: Pl. 56A,1.
[435] Vgl. FAUTH 1981; KEEL 1984: 39-45 und die Abb. 13-31.
[436] YADIN 1970: 222f.
[437] Ebd. 223.

4.5. Die ägyptischen Qedeschet-Stelen

4.5.1. Der Denkmälerbestand

Es kann hier nicht darum gehen, die Stelen mit der meist nackten, frontal dargestellten asiatischen Göttin, die in der Regel auf einem Löwen steht, in der einen abgewinkelten Hand eine bis vier Schlangen und in der andern eine oder mehrere Lotusblumen und -knospen hält und bald allein (**Abb. 204-209a**)[438], bald von zwei Göttern flankiert ist (**Abb. 210-213**)[439], in extenso zu behandeln.[440] Der auf den Stelen der Göttin häufig beigeschriebene Name *qdš(t)* ist vom hebräischen *qdšh* "Geweihte", "Heilige", "Hierodule" (Gen 38,21f; Dtn 23,18; Hos 4,14) nicht zu trennen.[441] Der vollere Name mit *t* findet sich z.b. auf Berlin 21626 (**Abb. 204**) und auf der Winchester College Stele (**Abb. 206**), die kürzere ohne *t* z.b. auf Louvre C 86 und Turin 50066 (**Abb. 211**). Die Interpretation als "Geweihte" wird auch duch die Tatsache unterstützt, dass die eben genannte Stele Berlin 21626 (**Abb. 204**) von einer *k3r.t* "einer Dirne" gestiftet worden ist.

---

[438] Insgesamt sind sieben Belege bekannt (vgl. **Abb. 204-209a**). Der siebente, der Amulettanhänger (Athen 944) wird in HELCK [2]1971: 464 zwar beschrieben, ist aber bisher nirgends mit Bild veröffentlicht (vgl. auch Stadelmann 1984).

[439] HELCK zählt neun Belege auf ([2]1971: 464), STADELMANN elf (1984): 1.) London BM 646 = GRESSMANN [2]1927: Abb. 270 = WINTER [2]1987: Abb. 36; 2.) London BM 355 = BUDGE 1909: 180 Nr. 650 = JAMES 1970: 53f und Pl. 42 = **Abb. 210**; 3.) Kairo 26049 = GRESSMANN [2]1927: Abb. 272 = PRITCHARD 1954: Abb. 470; 4.) London BM 817 = LEIBOVITCH 1961: 24f und Pl. I,2; 5.) Louvre C.86 = PRITCHARD 1954: Abb. 474; 6.) Turin 50066 = TOSI/ROCCATI 1972: 102f. = **Abb. 211**; 7.) Kopenhagen 1908 E 536 = KOEFOED-PETERSEN 1948: 37f Nr. 49 sehr schlecht erhalten; 8.) Wien 1012 = BOREUX 1939: 675 Fig. 2; 9.) Athen 559 = CAPART 1942: 239 und Fig. 18; 10.) Roanne, Sargfragment = LEIBOVITCH 1942: 77-86 und Pl. 8; 11.) Relief am Mut-Tempel in Karnak: LEIBOVITCH 1961: 26 Fig. 1 = **Abb. 212**. Zu diesen 11 von Stadelmann 1984 genannten Belegen ist noch die Moskauer Stele 5613 hinzuzufügen (HODJASH/BERLEV 1982: 133-135 Abb. 75 = **Abb. 212**). Die Moskauer Stele mit Qedeschet allein (**Abb. 209**) ist Moskau 5614 und nicht 5613 wie bei STADELMANN.

[440] Vgl. vorläufig LEIBOVITCH 1961; HELCK [2]1971: 463-466; STADELMANN 1984; WINTER [2]1987: 110-114.

[441] HELCK [2]1971: 463; zu hebräisch *qdšh*, kanaanäisch etc. *qdšt* und akkadisch *qadištu* vgl. MAYER I. GRUBER 1986 und zum religionssoziologischen Problem den sehr informativen, materialreichen und anregenden Aufsatz WACKER 1992 (mit Literaturangaben bes. S. 55 Anm. 12 und 62 Anm. 32).

4.5.2. Die Herkunft des Typs

Der Typ der nackten Göttin auf dem Löwen ist nach HELCK von der altsyrischen, sich entschleiernden Göttin (vgl. **Abb. 122-123, 127-128, 130-131, 136, 158-160**) herzuleiten.[442] Das erklärt zwar die Blumen in den Händen der Qedeschet, denn solche hält die sich Entschleiernde gelegentlich.[443] Auch können die Enden des Kleides, das sie hochnimmt, leicht für Blumenknospen oder für Schlangenköpfe gehalten werden.[444] Wenn die Herkunft von der sich entkleidenden syrischen Göttin auch Lotusblumen und Schlangen der Qedeschet, mindestens als Missverständnisse, erklären kann, so stehen dieser Ableitung doch manche Schwierigkeiten entgegen.

Erstens ist die sich Entschleiernde typisch für die mbz Glyptik und die Qedeschet auf den ägyptischen Stelen für die 19. Dynastie. Jahrhunderte trennen also die beiden Denkmälergruppen. Zweitens steht die sich Entschleiernde, wenn sie auf einem Tier steht, auf einem Stier (vgl. **Abb. 158-160**) und nur ganz ausnahmsweise auf einem Löwen[445]. Die Qedeschet aber steht nie auf einem Stier, sondern stets auf einem Löwen.[446]

Die ägyptischen Bilder der Qedeschet müssen so mindestens von der anatolisch-nordsyrischen Herrin der Tiere mitbeeinflusst sein, die nackt auf einem Löwen steht und zwei Capriden hochhält. Einer der ältesten Belege dürfte eine Gussform aus Boğazköy vom Anfang des 2. Jt.s sein, die die Göttin auf zwei Tierprotomen stehend zeigt (**Abb. 214**), die von der Traditionsgeschichte her wahrscheinlich als Löwen zu interpretieren sind. Auf einem altsyrischen Rollsiegel im Louvre ist es, wie auf den Qedeschet-Stelen, ein einzelner, schreitender Löwe (**Abb. 215**). Ebenfalls noch für mbz hält

---

[442] HELCK [2]1971: 463; zu der sich entschleiernden Göttin vgl. WINTER [2]1987: 272-296.

[443] Vgl. z.B. Ebd.: Abb. 286.

[444] Ebd. Abb. 269-272, 274-277. VAN BUREN 1934: 75 Pl. 11 hat auf ein altsyrisches Rollsiegel aus dem British Museum (Inv. Nr. 120927) hingewiesen, das eine nackte Gestalt zwischen zwei flankierenden Personen und zwischen zwei Tauben zeigt, die zwei Schlangen hält. Man ist geneigt, an die sich entschleiernde Göttin zu denken, aber es handelt sich tatsächlich, wie VAN BUREN richtig gesehen und D. COLLON (brieflich) bestätigt hat, um einen nackten Helden, der eine Hörnerkappe trägt.

[445] WINTER [2]1987: Abb. 294-295. In beiden Fällen ist die Göttin geflügelt und unterscheidet sich auch dadurch von der klassischen Form der sich Entschleiernden und der Qedeschet.

[446] Auf **Abb. 212** steht sie nicht direkt auf einem Löwen, aber Löwen sind in der Nähe und auf sie zu beziehen (vgl. QUAEGEBEUR 1989: 71f). Einzig das Stück von **Abb. 205** macht eine Ausnahme. Vielleicht handelt es sich um ein Bildhauerlehrstück und es war gar nicht die Absicht, das ganze Ikon darzustellen.

SCHAEFFER ein Rollsiegel mit dieser Komposition, das in Zypern gefunden worden ist (**Abb. 216**). Diese Komposition hat der sich Entschleiernden gegenüber nebst dem Löwen (statt des Stiers) auch den unbestreitbaren Vorteil, in die SB hinein belegt zu sein. Sbz ist ein goldener Anhänger aus Minet el-Beida, dem Hafen von Ugarit, bei dem die nackte Göttin auf dem Löwen und mit den Capriden auch noch von Blütenstengeln flankiert ist (**Abb. 217**), also schon erheblich dem klassischen Bild der Qedeschet angenähert ist.

In der frühen SB (I-IIA; 1550-1300) taucht zum ersten Mal ein Beleg auf, der die nackte Herrin auf dem Löwen mit Capriden in den Händen mit Schlangen verbindet. Es handelt sich um den bekannten Goldanhänger von **Abb. 218** aus Minet el-Beida. Da Goldanhänger dieser Art eher in die SB I-IIA (15./14.Jh.) zu datieren sind als in die SB IIB (13. Jh.), dürfte die Datierung durch den Ausgräber in die Zeit zwischen 1450 und 1365[447] oder etwas tiefer zwischen 1400 und 1300 korrekt sein. Wir hätten dann in **Abb. 218** ein Bindeglied zwischen Belegen, wie sie durch **Abb. 214-217** repräsentiert werden, und den ägyptischen Qedeschet-Stelen, die durchwegs in die 19. Dyn. (ca. 13, Jh.) oder in noch spätere Zeit zu datieren sind. Die Göttin hält zwar auch hier noch Capriden[448] in den Händen. Zwei Schlangen kreuzen sich aber auf Hüfthöhe. Genau am Kreuzungspunkt, wo sich die Schlangen parallel gegeneinander und auseinander bewegen, liegt die Scham der Göttin, deren geheimnisvolle Lebendigkeit durch die Bewegung der beiden Schlangen signalisiert werden dürfte. Selbst wenn die Schlangen auch hier Schutz konnotieren sollten, so bringen die lang herabhängenden, wellenförmigen Schwänze, die an vorderasiatische Darstellungen von Wasser erinnern (vgl. **Abb. 138**), doch primär geheimnisvolle Lebendigkeit und Erregtheit zum Ausdruck.[449]

Schlangen bzw. Schlange und Blüten sind sogar - wenn auch selten - auf den billigen Terrakotta-Ausführungen der Qedeschet aus dem Palästina des 14./13. Jh.s zu finden.[450] Auf einem leider nur fragmentarisch erhaltenen Stück aus Geser scheinen zwei Schlangen die Nackte zu flankieren (**Abb.**

---

[447] SCHAEFFER 1949: 36.

[448] STADELMANN redet von Blumen (1967: 112), aber das trifft ganz offensichtlich nicht zu.

[449] Zur Assoziation "schlängelnde Bewegung" und Wasser vgl. TROKAY 1991: 160.

[450] Zu diesen sogenannten Qadesch- oder Qudschu-Terrakotten vgl. WINTER [2]1987: 110-114 und Abb. 38-39.

219). Ob letztere sie gehalten hat, ist nicht klar.[451] Interessanter und eindeutiger ist ein zweiter Beleg aus Bet-Schemesch (**Abb. 220**). Die abgewinkelten Arme halten Papyrusstengel. Von der Schulter hangen etwas wie Kordeln herunter, die auf Brusthöhe zwei Bogen bilden. Deutlich ist eine Schlange zu sehen, die von der linken Schulter herunterkommt. Ihr Kopf liegt auf der linken Hüfte.[452]

Lange Zeit war kein Beleg bekannt, der die Qedeschet in billiger Terrakotta-Ausführung auf dem Löwen zeigt. Meistens erscheint sie zu Fuss mit Blumen in den Händen. Auf einem Model aus der Umgebung von Bet-Schean und einem Goldblech aus Lachisch steht sie auf einem Kriegspferd.[453] Neulich aber sind auf dem Tel Ḥarasim, 12 km westlich von Bet-Schemesch, zwei Qedeschet-Terrakotten aufgetaucht, die die Göttin auf dem Löwen stehend zeigen (**Abb. 221**).[454] Nicht nur stammen die beiden Stücke von **Abb. 220** und **221** aus der gleichen Gegend, sondern sie weisen auch die gleiche, auf Plaketten dieser Art seltene Schnurbandumrandung auf. Die Model könnten aus der gleichen Werkstatt stammen. Zwar haben wir dann immer noch kein palästinisches Denkmal des 14. Jh., das alle Elemente der klassischen ägyptischen Darstellung vereint, aber wir haben mindestens *einen Typ*, bei dem alle Ingredienzien vorkommen: die nackte, frontal dargestellte weibliche Figur mit seitlich gestellten Füssen, den Löwen, auf dem sie steht und Pflanzen und Schlangen als ihre zusätzlichen Attribute.

4.5.3. Die Bedeutung der Schlange(n) in der Hand der Qedeschet

Bei den Belegen (**Abb. 204-209a**) mit Qedeschet allein, ohne sie flankierende Götter, hält sie einmal in jeder Hand eine Schlange und eine Lotusblume (**Abb. 204**), einmal eine Schlange und eine Schlange + Lotusblume (**Abb. 209a**), auf den anderen fünf Belegen hält sie in der einen Hand eine bis drei Schlangen, in der andern eine bis drei Lotusblumen bzw. -knospen, wobei es offenbar keine Rolle spielt, in welcher Hand sie was hält.

---

[451] Bei einem Beleg vom Tell eṣ-Ṣafi hält die Göttin zwei Blumen? in den abgewinkelten Armen und ist von zwei Schlangen flankiert, deren Köpfe über dem Kopf der Göttin aufeinander treffen (BLISS/MACALISTER 1902: 136 und Pl. 67,15).

[452] Die Tonfigur einer nackten Aphrodite des 1. Jh.s n. Chr. vom Karmel trägt eine Schlangenapplike, vielleicht ein Schmuck in Schlangenform, auf dem Oberschenkel. Der Kopf der Schlange ist nach oben gerichtet (ILIFFE 1934).

[453] KEEL/UEHLINGER 1992: 75 Abb. 71-72.

[454] GIVEON 1991: 76 Abb. 110.

Aus der Tatsache, dass Qedeschet allein, ohne göttliche Begleitung dargestellt sein kann, ist nicht mit LEIBOVITCH zu schliessen, "qu'elle n'a aucun
rapport ni avec Min ni avec Réchef"[455], in deren Begleitung sie häufig erscheint. Es würde auch niemand aus der Tatsache, dass Maria ohne Kind
oder der Gekreuzigte ohne Maria und Johannes dargestellt werden können,
schliessen, dass diese Personen keine Beziehung zueinander haben. Fast jede
Konstellation und Komposition ist in komplexeren, figurenreicheren und in
einfacheren, figurenärmeren Varianten belegt. Dass es nicht zufällig Min und
Reschef sind, die Qedeschet begleiten, geht schon aus der Beharrlichkeit
hervor, mit der *diese* beiden Götter die Göttin flankieren. Auf den zwölf Belegen, die die Göttin in Begleitung zeigen[456], fehlt Reschef einzig auf der
Britisch Museum Stele 817[457], weil die Stele nur fragmentarisch erhalten und
jene Hälfte weggebrochen ist, wo sich Reschef befunden haben muss. Die
Verbindung mit Min ist etwas weniger stabil. Er ist auf 7 der 12 Belege zu
finden. Auf Kairo 26049[458] war er ursprünglich vorhanden, ist dann aber
durch eine nicht näher zu definierende Figur mit Henkelkreuz ersetzt worden.
Auf den Stelen Kopenhagen E 536[459], dem Amulett Athen 559[460], auf der
Pektorale-Darstellung in Karnak = **Abb. 212** und auf Moskau 5613 = **Abb.
213** ist Min ersetzt durch einen Gott mit hoher Doppelfederkrone und, vom
Athener Stück abgesehen, einem bis auf die Waden reichenden Kleid. Seine
Identität ist nicht klar. Man könnte an Onuris, an Month, an Nefertem den-
ken. Vielleicht handelt es sich aber auch um einen asiatischen Gott (vgl.
Abb. 216, die Gestalt links der Herrin der Tiere).

Aber nicht nur die Begleitung durch Reschef und in zwei Drittel der Belege
durch Min ist konstant. Während bei den Belegen, da Qedeschet allein erscheint, es offensichtlich egal ist, was sie in welcher Hand trägt, hält sie die
Lotusblumen konsequent Min an die Nase, die Schlange(n) streckt sie
Reschef entgegen. Einzig die auch sonst sehr unsorgfältig gearbeitete Kopenhagener Stele[461] macht eine Ausnahme. Das ist als Versehen, nicht als
Gegenbeweis für die Absicht der Zuordnung zu werten.

---

[455] 1961: 29.

[456] Vgl. oben Anm. 439.

[457] LEIBOVITCH 1961: 24f und Pl. 1,2.

[458] GRESSMANN [2]1927: Abb. 272 = PRITCHARD 1954: Abb. 470.

[459] KOEFOED-PETERSEN 1948: 27f Nr. 49.

[460] CAPART 1942: 239 mit Abb. 18.

[461] Vgl. Anm. 459.

Auf den besonders sorgfältig gearbeiteten Stücken, wie z.B. auf BM 817[462] und auf unserer **Abb. 211**, hält Qedeschet die Lotusblume gezielt an die Nase des Min. Die Lotusblume symbolisiert in diesem Fall die lebenspendende, beglückende Kraft der Göttin[463], besonders auch im Bereich der Sexualität, die sich hier im erigierten Phallus des Min manifestiert. Was bedeutet die Schlange, die Reschef hingestreckt wird? Dass sie ihm tatsächlich hingestreckt wird, zeigt ein Vergleich der **Abb.204** mit **211**. Vorerst ist festzuhalten, dass es sich nie um eine Kobra handelt, die Schlange also kaum die Funktion hat, die Göttin zu schützen, evt. gar vor Reschef. Eher verkörpert die Schlange analog zum Lotus die Lebendigkeit und Lebenskraft, wobei die Schlange die dem Krieger Reschef angemessene aggressive Lebendigkeit signalisiert, die sie ihrerseits bei ihm evozieren will.

Aus verschiedenen Kulturen ist bekannt, dass man der Schlange auch Heilkraft zuschreibt, wie etwa in der Geschichte von Num 21,4-9.[464] Reschef ist nicht nur ein Gott der Krankheit, sondern auch einer, der Krankheit vertreibt und Heilung bringt. Eine diachrone Betrachtung lehrt aber, dass die Schlange in diesem Zusammenhang Capriden ersetzt hat (vgl. **Abb. 214-218**). Ziegen sind und waren im Vorderen Orient in der Regel schwarz. Wo, wie auf **Abb. 211**, die Farben erhalten sind, ist auch die Schlange in der Hand der Qedeschet schwarz geschuppt. Die schwarze Schlange kontrastiert wirkungsvoll mit dem weissen oder jedenfalls hellen Lotus, so wie in Syrien-Palästina die weissen Tauben mit den schwarzen Capriden bzw. Schlangen (vgl. **Abb. 192-200**).[465] Das Bindeglied zwischen der Qedeschet mit den Capriden und der mit den Schlangen bildet **Abb. 218**. Der Capride ist vor allem ein eminenter Fall, ein Symbol nahezu dämonischer Lebensgier und -kraft.[466] Als solches dürften auch die Schlange oder die Schlangen stehen, die sich auf **Abb. 218** im Bereich der Scham bewegen bzw. auf **Abb. 220** auf diese zubewegt. Das Halten der Schlange(n) in der Hand bzw. den Händen bedeutet so Herrschaft über sexuelle Potenz und diese verallgemeinernd Lebenskraft.

---

[462] LEIBOVITCH 1961: 24f und Pl. 1,2.

[463] Vgl. KEEL 1984: 63-78 mit den Abb. 56-71.

[464] Zur Wüstenerzählung vgl. FRITZ 1970: 93-96; zum Verhältnis zwischen Num 21,4-9 und 2 Kön 18,4 und zum Aussehen des Nechuschtan vgl. SCHROER 1987: 104-115.

[465] Zu Weiss und Schwarz als Bestandteilen traditioneller Schönheitsbeschreibungen im Alten Orient und darüber hinaus vgl. KEEL 1986: 132-134.

[466] KEEL 1984: 101-107; KEEL 1986: 57-61 mit den Abb. 8-11.

4.6. Die bekämpfte Schlange im 2. Jahrtausend

Die Schlange steht aber nicht nur in "Sätzen", die ihr die Konnotationen Hüten und Schutz und/oder sexuell geprägte Lebendigkeit und Lebenskraft zuweisen. Sie kann in andern "Sätzen" eindeutig die Konnotation "bedrohliche, zerstörerische, tödliche Macht" bekommen.

4.6.1. *Ba'al-Seth als Schlangenbekämpfer*

Auf drei Skarabäen der ausgehenden SB und EZ I aus Palästina sehen wir einen Gott eine gehörnte Schlange bekämpfen. Auf dem Stück von **Abb. 222** aus Lachisch und wahrscheinlich auch auf dem Fragment von **Abb. 223** vom Tell Der Alla geschieht das mittels eines Krummschwerts. M. MURRAY hat in Lachish III die Basisgravur von **Abb. 222** wie folgt beschrieben: "King smiting an enemy with curved blade"[467]. Das ist offensichtlich falsch. Aber sehr wahrscheinlich hat sie damit das Vorbild beschrieben, auf das die Variante von **Abb. 222** zurückgeht, um den Kampf Ba'al-Seths mit der Schlange darzustellen. Auf dem dritten Skarabäus (**Abb. 224** vom Tell el-Far'a-Süd) bekämpft der Gott die Schlange mittels eines Speers. Im Unterschied zu den beiden andern trägt der Gott hier statt der (Stier-) Hörner einen Uräus an der Stirn und ist geflügelt[468]. Bei der gleichen Gestalt ersetzt auf dem sogenannten Cassirer Skarabäus der Kopf des Sethtiers den Uräus (**Abb. 225**).[469] Auf einem Skarabäus in Bruxelles ist es Seth in klassischer Mischgestalt, der die gehörnte Schlange bekämpft (**Abb. 226**). Über dem Gott steht: "Geliebt vom Sonnengott".[470] Die gleiche Inschrift findet sich auf einem Skarabäus in Hannover (**Abb. 227**). Der Gott ist hier ganz anthropomorph und trägt zwei Hörner an der Stirn. Die Schlange ist ungehörnt. Vor ihm steht Hathor (oder Isis) mit dem Kuhgehörn und der Sonnen-

---

[467] TUFNELL 1953: 368 Nr. 22.

[468] Sofort nach Entdeckung des Skarabäus hat J. R. TOWERS (1931) auf eine sehr ähnliche Darstellung auf einer Steatitplatte der ehemaligen Sammlung MacGregor hingewiesen. Die Platte befindet sich heute in Brüssel (GUBEL 1986: 259 Nr. 316 = KEEL/SHUVAL/UEHLINGER 1990: 312f und Fig. 87, eigentlich 86).

[469] Die Schlange ist hier offensichtlich nicht gehört.

[470] Auf der Umzeichnung in KEEL/SHUVAL/UEHLINGER 1990: 311 Fig. 84 ist bei der hockenden Figur oberhalb der gehörnten Schlange über dem Kopf eine Mondsichel gezeichnet. Ein Blick auf Taf. 17,4 zeigt, dass das ein Irrtum ist. Wir haben es mit einer Sonnenscheibe zu tun. Die Inschrift lautet also *mrj R'* "geliebt von Re" und nicht *mrj Ḏḥwtj* "geliebt von Thot".

scheibe auf dem Kopf. Bei dem Gott handelt es sich ganz eindeutig um Ba{c}al-Seth oder Seth-Ba{c}al, wie anderweitig gezeigt worden ist.[471]

4.6.2. Der ägyptische Hintergrund

Was verkörpert die hier bekämpfte Schlange? Die **Abb. 222-227** geben kaum einen Hinweis darauf, denn das bei solchen Bildern häufig dargestellte dritte Element, das bedrohte Gut, fehlt fast ganz. Aus dem bedrohten Gut ist in manchen Fällen die Art der bedrohenden Grösse näher zu bestimmen.

Die einzigen Hinweise auf das bedrohte Gut sind Hathor auf **Abb. 227** und die Beischrift "geliebt vom Sonnengott" auf den **Abb. 226-227**.[472] Hathor ist, wie ein Relief aus dem Tempel Ramses III. in Medinet Habu (**Abb. 228**) und zahlreiche andere Belege zeigen[473], eine häufig dargestellte Mitfahrerin in der Sonnenbarke. Seth ist geliebt vom Sonnengott, weil er am Bug der Sonnebarke gegen die Schlange kämpft, die deren Lauf behindert. So zeigt ihn ein Bild auf dem Papyrus der Heruben aus der 21. Dyn. (1075-944; **Abb. 229**) und ein Relief im Totentempel Ramses III. (1187-1156; **Abb. 230**). Mit dem bedrohten Gut, dem Lauf der Sonnenbarke, ist auch gesagt, was die Schlange bedeutet, die in Beischriften und in der Literatur Apophis (*{c}3pp*) heisst. Sie steht für: Sandbänke, Dunkel, Störung oder gar Vernichtung der heilvollen Ordnung, wie sie von der ägyptischen Kosmologie wahrgenommen und dargestellt wird.[474]

Verfolgt man das Motiv des Kampfes gegen Apophis weiter zurück stösst man auf Darstellungen des Toten, der mit dem gleichen heroischen Gestus, wie Seth auf **Abb. 230** die Apophisschlange bekämpft, so z.B. auf die Vignette zu Totenbuchspruch 7 "Spruch um an der Sandbank des Apophis vorbeizugehen (schlimm ist sie !)"auf dem Papyrus des Nebqed im Louvre (19. Dyn; **Abb. 230a**) oder auf die zu Totenbuch-Spruch 15B, der in einem

---

[471] Ebd. 309-321. Seth, der eine gehörnte Schlange und einen Löwen bedroht ist auch auf einem Rollsiegel vom Tell eş-Şafi zu sehen (GIVEON 1978: 97f = KEEL/SHUVAL/UEHLINGER 1990: 310 und Fig. 82).

[472] Ein diskreter Hinweis auf das "geliebt vom Sonnengott" ist auf den **Abb. 222-223** und **225** in Form der Sonnenscheibe zu sehen, die hinter oder über Ba{c}al-Seth angebracht ist. Bei **Abb. 224** war sie vielleicht im weggebrochenen Teil ebenfalls vorhanden.

[473] Vgl. KEEL 1974: 58 Abb. 25-26.

[474] Der Ambivalenz des ägyptischen "Nichts" entsprechend kann Apophis gelegentlich auch in regenerativer Funktion dargestellt werden (HORNUNG/BADAWY 1975). Dieser Aspekt tritt in den **Abb. 222-227** aber nicht zutage.

Hymnus auf den Sonnegott besteht, der am östlichen Horizont aufgeht. Die Vignette zu diesem Hymnus auf dem Berliner Papyrus des Nachtamun (19. Dyn.) zeigt die Voraussetzung für den glücklichen Aufgang der Sonne, die Überwindung des Apophis, die einmal von einem Gott, einmal vom Verstorbenen selber geleistet wird (**Abb. 230b**). Der Totenbuch-Papyrus des Neferubenef im Louvre, der in der ausgehenden 18. Dyn. entstanden ist, stellt den Toten in der Vignette zu Spruch 39 dar, wie er Apophis vertreibt (**Abb. 230c**). Der Spruch besagt, dass er das als Re tut, vor dem Apophis zittert. Auf diesen Bildern ägyptischer Tradition wird Apophis eigentlich nur niedergehalten. **Abb. 229** dürfte vorderasiatisch beeinfluss sein. Der heroische Gestus des mit beiden Händen erhobenen Speers, wie die Tatsache, dass dieser in das Maul der Schlange gestossen wird, sind vorderasiatisch.[475] Stark vorderasiatisch beeinflusst ist auch der Baʿal-Seth der **Abb. 224-227**, der mit der einen Hand bzw. mit dem einen Flügel die Schlange packt und ihr mit der bzw. dem anderen einen Speer in den Leib stösst (vgl. dazu unten **Abb. 240-241**).

Älter und ägyptischer Denkweise entsprechender ist die operative, durch Zauber unterstützte Beseitigung der Schlange, wie sie ikonographisch zuerst in der siebenten Stunde des Amduat, des ältesten um 1500 entstandenen Unterweltsbuches, zu sehen ist (**Abb. 231**). Am Bug der Sonnenbarke steht die durch eine Beischrift identifizierte, zaubermächtige Isis, hinter ihr der "Älteste Zauberer", der nach HORNUNG mit Seth zu identifizieren ist.[476] Die Skorpiongöttin Selqet hat ein Lasso um den Hals des Apophis geschlungen, die nächste Figur eines um seinen Schwanz. Knoten und Schlingen sind ebensosehr ein Mittel der Magie, wie handfester Machtausübung. Die Figur mit der Schlinge am Schwanz des Apophis heisst "Der über seinen Messern". Der Name verrät, dass sie für die sechs Messer zuständig ist, die im Leib des Apophis stecken. Sie scheinen auch eher durch Magie als in einer kämpferischen Auseinandersetzung dorthin gelangt zu sein. Die vier Figuren rechts von Apophis tragen sprechende Namen: "Zusammenbindende, Schneidende, Strafende, Vernichtende".[477]

In dieser magisch-operativen Tradition steht nebts vielen andern auch noch der Beleg aus dem Grab Ramses VI. (1145-1137) von **Abb. 231a**. Auch

---

[475] Vgl. dazu KEEL/SHUVAL/UEHLINGER 1990: 321 Fig. 96, eine Ritzzeichnung aus Lachisch und unsere **Abb. 163** und **232-237**.

[476] 1963: 131.

[477] Zu den auf **Abb. 231** weggelassenen Inschriften und ihrer Interpretation vgl. HORNUNG 1963: 130-135.

hier steht Isis beschwörend am Bug der Sonnenbarke. Seth amtet als Lotse.[478]

4.6.3. *Der vorderasiatische Hintergrund*

Helden oder Götter, die mit einer Waffe eine Schlange[479] bekämpfen, sind vereinzelt schon für das 3. Jt. belegt.[480] Eine zusammenhängende Tradition, die komplex genug ist, um sie mit einiger Zuversicht zu deuten, setzt in Palästina/Syrien erst gegen Ende des 3. Jt.s ein, und zwar mit einem Siegel, das als bedeutsamer Vorläufer, aber noch nicht als eigentlicher Beleg für die hier vorzuführende Hauptserie zu werten ist. Auf einem singulären, akkadzeitlichen Rollsiegel aus Mari (**Abb. 232**) thront feierlich ein Gott mit einem Szepter in der Hand, vor ihm zwei Sterne, auf einem Berg. Aus zwei Tierprotomen am Fuss des Berges quillt Wasser. Im bzw. am Wasser stehen zwei Baumgöttinnen. Links stösst ein Gott, dessen eines Bein heroisch nackt vorgestellt ist, mit einem Speer ins Wasser. Die Situation des Gottes auf dem Berg erinnert an die El's, wie sie in den viel späteren Texten von Ugarit geschildert wird, wo er inmitten der beiden Fluten (*thmt*) thront. Die Baumgottheiten dürften Vorläuferinnen der Aschera und ähnlicher Göttinnen darstellen. Der Speer des Gottes, der gegen die Wasser kämpft, erscheint, wenn auch zwei bis drei Jh. später, auf kappadokischen Siegeln in der Hand des Wettergottes.[481] Wir dürften in dieser Gestalt deshalb einen Vorläufer Baʿals vor uns haben, der gegen den Fürsten *jm*, den Richter *nhr* bzw. Litanu-Leviatan kämpft.[482] Das Wasser, das die Vegetation ermöglicht, die die Baumgöttinnen repräsentieren, kann andererseits auch bedrohlich und tödlich sein.

---

[478] Zur Überwindung des Apophis vgl. weiter HORNUNG 1991: 110-134.

[479] Das Motiv der Hydra, der vielköpfigen Schlange bzw. des vielköpfigen Schlangenpanthers wird hier nicht berücksichtigt, da das Thema dieser Skizze die Schlange und nicht Mischwesen sind. Die Schlange mit Hörnern ist ein Grenzfall, der nicht ausgeklammert wird, weil sie innerhalb der gleichen Komposition auch ohne Hörner vorkommt (vgl. **Abb. 225** und **227** mit **Abb. 222-224** und **226**). Zur Hydra vgl. für die frühdynastische Zeit FRANKFORT 1955: Nr. 497; WISEMAN 1962: 32 Pl. 28c; BOROWSKI 1981: 78f Nr. 28; für die Akkadzeit FRANKFORT 1939: Pl. 23j.

[480] BUCHANAN 1966: Nr. 764; AMIET ²1980: Pl. 95 Nr. 1247A. Vielleicht gehört auch der ʿAin Samiya-Silberbecher hieher, aber es ist nicht eindeutig, ob ein Kampf dargestellt ist (vgl. CARRE GATES 1986 mit Lit.).

[481] VANEL 1965: 66 und 74 Anm. 2.

[482] E. WILLIAMS-FORTE wollte die Schlange mit Mot identifizieren (1983: 32-38). Dagegen haben LAMBERT und KEEL Einspruch erhoben. LAMBERT schlägt eine Identifizierung mit Litanu-Leviatan vor (1985: 443f), KEEL eine solche mit Jammu

Auf einem altsyrischen Siegel der ehemaligen Sammlung Moore (**Abb. 233**) flankiert der Wettergott, der über die Berge schreitet, zusammen mit einer nackten Göttin ein pflanzenähnliches, von Himmelskörpern gekröntes Gebilde, das die heile, aus Himmel und Erde bestehende Welt bezeichnen dürfte. Dabei stösst der Wettergott einer Schlange seine Lanze in den Rachen. Die Schlange hat hier die Rolle des bedrohlichen Wassers[483] in **Abb. 232** übernommen. Auf einem andern altsyrischen Rollsiegel (**Abb. 234**) ist die bedrohte Grösse, die die Vegetation hervorbringende, fruchtbare Erde, nur noch durch die nackte Göttin repräsentiert, die auf **Abb. 233** ihre Hand schützend und segnend über die "heile Welt" hält. Wie auf **Abb. 233** scheint der Wettergott auch bei **Abb. 234** auf der Schlange zu stehen, die er angreift.

Auf einer Serie weiterer altsyrischer Siegel stösst der Wettergott, der in seiner Linken eine Keule schwingt, mit der Rechten einen Zweig oder stilisierten Baum in den Rachen der Schlange (**Abb. 235-237**). Der Baum wird von E. WILLIAMS-FORTE als Blitz gedeutet.[484] Es kann sich aber auch einfach um ein Zeichen für die Vegetation handeln, die der Wettergott gegen die Schlange verteidigt und die er der Schlange siegreich entgegensetzt. Das Zusammenwirken mit der Göttin ist auf **Abb. 235** wie auf den **Abb. 233** und **Abb. 234** dargestellt. Anstelle der Nackten steht auf **Abb. 235** die sich entkleidende, die ausnahmsweise[485] geflügelt ist. Zu ihrer Sphäre gehört, wie auf **Abb. 233** und **234**, der achtstrahlige Stern. Auf **Abb. 235** finden sich aus der Sphäre der Göttin zusätzlich Capride und Skorpion (vgl. **Abb. 138**). Auf **Abb. 236** ist statt der Nackten oder sich Entkleidenden die syrische Herrin (vgl. **Abb. 124-125**) das Gegenüber des Siegers über die Schlange und des Bringers der Vegetation. Auf **Abb. 237** wird das bedrohte Gut nur noch gerade durch die wegflatternde Taube zu Füssen des Schlan-

---

(1986a: 308f). UEHLINGER erklärt diese (übrigens nie explizit formulierte) Alternative mit Recht für unnötig, da Jammu und Litanu "zwei Namen ein und derselben Macht" seien (1990: 517). Dem als flüchtige und sich windende Schlange beschriebenen Leviatan werden in KTU 1.5. 27-30 zusätzlich sieben Köpfe zugesprochen. Diese sind m.W. in der syrischen Glyptik nicht dargestellt . Zur Hydra vgl. oben Anm. 479. T. BINGER (1992) stellt die These auf, der Schlangen- bzw. Drachentöter der ugaritischen Texte sei nicht, wie üblich angenommen, der Wettergott, sondern eine Drachentöterin, ʿAnat. In der Ikonographie scheint davon kaum etwas zu finden zu sein. Vgl. aber **Abb. 237** und **237a**.

[483] Zur Assoziation Schlange-Wasser vgl. oben den Kommentar zu **Abb. 218**.

[484] 1983: 35f.

[485] Vgl. WINTER ²1987: Abb. 296-306.

genbekämpfers und die Tiere aus der Sphäre der Göttin im unteren Register angedeutet. Das Hauptinteresse gilt der Überwindung der Schlange.[486] Dabei wird der Wettergott von einer Göttin mit Flügeln (ʿAnat?) und einem falkenköpfigen geflügelten Gott (Horus?) unterstützt. Die zwei Figuren links sind wohl als Verehrer zu interpretieren.

Auf einem Siegel, das mit seiner summarischen Ausführung schon der SB zuzurechnen ist (**Abb. 237a**), scheint die geflügelte Göttin den kämpfenden Gott zu unterstützen, indem sie einen Speer in den Leib der Schlange stösst. Typisch für die mitannische Glyptik sind die gekreuzten Beine der Göttin.[487]

Selten fehlt auf Belegen der MB und SB die Göttin in diesem Kontext. Eine dieser Ausnahmen bildet ein altsyrisches Rollsiegel aus dem 18. Jh. vom Tell el-Dabʿa im östlichen Nildelta (**Abb. 238**).[488] Die Verbindung zwischen dem über die Berge schreitenden Wettergott und der feindlichen Schlange ist hier allerdings nicht ganz eindeutig. CH. UEHLINGER hat die weitgehend zerstörte Flügelsonne und das Schiff in Analogie zu Symbolen der heilen Welt interpretiert (vgl. z.B. **Abb. 233**), deren Erhaltung der Kampf des Wettergottes gilt. Er und sein Attributtier, der Stier, nehmen das obere Register ein, das untere ist seinen Feinden, den chaotischen Wassern (Schlange) und dem Gott der Sommerdürre, Mot (Löwe), vorbehalten.[489]

Belege für den Kampf mit der Schlange sind in der SB eher selten. Aus der zweiten Hälfte des 15. Jh.s stammt eine Siegelabrollung aus Nuzi (**Abb. 239**), auf deren Bedeutung E. PORADA[490] und P. AMIET[491] hingewiesen haben. Wir sehen hier zum ersten Mal eine gehörnte Schlange.[492] Nach AMIETs Zeichnung scheint der Held die Schlange am Hals zu packen, aber die neuere, von D.L. STEIN nach dem Original angefertigte und auf **Abb.**

---

[486] Zum Kampf des Wettergottes mit der Schlange in der altsyrischen Glyptik vgl. auch noch WILLIAMS-FORTE 1983: 40 Fig. 10 (Sammlung Seyrig 108 in der Bibliothèque Nationale in Paris). Eine Anzahl altsyrischer Siegel zeigt den siegreichen Wettergott mit der besiegten Schlange in der Hand (vgl. z. B. **Abb. 158**) oder die Schlange, die ihn begleitet (BUCHANAN 1981: Nr. 1222) bzw. die Schlange, auf der er steht (WILLIAMS-FORTE 1983: Pl. 1,2-3).

[487] Vgl. WARD 1910: 304 Nr. 954-955

[488] Vgl. dazu PORADA 1984; BIETAK 1990.

[489] UEHLINGER 1990: 512-522.

[490] 1947: 63f.

[491] 1965: 246.

[492] PORADA 1947: 64 redet von einer Schlange mit Stierkopf ("snake with the head of a bull"). Eine gehörnte, kosmosbedrohende Schlange ist auch auf einem spätkassitischen Kudurru zu sehen (SEIDL ²1989: 30f Nr. 40 = KEEL ⁴1984: 38 Abb. 41. Ihre Hörner sind allerdings gerade und nicht gekrümmt.

239 wiedergegebene Umzeichnung zeigt, dass dies nicht der Fall ist. Das Packen der Schlange am Hals scheint also, wie zu **Abb. 222** vermerkt (vgl. auch **Abb. 223** und **227**), auf die Position des Pharao beim Niederschlagen der Feinde zurückzuführen zu sein und kaum auf vorderasiatische Vorbilder (vgl. aber auch **Abb. 240**). Eindeutig vorderasiatischer Herkunft sind die Hörner der von Baʿal-Seth bekämpften Schlange. In ägyptische Bilder, wie die von **Abb. 225, 227** und **229-231a** haben sie keinen Eingang gefunden, während sie in Vorderasien lange populär blieben (**Abb. 242-249, 251**).

Die Überwindung der gehörnten Schlange geschieht auf **Abb. 239** angesichts des Wettergottes, der zwei Blitzgabeln hält und nach der akkadischen Weise des 3. Jt.s auf einem geflügelten Löwendrachen steht. Ins 3. Jt. verweist vielleicht auch die Reihe von zwei bis drei Kugeln, wenn sie als Steinmauer zu interpretieren ist. Sie erinnert an die Steinmauer, die Ninurta nach einem sumerischen Mythos baute, um die u.a. als Schlange vorgestellten, wilden Wasser des Gebirges zurückzuhalten.[493] STEIN möchte in der Kugelreihe eine Wolke sehen.[494]

In der syro-palästinischen Glyptik der SB tritt die Göttin als Gegenüber des siegreichen Gottes, als Sachwalterin und Repräsentantin der Vegetation weitgehend in den Hintergrund bzw. verschwindet ganz, und nur noch der Kampf wird dargestellt (**Abb. 240**).[495]

Angesichts der kurz vorgeführten Ahnenreihe der **Abb. 222-224** muss die Frage, was die Schlange bedeute, mit dem Hinweis auf die ägyptische *und* die vorderasiatische Tradition beantwortet werden. In Ägypten bedroht die Schlange als Verkörperung der nächtlichen Gefahren und des Nichts den Sonnenlauf als Hauptsymbol kosmischer Ordnung, in Vorderasien sind es vor allem der Baum, der die fruchtbare Erde repräsentiert, und die eng mit ihm verbundene Göttin[496], die durch die chaotischen, im Meer präsenten Wasser bedroht werden. In den **Abb. 222-224** dürften beide Traditionen zusammengeflossen sein und die Schlange ist so auf dem Weg ein Zeichen für jede die bewohnbare Welt gefährdende Macht, für das Böse schlechthin zu werden.[497]

---

493 PETTINATO 1971: 91-96; VAN DIJK 1983.
494 STEIN 1988: 177.
495 Vgl. zu dieser Entwicklung KEEL/UEHLINGER 1992: 55-109.
496 Vgl. oben Anm. 332.
497 Die griechische Überlieferung hat die mythische Konstellation von der Schlange, die eine Frau (Göttin) bedroht, welche aber von einem kämpferischen Helden (Gott) befreit wird, in der Andromedasage historisiert und narrativ ausgestaltet, die christliche in der

4.7. Der Kampf gegen die Schlange in der 1. Hälfte des 1. Jahrtausends

Auf dem frühen neuassyrischen Rollsiegel von **Abb. 241** (9. Jh.) ist die altsyrische Tradition in verschiedenen Punkten noch präsent. Ohne deren Kenntnis wäre es nicht ohne weiteres möglich, die Schlange als Gegnerin des Wettergottes zu identifizieren, der hier durch sein Blitzbündel charakterisiert ist. Anstelle der klaren Interaktion der mbz Tradition herrscht aber ein steifes Nebeneinander. An die Tradition der 1. Hälfte des 2. Jt.s erinnert auch die Göttin, hier die kriegerische Ischtar, in deren Gegenwart die Begegnung der Schlange mit dem Wettergott stattfindet. U.a. ist sie wie die Göttin auf den Stücken von **Abb. 233-235** durch den Stern charakterisiert. Aber wie bei der Wiederaufnahme des Stiers als Zeugungs- und Fruchtbarkeitssymbol in dieser Zeit (vgl. **Abb. 174-176**) fehlt auch hier jede erotische Note.

Viel stärker als die Erinnerungen an die mbz sind in der neuassyrischen Aufnahme des Schlangenkampfmotivs naturgemäss diejenigen an die sbz-frühez Tradition. Das gilt vor allem für eine Stele, die in Terqa am Euphrat (Syrien), gefunden worden ist. Sie wurde um 890 für den assyrischen Kronprinzen Tukulti-Ninurta II. von syrischen Künstlern geschaffen (**Abb. 242**). Sie zeigt links den Wettergott, der mit der linken Hand die gehörnte Schlange am Kopf gepackt hat und in der Rechten drohend eine Axt schwingt. Wir haben hier eine sehr ähnliche Komposition wie auf **Abb. 222**. Aus der assyrischen Tradition stammt, mindestens ikonographisch gesehen, der Fischgenius oder Priester in Fischmaske, der den Kampf rituell unterstützt. Rechts aussen ist barhäuptig der König zu sehen, der in der Hand drei Ähren hält und damit das Gut andeutet, um das es in diesem Kampf geht. Wiederum fehlt aber, im Gegensatz zur altsyrischen Tradition (vgl. **Abb. 233-235**), jeder erotische und hier auch jeder weibliche Zug. Beide fehlen in der neuassyrischen Glyptik in unserem Kontext ganz generell, auch dort, wo angedeutet wird, um welches Gut der Kampf tobt.

---

wird, in der Andromedasage historisiert und narrativ ausgestaltet, die christliche in der Legende vom Heiligen Georg und dem Drachen. Die Dreierkonstellation hat ihre orientierende Macht bis in die Gegenwart hinein bewahrt. Sie führt allerdings eher in die Irre als zum Heil, insofern sie die Gegner irgendeines Gutes als urböse und seine Verteidiger als Helden qualifiziert und fürchterlich vereinfachende, konfliktträchtige Konstellationen fördert. In den Bildern eignet diesem Modell zwar leicht etwas karikaturhaft Vereinfachendes an. In Worten ausgedrückt ist das Schema meist weniger leicht zu durchschauen und wird bis heute im politischen Diskurs und auch sonst gern benützt.

Dieses Fehlen des erotischen bzw. eines personalen weiblichen Elements ganz allgemein gilt für alle drei Typen von Chaoskampfdarstellungen, die in der neuassyrischen Glyptik neben seltenen oder gar singulären Darstellungen, wie denen von **Abb. 241-242**, serienweise hergestellt worden sind. Eine erste Gruppe stellen Serpentinsiegel[498] des linearen Stils dar (**Abb. 243-245**), die wohl ins 9./8. Jh. zu datieren sind. Der Wettergott im Schlitzrock bewegt sich in einer Art Knielauf und - ausser auf **Abb. 245** - mit einem Blitzbündel in der vorgestreckten Hand über der gehörnten Schlange. Auf den **Abb. 243-244** ist die Schlange mit zwei kurzen Vorderfüssen ausgestattet. Bei **Abb. 245** fehlen sie. Auf den **Abb. 243** und **245** bewegt sich die Schlange aus dem Bereich zweier Ährenbäumchen heraus. Sie vergegenwärtigen wenigstens rudimentär das von der Schlange bedrohte Gut, die fruchtbare Erde, die auf **Abb. 241** in etwa durch Ischtar, auf **Abb. 242** durch die Ähren, die der König hält, repräsentiert wrrd. Auf **Abb. 243** kämpft der Wettergott allein, auf **Abb. 244** hat er einen Helfer, der ihm eine zusätzliche Waffe oder das durch den Sieg verdiente Szepter des Königtums bringt. Vor der Schlange steht beschwörend ein Verehrer. Auf **Abb. 245**, wo der Kämpfer die Schlange, die hier den Kopf zurückwendet, nicht mit dem Blitzbündel, sondern mit einem Messer(?) bedroht, beliefert ihn ein Helfer zusätzlich mit Wurfgeschossen. Ein weiterer scheint bereits den Sieg mit der Handtrommel zu feiern. Die für die Gruppe des neuassyrischen linearen Stils typische Komposition findet sich auch auf einem neubabylonischen Siegel (um 800) des Biblischen Instituts der Universität Freiburg/Schweiz (**Abb. 246**). Wettergott und Schlange sind auf dem Achat-Siegel, das hauptsächlich mit dem Schleifrad graviert worden ist, genauso dargestellt wie auf dem Tell-Halaf-Siegel von **Abb. 243**. Der Verehrer vor dem Wettergott auf der Schlange gleicht dem auf **Abb. 244**, nur dass er kniend und nicht stehend dargestellt ist.[499]

---

[498] Das Stück von **Abb. 243** ist verloren und sein Material nirgends dokumentiert (HROUDA 1962: 30 Nr. 10). Aller Wahrscheinlichkeit nach war es aber auch bei diesem Stück Serpentin, wie bei **Abb. 244** (COLLON 1987: 181 zu Nr. 850) und bei **Abb. 245** (PORADA 1948: 83 zu Nr. 688, bei der fälschlich 686 steht).

[499] Ein weiterer, dem Tell-Halaf-Stück von **Abb. 243** ähnlicher Beleg mit dem Wettergott ohne anthropomorphe Nebenfiguren findet sich bei TEISSIER 1984: Nr. 224 (Serpentin); dem Stück von **Abb. 245** ähnlich ist eines in der V.E. Bailey-Sammlung (GLOCK 1988: Nr. 98 "dark red steatite"). Die Schlange speit Feuer oder verschlingt ein Ährenbäumchen. Der Wettergott hält in der vorgestreckten Hand die Doppelblitzgabel, in der erhobenen schwingt er eine Keule oder ein Messer. Die Person mit der Handtrommel scheint hier eine Frau zu sein. Sie steht der Schlange gegenüber. Der Kniende, der Wurfgeschosse bereit macht, befindet sich wie auf **Abb.**

Ein zweiter Typ von neuassyrischen Chaoskampf-Rollsiegeln ist nicht aus Stein geschnitten, sondern aus einem feinen Kompositmaterial mit grünlicher oder gelblicher Glasur, meist Fritte genannt, gearbeitet worden. So war er leichter und billiger herzustellen und war viel weiter und über längere Zeit, vom 9. bis zum 7. Jh., verbreitet. Die Fundorte reichen von Ur im südlichen Mesopotamien über Assur (**Abb.** 247), Nimrud, Balawat, Chorsabad, Karmir Blur in Urartu, Tell Halaf (**Abb.** 248), Al-Mina, Tell Abu Danne in Syrien und Geser in Palästina (**Abb.** 249)[500], von zahlreichen Stücken unbekannter Herkunft in verschiedenen Museen und Sammlungen abgesehen[501]. Die bogenschiessende Gestalt ohne deutlich göttliche Attribute kann als solche irgendein anonymer Held sein. Allerdings ist der gespannte Bogen auch sonst mit dem Wettergott verbunden (vgl. **Abb.** 173), und wenn es auch kein eindeutiges Kennzeichen für ihn ist, so spricht er doch nicht gegen ihn. Die gehörnte Schlange (akkadisch *bašmu*) aber ist spätestens seit dem 13. Jh. als Erscheinung der vom Wettergott bekämpften chaotischen Macht fest etabliert (vgl. **Abb.** **222-224, 226, 242-246**). Endlich ist bei den einigermassen sorgfältig gearbeiteten Stücken (**Abb.** 247) das bedrohte Gut, die fruchtbare Erde, durch den ebenfalls traditionellen stilisierten Baum bezeichnet. Auf weniger sorgfältig gearbeiteten Stücken (**Abb.** 248) ist er ohne Kenntnis guter Parallelen und der vorliegenden Tradition kaum zu identifizieren, und wenn ein Stück wie das von Geser (**Abb.** 249) nur noch durch eine Zeichnung dokumentiert ist, die von einem Zeichner angefertigt wurde, der nicht wusste, was er zeichnete, sind Missverständnisse unvermeidlich.

Ein dritter serienmässig hergestellter Typ ist ebenfalls in Kompositmaterial gearbeitet und kann von seinem Ursprung her als äusserst summarische Imitation von Typ II verstanden werden. Auf einem Stück von Al-Mina in Syrien (**Abb.** 250) aus einer Schicht des frühen 7. Jh.s greift der Bogenschütze die hoch aufgerichtete Schlange von vorne an.[502] Normalerweise

---

245 hinter dem Gott. Ein Skarabäus des 7./6. Jh.s mit einer geflügelten(!) Figur im Knielauf über einer Schlange ist in Tharros/Sardinien gefunden worden (BARNETT/MENDLESON 1987: Pl. 52b).

500 Belege bei REICH/BRANDL 1985: 46.

501 Vgl. z.B. BLEIBTREU 1981: Nr. 100; HAMMADE 1987: Nr. 226; KEEL/UEHLINGER 1990: 47 Abb. 53 und Biblisches Institut der Universität Freiburg/Schweiz Inv. Nr. 1992.6.

502 Von vorne wird die Schlange auch auf folgenden Stücken angegriffen: VON DER OSTEN 1957: Nr. 312; TEISSIER 1984: Nr. 175; MAZZONI 1990: 217 und Pl. 59a (Tell Afis in Syrien).

aber wird die in die Vertikale versetzte Schlange von hinten attackiert, wie auf einem Stück aus dem "Burnt Palace" in Nimrud (**Abb.** 251) aus einer Schicht der Zeit Sargons II. (c. 721-705). In allen Fällen fehlt die Andeutung des bedrohten Gutes ganz. Von den für die Gruppe I und II typischen stilisierten Bäumen ist auf denen der Gruppe III keine Spur mehr zu finden. Die Fundzusammenhänge datieren die Gruppe vom Ende des 8. bis ins 6. Jh. Auch sie hat ein sehr weites Verbreitungsgebiet. Es reicht von Nippur im Süden Mesopotamiens[503] über das assyrische Kernland (**Abb.** 251) nach Syrien (**Abb.** 250) und weiter nach Westen, nach Rhodos[504] und bis Tharros auf Sardinien (**Abb.** 252). Bei letzterem Stück fehlen nicht nur die Hörner, sondern auch der typisch eingerollte Schwanz, auf dem die Schlange bei diesen Stücken sonst "steht". Zu den Beispielen bekannter kommen die unbekannter Herkunft in Museen und Sammlungen dazu.[505]

Die Komposition scheint aus dem Bereich der neuassyrischen Kultur auch in den der stark ägyptisch beeinflussten Produktion der Phönizier eingedrungen zu sein. Auf einem Rollsiegel aus bläulichem Kompositmaterial aus Perachora aus der 1. Hälfte des 7. Jh.s ist die Schlange ein Uräus, sowohl was den typisch aufgeblähten Hals, als auch die Gestaltung des Schwanzes anbelangt (**Abb.** 253).

Bei der dritten Gruppe ist es sehr zweifelhaft, ob noch der Kampf des Wettergottes gegen die Chaoswasser gemeint ist. Wie bei den **Abb. 222-224**, in denen ägyptische und vorderasiatische Traditionen zusammengeflossen sind, dürfte die Schlange auf den **Abb. 250-253** einfach Böses oder das Böse schlechthin verkörpern. Bei stark ägyptisch beeinflussten Stücken wie dem von **Abb. 253** wäre es allerdings denkbar, dass die Schlange gar nicht das Objekt des Bogenschützen, sondern diesem zu seinem Schutz vorangestellt ist.

Ausserhalb des neuassyrischen Bereichs finden sich nur wenige Belege aus der 1. Hälfte des 1. Jt.s, die den Wettergott im Kampf gegen die Schlange zeigen. Ein leider stark beschädigtes Relief aus Malatya (Arslantepe) in Anatolien aus dem 10./9. Jh. lässt ihn gegen eine sich heftig windende Schlange antreten (**Abb. 254**). Ob die zweite menschliche Gestalt den Wettergott im Anmarsch zum Kampf oder einen Helfer zeigt, ist nicht klar zu entscheiden. Deutlich ist, dass der Kämpfer sich himmlischer Unterstützung

---

503 LEGRAIN 1925: Nr. 644-646.

504 WALTERS 1926: Nr. 263.

505 Vgl. z.B. TEISSIER 1984: Nr. 176; Sammlung des Biblischen Instituts der Universität Freiburg/Schweiz Inv. Nr. 152 (unveröffentlicht).

(Elemente über der Schlange) erfreut. Welcher Art sie ist, ist weniger klar. Vielleicht handelt es sich um Wurfgeschosse, wie sie auf **Abb. 245** zu sehen sind. Das bedrohte Gut ist auf dem Bild nicht einmal angedeutet.

Jede Andeutung dieser Art fehlt auch auf einem phönizischen Skaraboid des 9./8. Jh.s (**Abb. 255**). Dennoch dürfte es sich um den Wettergott handeln. Das suggeriert das Flügelpaar (vgl. **Abb. 224-226**) und die Art, wie er nach der Tradition, die in der ausgehenden SB einsetzt, mit der einen Hand die Schlange hält und in der andern eine Waffe schwingt (vgl. **Abb. 222-224, 227, 240, 242**). Allerdings hält er die Schlange am Schwanz, während sie sonst am Kopf gehalten wird.

Auf einem griechischen Skarabäus aus Grünstein-Facies aus der Zeit um 500, der in einem Grab in Utica bei Karthago gefunden worden ist, packt ein nackter Held eine Schlange am Hals und schwingt über ihr eine Keule (**Abb. 256**). Man ist fast versucht zu glauben, der Held hätte zwei Flügel, aber es handelt sich in Wirklichkeit um das Löwenfell des Herakles.[506]

4.8. Schlangenwürger

Auf einem der Kultständer aus Taanach aus dem 10. Jh. ist eine menschliche Gestalt ohne alle göttlichen Attribute zu sehen, die mit blossen Händen eine Schlange packt und würgt (**Abb. 257**). Ohne genauere Analyse der Traditionsstränge könnte man dazu neigen, in dieser Gestalt einen Wettergott zu sehen, der mit der Chaosschlange kämpft.[507] Aber dafür gibt es, mindestens auf den ersten Blick, noch weniger Gründe als beim neuassyrischen Schlangenbekämpfer vom Typ III (**Abb. 250-253**). Dort haben wir immerhin noch den Bogen, der in der neuassyrischen Ikonographie als Waffe des Wettergottes belegt ist (**Abb. 172-173**) und – wenigstens teilweise – die *gehörnte* Schlange. Ist der Schlangenwürger von **Abb. 257** auch von dieser oder von einer andern Tradition abhängig?

Als eine solche andere Tradition könnte man das Motiv des Schlangenwürgers betrachten, das spätestens in der 1. Hälfte des 3. Jt.s, in der frühdynastischen Zeit auftaucht. Da sehen wir im Rahmen von Tierkämpfen einen stehenden (**Abb. 258**) und einen knienden (**Abb. 259**) Helden, der mit

---

[506] BOARDMAN 1990: 119 Nr. 2825. BOARDMAN listet ebenda eine ganze Reihe von Darstellungen auf, die Herakles bei der Tötung einer einfachen Schlange, nicht der mehrköpfigen Hydra, zeigen.

[507] KEEL/UEHLINGER 1992: 176 mit Abb. 182c.

blossen Händen mit einer Schlange kämpft. Der zweite scheint nackt zu sein, was die heroische Seite dieses Kampfes zusätzlich unterstreicht.

Ein nordsyrisch-kappadokisches Siegel aus der Zeit um 1800 zeigt als Hauptszene einen sechslockigen nackten Helden, der mit einer Hand eine Schlange am Hals hält (**Abb. 260**). Das vogelartig geöffnete Maul der Schlange erinnert an die Tierprotome auf **Abb. 232**, aus denen Wasser hervorsprudelt. Hier scheint Wasser aus den Schultern des Helden zu sprudeln. Der gleiche Held hält auf dem Relief eines Kultbeckens aus Ebla, das der gleichen Zeit angehört wie das Siegel von **Abb. 260**, mit der einen Hand den Schlangenschwanz eines Mischwesens, mit der andern einen Fisch? (**Abb. 261**). Auch hier wird der nackte Held nicht nur mit der Schlange, sondern auch mit Wasser, und d.h. mit Ea, assoziiert (vgl. oben **Abb. 8**). Der sechslockige Held mit Wasserbächen ist besonders in der altsyrischen Ikonographie kein gewöhnlicher Sterblicher.[508] Die Schlange, die er gepackt hält, dürfte seine Herrschaft über das Wasser symbolisieren, das hier aber nicht als Bedrohung erscheint.

Als Darstellung eines Herrn der lebendigen Wasser dürfte auch die ungewohnte Darstellung auf einem nordsyrisch- mitannischen Siegel aus der Zeit zwischen 1500 und 1400 zu verstehen sein (**Abb. 261a**), die einen Gott mit langer Locke zeigt, der auf zwei Stieren steht und dessen Beine mit denen zweier geflügelter Gestalten verschränkt sind.[509] Wenn die lange Locke, die Stiere und die geflügelten Gestalten als Hinweise auf den Wetter- und Sturmgott zu verstehen sind, dann vermischen sich hier die Tradition des Wettergottes als Sieger über die Schlange (**Abb. 233-240**) mit der des Schlangenwürgers oder -bändigers. Das Resultat ist ein Herr des (befruchtenden) Wassers.

Schon die zwei kleinen Gruppen von **Abb. 258-259** und **260-261** zeigen, dass wir es beim meist nackten Helden, der mit blossen Händen eine Schlange bändigt, mit keiner einheitlichen Figur zu tun haben.[510] Die Figur ist aber trotz verschiedener Ausprägungen doch wieder eigenständig und häufig genug, um den Beleg von **Abb. 257** nicht einfach der Wettergott-Tradition zuzuordnen. **Abb. 261a** legt aber doch nahe, ihn von dieser nicht ganz zu trennen. Auf **Abb. 261a** hält der Gott die Schlangen nicht unmittelbar hinter dem Kopf und lässt ihnen so einen gewissen Spielraum. Auf **Abb.**

---

[508] MOORTGAT 1940: Nr. 545; PORADA 1948: Nr. 979.

[509] Zu den verschränkten Beinen vgl. **Abb. 237a** und die dazu gegebenen Parallelen.

[510] Eine weitere Variante findet sich auf einem altsyrischen Siegel im Ashmolean Museum in Oxford. Zwei antithetische, kniende Helden halten je eine Schlange, die sich ineinander winden (BUCHANAN 1966: Nr. 887).

257 ist das nicht der Fall. Die Schlange wird mit beiden Händen gepackt. Es scheint so tatsächlich eher um ihre Überwindung und nicht bloss um die Kontrolle über sie zu gehen. Die Herakles-Tradition, wie sie in **Abb. 256** zur Anschauung kommt, dürfte eindeutig auf die Wettergott-Tradition zurückgehen. Sie zeigt aber eine starke Tendenz, sich der Tradition des heroischen Schlangenwürgers anzugleichen.[511] Eine Annäherung an die Tradition vom Wettergott als Sieger über die Schlange und und an die vom Schlangenbändiger dürfte auch in **Abb. 257** vorliegen.

4.9. Herr und Herrin der Schlangen

In noch erheblich vielfältigeren Ausgestaltungen als der heroische Schlangenwürger sind der "Herr bzw. die Herrin der Schlangen" belegt.

4.9.1. Der Herr der Schlangen in Ägypten

In Beerscheba Stratum V (Ende des 10. Jh.s) ist ein Skarabäus aus blauem Kompositmaterial gefunden worden, der auf seiner Basis Bes als Herrn der Schlangen zeigt (**Abb. 262**).[512] Dieser Typus hat eine Vorstufe in einem besähnlichen Gott namens ꜥḥꜣ "Kämpfer", der auf den sogenannten Zaubermessern oder besser Apotropaia des Mittleren Reiches häufig dargestellt ist.[513] Eine erste und älteste Variante zeigt ihn, wie er mit jeder Hand eine Schlange hält, wobei der Schlangenleib auf der Höhe der haltenden Faust eine Schlaufe bildet (**Abb. 263**). Bei einer zweiten Variante windet sich zusätzlich der Schwanz der Schlange einmal oder mehrfach um die Beine des "Herrn der Schlangen" (**Abb. 264**). Eine dritte Variante ist u.a. auf dem Bruchstück eines Apotropaions aus Megiddo Stratum VIII (1400-1300) zu sehen, das aber um 1900 entstanden sein dürfte (**Abb. 265**). Die Schlangen versuchen bei dieser Variante, in die mageren Rippen ihres Bändigers zu

---

[511] Zu einem nordsyrischen Hämatitsiegel aus der Sammlung de Clercq aus dem 9./8. Jh., das einen schlangenwürgenden Helden zeigt vgl. BOARDMAN/MOOREY 1986: 40 Nr. 30 und Pl. 19,30. Zum persischen Helden, der mit einer Hand eine Schlange würgt, vgl. AAJI o.J.: Nr. 39.

[512] Eine sehr genaue Parallele, allerdings auf einem Skarabäus aus Steatit, findet sich bei MATOUK 1977: 38 und 374 Nr. 52.

[513] Vgl. dazu ALTENMÜLLER 1965: I 36-39.152-156; diese Figur geht nach ROMANO ins 3. Jt. zurück und findet sich zuerst auf "Design-amulets" (1989: I 31f; II 15-17).

beissen. In der zweiten Zwischenzeit wird "Bes" als Herr der Schlangen in die Skarabäendekoration übernommen (**Abb. 266**).

Seine Rolle als Herr der Schlangen teilt der zwergengestaltige Gott, der von der 18. Dynastie an meistens Bes genannt wird, ab dieser Zeit mit dem Rettergott (*šd*)[514], der von Anfang an als Knabe mit der Prinzenlocke dargestellt wird und so dem Horus als Sohn der Isis (Harsiese) bzw. Horus als Kind (Harpokrates) gleicht. Sched schreitet häufig, wie auf der ramessidischen Stele von **Abb. 267**, über zwei Krokodile und hält in den Händen nebst Schlangen Skorpione, Löwen und andere gefährliche oder wenigstens als gefährlich geltende (Antilopen) Tiere. Die Kombination mit Horus zu Horus-Sched führt schliesslich zur Verdrängung Scheds durch Horus. "Die Horusstelen lösen die dem Sched geweihten volkstümlichen Stelen vom 6. Jh. an ganz ab und übernehmen viele Züge der Darstellung von ihnen".[515] Das zeigt deutlich eine frühe, wahrscheinlich ins 7. oder 6. Jh. zu datierende Horusstele in Chicago (**Abb. 268**).[516] Wie Sched steht Horus auf zwei Krokodilen, hält in den Händen Schlangen, Skorpione, einen Löwen und eine Antilope und trägt die Prinzenlocke. Im Gegensatz zu Sched wird Horus aber meist plastisch und frontal dargestellt, was die suggestive Kraft des Bildes beträchtlich erhöht. Unten und zu beiden Seiten von Horus sind zahlreiche weitere apotropäische Motive eingraviert, u.a. rechts von den Füssen des Horus ein weiteres Kind oder ein Zwerg, das bzw. der als Herr der Tiere zwei Schlangen hält. Wie häufig auf den Horusstelen ist auch hier über dem Kopf des Horuskindes die Besmaske zu sehen. Die beiden Gottheiten, die ganz besonders für den Schutz der Schwangeren und der Gebärenden, vor allem aber für den der Säuglinge und Kleinkinder vor Skorpionenstichen und Schlangenbissen zuständig sind, sind hier zu gesteigerter apotropäischer Macht vereint.

Sieht man von Qedeschet, die asiatischen Ursprungs ist, und von diversen Schlangenbändigern in den Unterweltsbüchern ab, so bietet Ägypten puncto "Herr der Schlangen" ein recht einheitliches Bild. Ganz anders sieht das in Vorderasien aus.

---

[514] Vgl. BRUNNER 1984 (mit Literatur).
[515] Ebd. 548.
[516] SEELE 1947; zu Horusstelen im allgemeinen vgl. KAKOSY 1980.

4.9.2. Herr und Herrin der Schlangen in Vorderasien

4.9.2.1 Herren der Schlangen

In der westiranischen Luristanglyptik der 1. Hälfte des 4. Jt.s erscheint öfter ein Steinbockmensch als Herr der Schlangen (**Abb. 269**).[517] Nur mit der einen Hand hält er eine Schlange, die andere berührt die zweite Schlange gar nicht. Häufig ist er auch eher von Schlangen flankiert als dass er sie bändigt und beherrscht (**Abb. 270**). Capriden und Schlangen erscheinen in dieser Glyptik auch häufig ohne Herrn[518] und sind wohl Symbole der Vitalität. Der Steinbockmensch als Herr positiv gewerteter Schlangen ist so ein früher Vorläufer der Qedeschet, deren Schlangen, wie wir oben gesehen haben, Capriden ersetzten. Die in Zusammenhang mit **Abb. 218** geltend gemachte Affinität zwischen Schlange und Wasser wird von P. AMIET und E. VON DER OSTEN-SACKEN schon für die Schlangen der Luristanglyptik beobachtet.[519]

Vom Ende des 4. Jt.s, aus der Urukzeit, sind drei Siegelabrollungen erhalten, die M.A. BRANDES aus zahlreichen Fragmenten sorgfältig rekonstruiert hat. Eine erste, **Abb. 271**, erinnert noch stark an den Steinbockmenschen der Luristanglyptik insofern in einer Axialkomposition ein halb tierisches Wesen mit Froschkopf (?) von Vierfüssern und Schlangen flankiert wird. Unmittelbar über den Schlangen sind links der Herrin oder des Herrn Capriden zu sehen, die in der Luristanglyptik eng mit Schlangen verbunden sind. Auf der rechten Seite sind ein Equide und ein Löwe zu sehen.

In der gleichen Tradition steht auch ein reliefiertes Steatitgefäss aus frühdynastischer Zeit (**Abb. 272**), das wie ähnliche Gefässe in der Provinz Fars entstanden sein dürfte[520] und heute im Britischen Museum in London aufbewahrt wird. Er erscheint einmal als Herr der Schlangen und einmal als Herr des Wassers. Sein Stehen auf Buckelrindern und Löwinnen charakterisiert ihn wohl als Herrn der Haus- und Wildtiere.

Eine zweite Abrollung aus Uruk zeigt eine nackte, rein menschliche Gestalt, die neben einem Tempel auf einem Löwen steht und in beiden Händen grosse Schlangen hält (**Abb. 273**). Sie hält die Schlangen nicht am Nacken,

---

[517] Zu weiteren Belegen s. AMIET [2]1980: Pl. 6,118; Pl. 116,1561B; Pl. 117, 1570. 1574B. Zur Diskussion um diese Figur vgl. KEEL-LEU 1991: 11f und jetzt VON DER OSTEN-SACKEN 1992.

[518] KEEL-LEU 1991: 9-12 und die Nr. 5-9 mit Parallelen.

[519] [2]1980: 196f bzw. 1992: 75-80.

[520] VON DER OSTEN-SACKEN 1992: 78

wie es später die Schlangenbändiger und -würger tun, sondern unterhalb der zwei obersten Windungen. Sie lässt so den Schlangen einen gewissen Spielraum und ist demnach wie die Herren oder Herrinnen der Schlangen auf den **Abb. 269-272** nicht ihr Gegner. Aber die Kombination Schlange-Löwe statt Schlange-Capride und die Nacktheit des Helden verschiebt den Akzent von Vitalität und Fruchtbarkeit in Richtung Heroentum.

Weniger eindeutig als bei **Abb. 271** und **273** ist das Verhältnis zwischen den nackten Gestalten und den Schlangen auf der dritten Siegelabrollung aus Uruk, auf **Abb. 274**. Man könnte an Fütterung, Bändigung oder gar Tötung denken.[521]

Eindeutig um Bändigung und Überwindung der Schlangen geht es dann in der frühdynastischen Glyptik der 1. Hälfte des 3. Jt.s. Da hält z.B. ein nackter Held in Knielaufstellung mit jeder Hand eine Schlange[522] gepackt (**Abb. 275**). Die Nacktheit, der Knielauf, beides deutet auf einen heroischen Akt. Noch dramatischer wird es, wo rechts und links vom Helden zwei ineinander verschlungene Schlangen zu sehen sind (**Abb. 276**). Allerdings bleibt der Held im Knielauf hier nicht allein, sondern ein zweiter packt mindestens auf einer Seite die zweite Schlange am Nacken. E. VAN BUREN wollte in den beiden Schlangen sich begattende Vipern sehen.[523] Das wäre im Umfeld der **Abb. 269-270** durchaus denkbar.[524] Aber zu unserem Bild hat AMIET mit Recht darauf hingewiesen, dass in der frühdynastischen Glyptik auch einzelne Schlangen derart mit sich selbst verschlungen zu sehen seien.[525] Es geht in diesem Kontext wohl eher um die wilde und vertrackte Bewegung der Schlange(n) als um ihre Begattung.

Auf mindestens zwei frühdynastischen Siegeln ist der nackte lockige Held, der mit jeder Hand eine Schlange hält, auf ungewohnte Weise der Länge nach um das Siegel herum geschnitten (**Abb. 277-278**).[526] Auf mindestens drei Belegen hält er, auf die gleiche Art geschnitten, Feliden an den Hinterbei-

---

[521] STEVENS 1989: 10.

[522] MOORTGAT 1940: 90 zu Nr. 77 bezeichnet die Tiere als "grosse Echse (oder Waran?)", aber bei diesen Reptilien müssten Beine zu sehen sein.

[523] 1935: 53-65.

[524] Vgl. KEEL-LEU 1991: 16f zu Nr. 11.

[525] ²1980: 134f.

[526] Auf einem Siegel im British Museum, London (Inv. Nr. 89378) findet sich ein gelockter Held mit zwei Schlangen inmitten der üblichen frühdynastischen Tierkämpfe. Im oberen Register scheinen eine Reihe von Gestalten einem Thronenden (tote?) Schlangen zu präsentieren (WISEMAN 1962: Pl. 15f).

nen.[527] Am häufigsten aber hält der in der genannten Position dargestellte nackte Held in jeder Hand einen Bügelschaft (**Abb. 279**)[528]. Er erscheint in dieser merkwürdigen Anordnung also als Türhüter[529] und demonstriert in der Haltung des Herrn der Tiere mit Feliden und Schlangen, dass er in der Lage ist, alles Böse von dem von ihm bewachten Bereich fernzuhalten.[530] Nicht Tür- sondern Fensterhüter-Funktion hat ein Herr der Schlangen aus viel späterer Zeit, wahrscheinlich aus dem 7. Jh., aus Curium auf Zypern (**Abb. 280**). Er ist wohl hier plaziert, um die gefürchteten Kriechtiere davon abzuschrecken, ins Hausinnere zu gleiten. Denn Herren der Schlangen auf den **Abb. 277-278** und **280** kommt so eine ganz ähnliche Funktion zu wie den ägyptischen Gegenstücken von **Abb. 262-268**, wenn deren Schutzfunktion auch weniger präzis auf Tür und Fenster, sondern stärker personbezogen ist.

4.9.2.2 Eine andere Herrin der Schlangen: Lamaschtu

Die Gefährlichkeit von Türen, Fenstern und Kanalisationsausgängen für das Eindringen nicht nur von Schlangen, sondern von krankheit- und todbringenden Mächten aller Art lehren uns auch die Lamaschtu-Texte und die Orte der Anbringung von Amuletten gegen sie.[531] Die Lamaschtu, eine mesopotamische, im 1. Jt. aber im ganzen Vorderen Orient gefürchtete und abgewehrte Dämonin, die vor allem Schwangere, Kindbetterinnen und Säuglinge, aber auch erwachsene Männer anfällt und tödlich bedroht, ist uns von Abbildungen und Texten her bestens bekannt. Sie sind vor allem von K. FRANK[532], F. THUREAU-DANGIN[533], H. KLENGEL[534] und W. FARBER[535] gesammelt und erschlossen worden. Heute sind um die 70 Lamaschtu-Amu-

---

[527] AMIET ²1980: Pl. 98 Nr. 1291, 1292 und 1295.

[528] Ebd. Pl. 98 Nr. 1287-1290.

[529] Vgl. oben **Abb. 39** und den Kommentar dazu.

[530] Wie der nackte Held ohne Schlangen (vgl. Anm. 508) erscheint in Syrien auch der mit zwei Schlangen als göttlich verehrt; vgl. den in Anm. 444 genannten Beleg BM 120 927.

[531] FARBER 1983: 444.

[532] 1908, ²1968.

[533] 1921.

[534] 1959/1960 und 1963.

[535] 1983 und 1989.

lett-Täfelchen veröffentlicht[536], die zeitlich von der mittelbabylonischen bis in die persische Epoche reichen und geographisch von Elam (Susa) bis zur östlichen Mittelmeerküste (Byblos[537]) zu finden sind.[538] Zum Teil sind sie nur mit einem Text ausgestattet[539], zum Teil nur mit einer bildlichen Darstellung[540], häufig aber mit einer bildlichen Darstellung auf der einen und einem Text auf der andern Seite. Manchmal sind die bildlichen Darstellungen sehr komplex (**Abb. 281**), manchmal sind sie auf ein Minimum reduziert (**Abb. 282**). Heute "werden allgemein Amulette, die vergleichbare Darstellungen eines Mischwesens, auch ohne Attribute aufweisen, als Lamaštu-Amulette aufgefasst. Dies geschieht wohl, trotz gelegentlich geäusserter Zweifel, zu Recht, da die Übergänge von ausführlichen und in der Zuordnung unzweifelhaften zu kargen, an definierenden Details armen Darstellungen fliessend sind, wie auch ganz flüchtige, attributlose Darstellungen gelegentlich durch Beischriften als Lamaštu-Amulette gekennzeichnet sind; ausserdem ist für die meisten Stücke keine alternativ in Frage kommende dämonische Gestalt bekannt."[541]

Diese so gut dokumentierte Dämonin präsentiert sich auf den vollständigeren Darstellungen regelmässig als "Herrrin der Schlangen" (**Abb. 281, 283-284**). Vom Aufbau des Bildes her könnte man die Lamaschtu- mit den Qedeschet-Darstellungen vergleichen (vgl. **Abb. 204, 206-213**). Wie jene steht sie auf einem Tier und hält in den abgewinkelten Armen eine Schlange. Beide erscheinen so mit übermenschlicher Macht ausgestattet und beanspruchen durch die Frontalität ihrer Darstellung Aufmerksamkeit. Aber die einzelnen Elemente geben den beiden Varianten des Grundschemas eine je total andere Färbung.

Während Qedeschet auf dem zwar gefährlichen, aber königlichen Löwen steht, steht Lamaschtu nicht auf einem Esel, wie regelmässig gesagt wird[542],

---

[536] Vgl. besonders die Listen bei KLENGEL 1959/1960: 334-338 und FARBER 1983: 441 und 1989: 95-101.

[537] NOUGAYROL 1971.

[538] FARBER 1983: 441f.

[539] Z.B. ein Amulett aus Ugarit (NOUGAYROL 1969: 404).

[540] Z.B. KLENGEL 1959/1960: 340f mit Abb. 2.

[541] FARBER 1983: 441.

[542] FRANK 1908: 78; THUREAU-DANGIN 1921: 178f "âne"; KLENGEL 1959/1960: 352 "Esel"; FARBER 1983: 442 "Esel". FRANK begründet seine Deutung zwar zusätzlich mit dem Hinweis auf die (angeblich) langen Ohren und den Schweif, stützt sich aber hauptsächlich auf die Texte. Ob er das zu Recht tut, will ich hier nicht untersuchen.

sondern auf einem Onager (*Equus hemionus hemippus* Geoffroy). Die Ohren des Tiers, auf dem die Lamaschtu steht, sind deutlich kürzer als die des domestizierten Esels afrikanischer Abstammung und das gleiche gilt vom Schwanz. Auch dieser ist beim Onager kürzer, dafür auf der ganzen Länge buschiger. Ein Blick auf das berühmte Bild, das Aussurbanipal bei der Wildesel - oder genauer Onagerjagd zeigt (**Abb. 285**), bestätigt diese Identifikation. Der Onager ist ein – mindestens zur Zeit der Lamaschtu-Amulette – nur als unzähmbarer Bewohner der Steppe bekanntes Tier. Anders als der Löwe der Qedeschet schreitet der Onager nicht feierlich dahin, sondern knickt mit den Vorderfüssen ein (**Abb. 281 und 283**) oder versucht sich zu erheben (**Abb. 284**). Im Gegensatz zu Qedeschet als attraktiver nackter, junger Frau präsentiert sich Lamaschtu als Mischwesen mit Raubvogelfüssen, einem Frauenkörper mit Hängebrüsten, einem Löwenkopf mit aufgerissenem Maul und fletschenden Zähnen und mit Hörnern. FARBER[543] spricht zwar von Eselsohren, aber das, was die Bilder zeigen, ist eher als Hörner zu deuten, wie wir sie beim Anzu-Drachen sehen, z.b. auf dem Relief Assurnasirpals II. aus Nimrud[544]. Die Häufung von Machtsymbolen wie Hörner, Löwenkopf und Raubvogelkrallen erhalten durch die weiblichen Brüste, an denen ein Hund und ein Schwein hängen, etwas Perverses. Hund und Schwein sind im Alten Orient aufgrund ihrer Schmutzigkeit und ihres Umgangs mit Schmutz unbeliebt.[545] In diesem Umfeld steppenhafter Herkunft (Onager), Gefährlichkeit (Raubvogelkrallen, Löwenkopf, aufgerissenes Maul und Hörner) und Schmutzträgern (Hund und Schwein) am Segensquell der Brüste erhalten auch der Schlangengurt (**Abb. 283**) und die Schlangen in den Händen der Dämonin eine ganz andere Konnotation als in denen Qedeschets. Die Schlangen werden zu einem Symbol für ihre Fähigkeit, Unheil zu stiften. Als Herrin des giftigen Reptils ist sie eine Herrin des Schadens, der Krankheit und des Todes. FAUTH spricht von raubtierhaft vernichtenden und pervertiert weiblich erotischen Wesenszügen.[546] Sie werden durch Hund und Schwein um die des Schmutzigen, durch die Schlangen um die des Schleichend-Giftigen und durch den Onager um die des Assozialen bereichert. So

---

Das Bild hat, was immer die Texte sagen, jedenfalls sein eigenes Recht, seriös zur Kenntnis genommen und gedeutet zu werden.

[543] 1983: 444.

[544] GRESSMANN [2]1927: Nr. 380; PRITCHARD 1954: Nr. 651.

[545] KEEL/KÜCHLER 1982: 109 und 122.

[546] 1981: 28.

ist Lamaschtu ein Zerrbild und eine Perversion der Qedeschet oder auch der grossen Ischtar, wie FAUTH gezeigt hat.[547]

Bei allen Unterschieden gibt es anscheinend auch eine gewisse Gemeinsamkeit zwischen Qedeschet und Lamaschtu, wie der Umstand zeigt, dass Lamaschtu die Bezeichnung "Geweihte", die die vorderasiatisch-ägyptische Göttin als Namen trägt (*qdšt*), als Epitheton (*qadištu*) zukommen kann[548]. Dass es aber "Geweihte" und "Geweihte" gibt, machen die Bilder Qedeschets und Lamaschtus deutlich.

Links von Lamaschtu ist auf **Abb. 281** eine ihr verwandte Gestalt, Pazuzu, zu sehen. Sein Kopf schaut auch über den Bildrand, und der Rest ist auf der Rückseite der Tafel teilweise von hinten, teilweise im Profil dargestellt (**Abb. 286**). Dabei hat Pazuzu's Phallus die Gestalt einer Schlange. Während der erigierte Phallus des Min auf den Qedeschet-Stelen ein Symbol seiner Potenz und Vitalität ist, die die Herrin der Schlangen durch die Lotusblumen an seiner Nase erregt, ist der Phallus Pazuzu's ein Instrument des Todes. So kann bei gebührender Beachtung der Syntax die Schlange einmal Leben und Vitalität, ein andermal Tod und Verderben bedeuten.

4.10. Zusammenfassung

In palästinischen Heiligtümern von der ausgehenden MB IIB bis in die ausgehende SB IIB sind kleine Bronzeschlangen belegt (**Abb. 177-183**). Da sie zum Teil die Form von Uräen haben und an einem Ort stets nur ein Exemplar gefunden worden ist, sind sie am ehesten als Hüterinnen des heiligen Ortes zu verstehen. Als solche dürften auch Schlangen an Altären zu verstehen sein (**Abb. 189**). Schlangenappliken aus Ton auf Gefässdeckeln (**Abb. 184**) oder an Gefässausgüssen, -rändern und -schultern (**Abb. 185-188**) hatten nach dem Prinzip *simila similibus curantur* die Funktion, den Inhalt der Gefässe vor Verlust und Vergiftung zu schützen, gleichzeitig aber auch ihn mit der Vitalität der Schlange anzureichern.

Vitalität dürften Schlangenappliken aus Ton auf Kultgeräten konnotieren, wo sich in der Regel nicht nur mehrere Schlangen finden, sondern diese meist mit anderen Tierbildern kombiniert vorkommen, so mit Stierköpfen und Stieren (**Abb. 190-191**), mit Löwen (**Abb. 201**), vor allem aber mit Tauben (**Abb. 192-194, 196-197, 199-200**). Da die Taube, wie III.2

---

[547] Ebd. 29-36.
[548] Ebd. 32.34.

gezeigt hat, engstens mit der Göttin verbunden ist, sind Kultgefässe und vor allem die mit Tauben- und Schlangenappliken ausgestalteten Kultständer von Bet-Schean wohl im Dienste der Göttin gestanden. Als Hinweis auf die Göttin als 'Herrin der Schlangen' dürfte die Kultstandarte von Hazor auch nach ihrer Durchleuchtung zu verstehen sein (**Abb. 202-203**). Die nächste Parallele zu ihr sind nach wie vor die ägyptischen Stelen mit der asiatischen Göttin Qedeschet, besonders die von **Abb. 204**). Auf sieben bekannten Exemplaren ist Qedeschet allein bzw. nur mit Verehrern und Verehrerinnen zu sehen. Sie hält einmal in beiden Händen eine Schlange (**Abb. 204**), meistens aber in der einen Hand eine oder mehrere Schlangen, in der andern eine oder mehrere Lotusblumen (**Abb. 205-209a**). Dabei spielt offensichtlich keine Rolle, was sie in welcher Hand hält. 12 Belege zeigen die göttliche Hierodule von zwei Göttern flankiert (**Abb. 210-213**). Der eine ist in allen Fällen Reschef, der andere in acht Fällen Min, in vier Fällen ein nicht identifizierbarer Gott. Von der generell sehr unsorgfältig ausgeführten Kopenhagener Stele abgesehen, hält die Göttin Min stets den Lotus entgegen und Reschef die Schlange. Der erigierte Phallus des Min soll wohl die potenz- und virilitätssteigernde Wrikung des Lotus symbolisieren, den die Göttin ihm an die Nase hält. Was aber bedeutet die Schlange in der Hand der Göttin? Traditionsgeschichtlich ist Qedeschet nicht von der sich entschleiernden Göttin, die stets auf einem Stier steht (**Abb. 158-160**), abzuleiten, sondern von der Herrin der Tiere auf dem Löwen (**Abb. 214-217**), die Capriden, ein Symbol fast dämonischer Vitalität, in den Händen hält. Auf **Abb. 217** ist sie zusätzlich von Pflanzenstengeln flankiert. Auch auf **Abb. 218** hält sie Capriden; auf der Höhe ihrer Scham aber kreuzen sich zwei Schlangen. Die Wellenbewegungen ihrer Schwänze erinnern an Wasser (vgl. **Abb.138**), und wie dieses dürften sie die geheimnisvolle, lebensspendende Vitalität der Göttin signalisieren. Die Komponenten Qedeschets - frontale Stellung, Nacktheit, Löwe als Trägertier, Pflanzen und Schlangen - finden sich auch auf billigen Terrakotten im Palästina des 14. und 13. Jh. (**Abb. 219-221**). Da die Stücke von **Abb. 214-218** sicher und die von **Abb. 219-221** wahrscheinlich älter sind als die ägyptischen Qedeschet-Stelen, steht dieser Genealogie auch chronologisch nichts im Wege. Als Nachfolgerinnen der schwarzen Capriden-Version repräsentieren die schwarzen Schlangen die intensive, nahezu dämonische Vitalität der Göttin, während die weissen Tauben bzw. der weisse Lotus ihre zärtlich-regenerierende Liebe vergegenwärtigen.

Die Schlange stellt häufig aber auch das Böse dar, das bekämpft werden muss. Drei Skarabäen der ausgehenden Bronzezeit aus Palästina zeigen Baᶜal-Seth beim Niederschlagen (**Abb. 222-223**) bzw. Niederstechen (**Abb.**

224) einer gehörnten Schlange. Die Haltung, bei der der Gott mit einer Hand die Schlange packt und in der anderen die Waffe schwingt, dürfte vom uralten Ikon des Niederschlagens der Feinde übernommen sein. Da der Gott auf diesen Skarabäen halb asiatisch, halb ägyptisch dargestellt ist und z.B. die Hörner der Schlange eindeutig ein vorderasiatisches Erbe darstellen (vgl. **Abb.** **239**), kann die genaue Bedeutung der Schlange nur eruiert werden, wenn wir beide Traditionen des Schlangenkampfs ins Auge fassen. In Ägypten verkörpert die von Seth bekämpfte Schlange die Behinderung des Sonnenlaufes durch Dunkelheit u.ä. (**Abb.** **229-231a**), in Vorderasien die Bedrohung der fruchtbaren, durch Vegetation bewohnbaren Erde durch chaotische Wasser, die vor allem der Wettergott zurückdrängt. Dabei lässt sich eine Verschiebung in der Repräsentation des Heilsgutes durch Göttinnen (**Abb.** **232-236, 241**) zu der durch geschlechtsneutrale Pflanzenelemente (**Abb.** **242-243, 245, 247-248**) feststellen. Parallel dazu läuft eine Hervorhebung des Kampfes gegen die Schlange zuungunsten des Interesses am umkämpften Gut (**Abb.** **237-237a, 239-240, 244, 246, 250-256**).

Schon bei den Skarabäen der ausgehenden Bronzezeit (**Abb.** **222-226**) steht eindeutig das Interesse am Kampf Baʿal-Seths im Vordergrund. Die Schlange kann jede Art kosmos-bedrohender Macht, seien es das Dunkel oder die Chaosfluten, bedeuten.

Keine den Kosmos gefährdende Macht ist sie in der Hand des Schlangenwürgers (**Abb.** **257-261a**). Eher dient sie da der Darstellung seines Heldentums bzw. seiner die Wasser kontrollierenden Macht. "Herren der Schlangen" sind in Ägypten (und Palästina) vor allem Bes (**Abb.** **262-266**) und der mit dem Horuskind identifizierte Rettergott Sched (**Abb.** **267-268**), die beide in erster Linie Frauen und Kinder schützen. Die Schlangen (und Skorpione) in ihren Händen repräsentieren die Gefahren, die von Mutter und Kind fernzuhalten diese Gottheiten in der Lage sind.

Vielfältige Bedeutungen kommen den Schlangen in der Hand vorderasiatischer Herren der Schlangen zu. In der Luristan-Glyptik des 4. Jt.s verkörpern sie die Vitalität des Steinbockmenschen (**Abb.** **269-270**). Das gilt teilweise auch noch für die "Froschherrin" der Urukzeit (**Abb.** **271**) und den ihr verwandten Herrn (Herrin?) der Tiere auf einem Steatitgefäss der frühdynastischen Zeit (**Abb.** **272**). Auch auf **Abb.** **273** scheinen die Schlangen noch durchaus positive Bedeutung zu haben, wenn der Akzent im Vergleich zu den **Abb.** **271-272** auch Richtung Heroentum verschoben ist. **Abb.** **274** entzieht sich einer eindeutigen Interpretation.

In der frühdynastischen Glyptik tritt stärker der kämpferische Aspekt in den Vordergrund, der ursprünglich im Dienst der Herden steht (**Abb.** **275-**

276). Als Herr der Schlangen wird aber auch der nackte lockige Held als Türhüter dargestellt (**Abb. 277-279**). Der Herr der Schlangen demonstriert durch die Schlangen in der Hand, wie z.B.auf einem viel jüngeren zyprischen Fensterrahmen (**Abb. 280**), dass er in der Lage ist, die gefährlichen Kriechtiere in Schach zu halten.

Die Krankheiten bringende Dämonin Lamaschtu stellt ein Zerrbild, eine Perversion der Qedeschet dar. Statt auf dem königlichen Löwen steht sie auf einem Steppen-Onager, statt in der Gestalt einer jungen Frau zu erfreuen, erschreckt sie durch ihre Mischgestalt aus Raubvogelkrallen, Frauenleib und Löwengesicht mit aufgerissenem Rachen und Hörnern. An ihren Hängebrüsten saugen ein Schwein und ein Hund (**Abb. 281, 283-284**). Die Schlangen in ihren Händen, zu denen kein Lotus ein Gegengewicht bildet, flössen wie ihre ganze Erscheinung Angst und Schrecken ein und haben nichts Faszinierendes.

So kann die Schlange als aspektreiches Geschöpf je nach Zusammenhang Numinosität eines Ortes, Schutz, Vitalität, vor allem im sexuellen Bereich, oder negativ Bedrohung des Kosmos oder individuellen Lebens, hinterhältige Krankheit und Tod bedeuten.

Das alles lässt sich aus dem synchronen Bildzusammenhang und der diachronen Bildtradition ohne die Hilfe von Texten gewinnen. Dabei soll der Rekurs auf Texte keineswegs grundsätzlich abgelehnt werden. Es geht vielmehr darum, dem Recht der Bilder stattzugeben, ernsthaft angeschaut zu werden, ehe ihr Zeugnis mit dem der Texte verglichen und die aus den Bildern gewonnenen Vorstellungen bestätigt, falsifiziert, präzisiert oder ergänzt werden. Nur so kann ein möglichst dichtes und objektives Bild einer Kultur gewonnen werden.

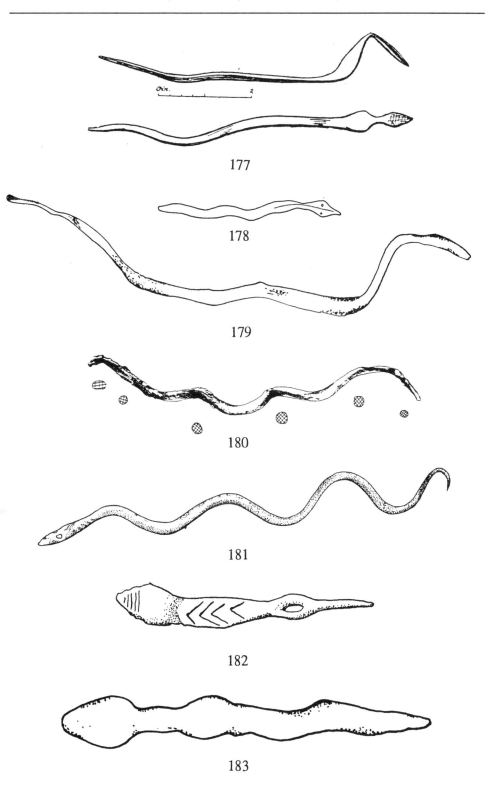

177

178

179

180

181

182

183

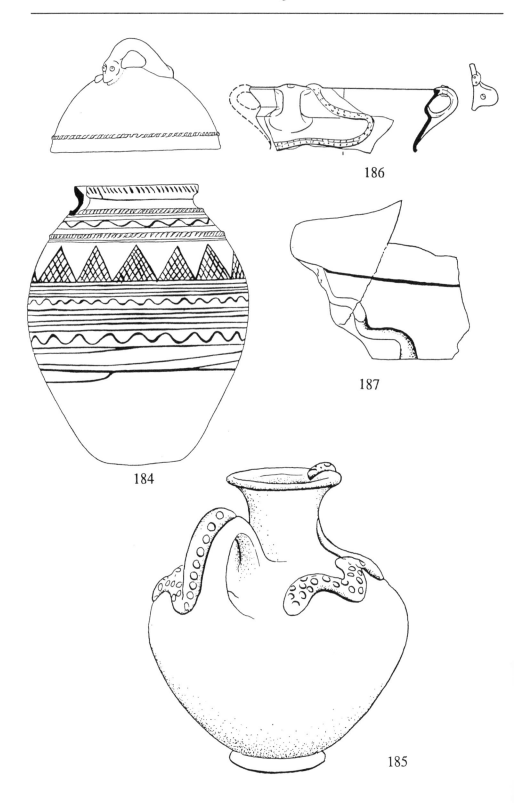

186

187

184

185

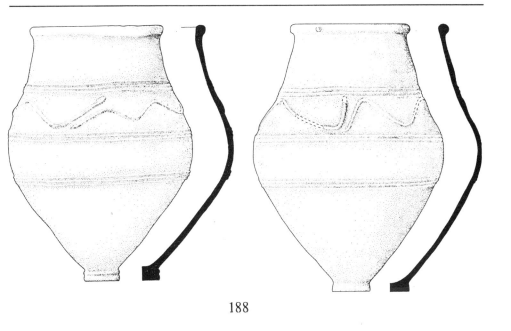

188

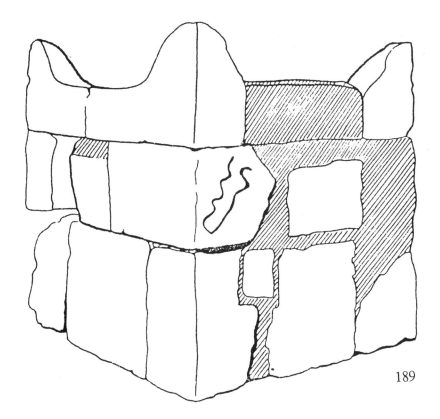

189

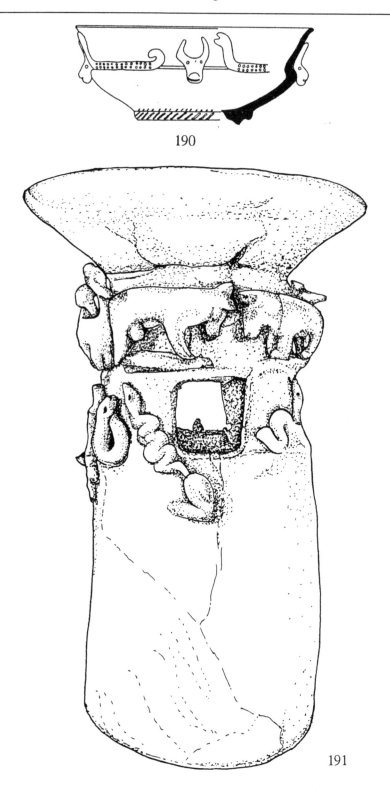

190

191

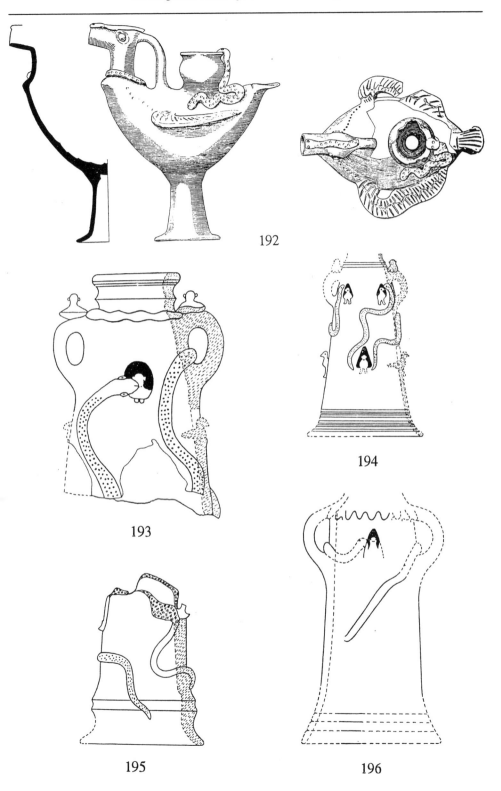

192

193

194

195

196

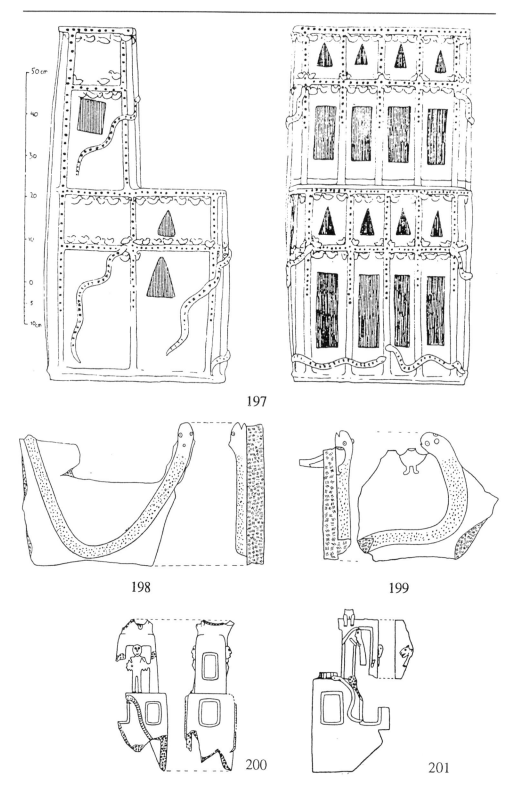

197

198

199

200

201

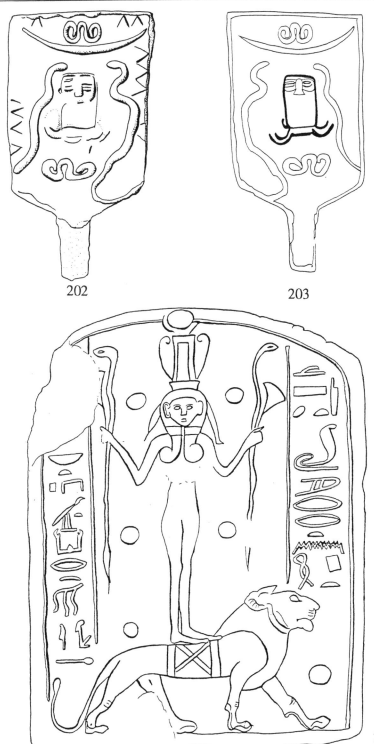

202

203

204

206

205

207

208

209

209a

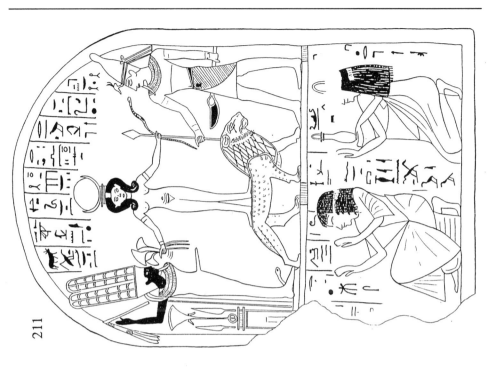

211

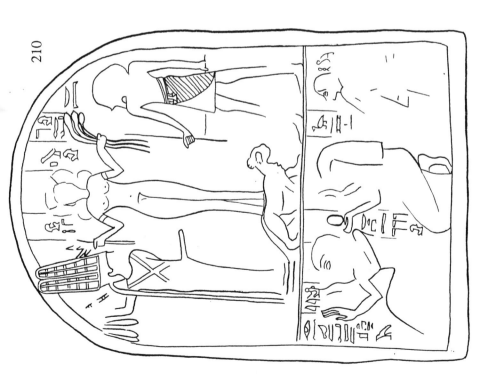

210

212

213

215

214

216

217

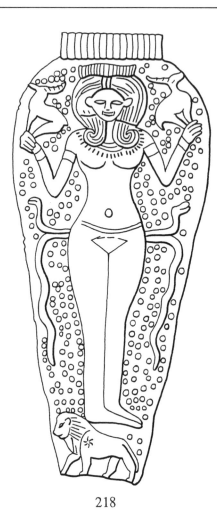

218

219

220

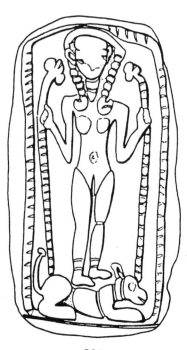

221

222 223 224

225 226 227

228

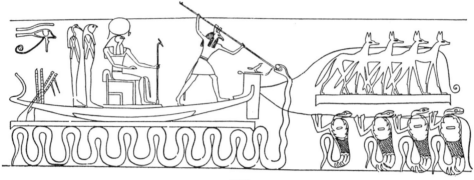

229

230

a

230b

c

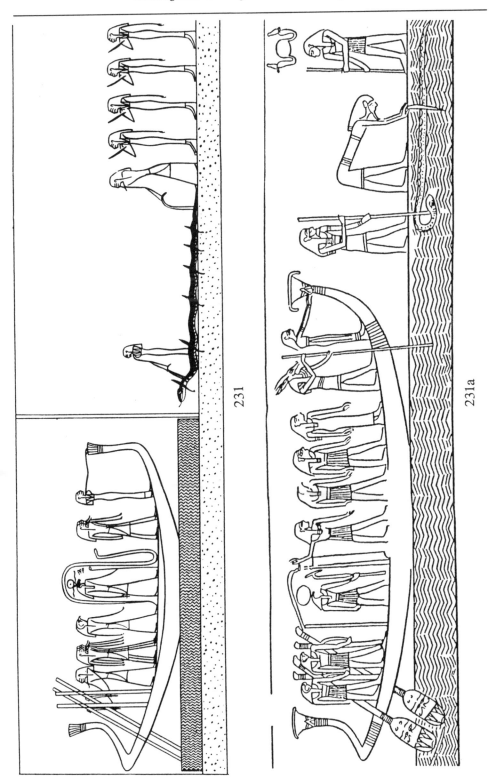

231

231a

232

233

234

235

236

237

237a

238

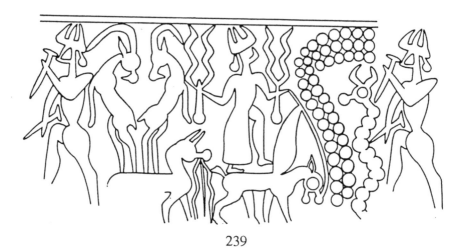

239

240

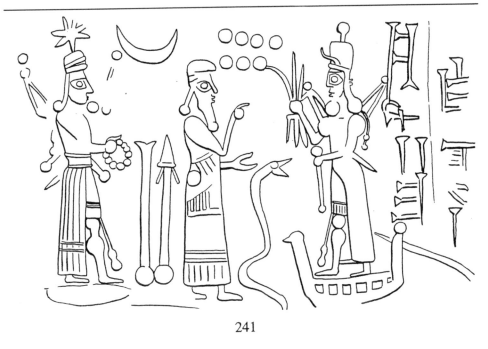

241

242

243

244

245

246

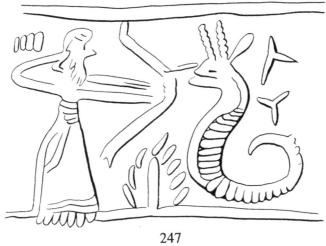

247

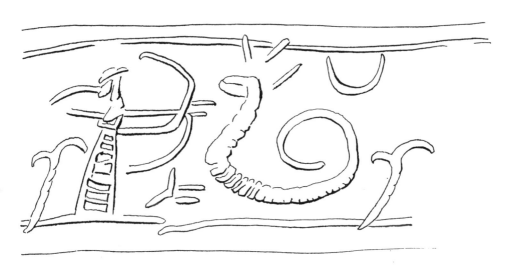

248

249

250

251

252

253

254

255

256

257   258   259

260

261

261a

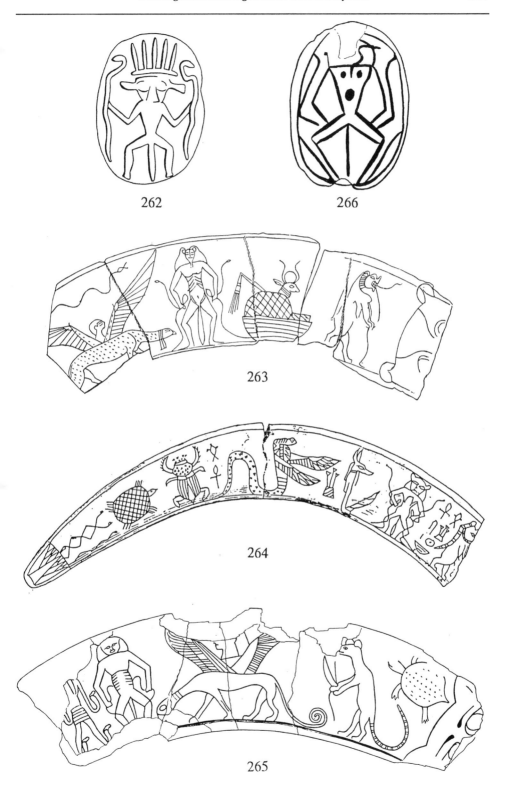

262

266

263

264

265

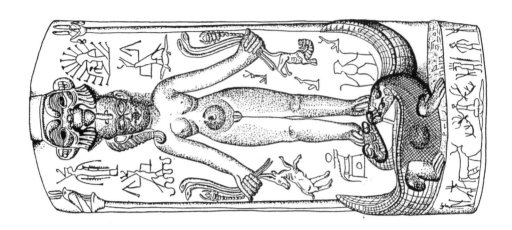

268

267

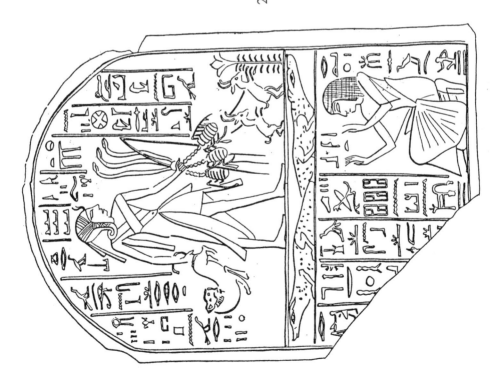

269

270

271

272

274

275

273

276

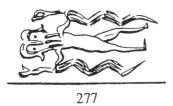

277

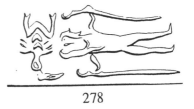

278

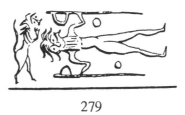

279

280

281

282

284

283

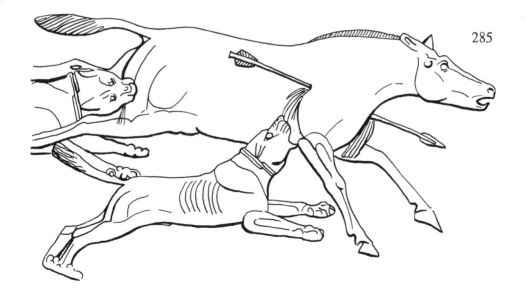

285

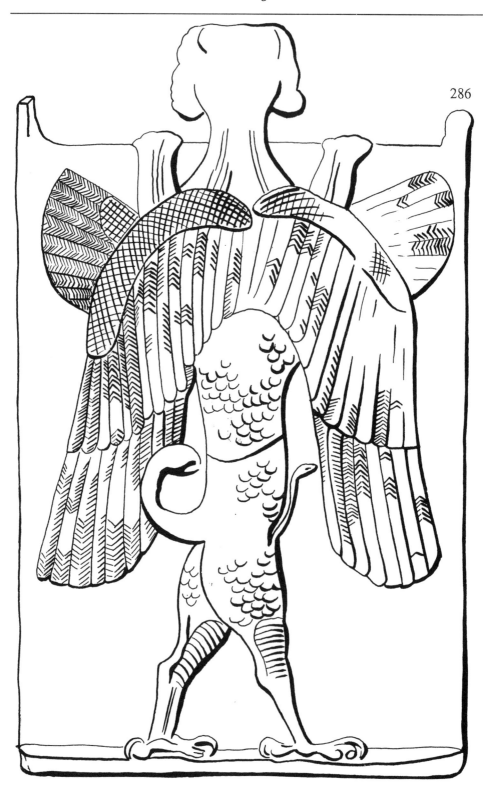

286

APPENDIX: METHODEN-SCHEMATA[*]

Wie die in KAEMMERLING (1979) zusammengestellten Beiträge eindrücklich zeigen, wird die ikonographisch-ikonologische Arbeit in unserem Jahrhundert weitestgehend von einem Methoden-Schema beherrscht, das seinen klassischen Ausdruck in drei programmatischen Arbeiten von E. PANOFSKY gefunden hat:

— Zum Problem der Beschreibung und Inhaltsdeutung von Werken der bildenden Kunst, in: Logos 21 (1932) 103-119 = E. PANOFSKY, Aufsätze zu Grundfragen der Kunstwissenschaft. Zusammengestellt und herausgegeben von H. OBERER und E. VERHEYEN, Berlin 1964, 85-97 = KAEMMERLING 1979: 185-206.

— Introductory, in: DERS., Studies in Iconology. Humanistic Themes in the Art of the Renaissance, New York 1939, 3-31 = E. PANOFSKY, Ikonographie und Ikonologie. Eine Einführung in die Kunst der Renaissance, in: DERS., Sinn und Deutung in der bildenden Kunst (Meaning in the Visual Arts) (Dumont -Taschenbücher 33), Köln 1978, 36-67.

— Iconography and Iconology: An Introduction to the Study of Renaissance Art, in: Meaning in the Visual Arts, Garden City New York 1955 und Gloucester Mass. 1957, 26-41 = KAEMMERLING 1979: 207-225.

Die drei Fassungen werden diskutiert von L. DITTMANN, Zur Kritik der kunstwissenschaftlichen Symboltheorie, in: KAEMMERLING 1979, 329-352; von E. KAEMMERLING, Panofskys Methode der Bedeutungsanalyse gegenständlicher Kunst im Aufbau und ihren Entwicklungsstadien, in: DERS. 1979: 496-501; und von R. HEIDT, Erwin Panofsky – Kunsttheorie und Einzelwerk (Dissertationen zur Kunstgeschichte 2), Köln-Wien 1977, bes. 227-286.

Schema Nr. 1 stellt das Anliegen dieser drei Aufsätze tabellarisch dar. Die Begrifflichkeit der Fassung von 1932 ist in Klammern gesetzt; die Fassungen von 1939 und 1955 differieren nur sehr geringfügig.

DITTMANN (a.a.O.) und PÄCHT (1977 passim) haben vor allem an PANOFSKYs Begriff der "vitalen Daseinserfahrung" Kritik geübt. Kultur sei des Menschen zweite Natur. Die Kritik greift aber nicht so richtig, insofern PANOFSKY lange vor DITTMANNs und PÄCHTs Kritik in seiner zweiten Fassung die "vitale Daseinserfahrung" durch "praktische Erfahrung" ersetzt hat und diese (wie schon die "vitale Daseinserfahrung") durch das Korrektiv-

[*] Ich danke Ch. Uehlinger für seine Mithilfe bei der Ausarbeitung der Methoden-Schemata.

prinzip der "Stil-Geschichte" ergänzte. Damit scheint mir der kulturellen Formung jeder menschlichen Erfahrung und ihrer Spiegelung im Bild Rechnung getragen. Bei aller kulturellen Prägung ist aber auch nicht zu vergessen, was D. FREEDBERG neulich mit folgenden Worten in Erinnerung gerufen hat: "We proceed in the belief that however much we intellectualize...there still remains a basic level of reaction [sowohl bei der Produktion, wie bei der Rezeption von Kunstwerken oder besser von Bildern] that cuts across historical, social, and other contexual boundaries. It is at precisely this level – which pertains to our psychological, biological, and neurological status as members of the same species – that our cognition of images is allied with that of all men and women...The history of art is thus subsumed by the history of images...The history of images takes its own place as a central discipline in the study of men and women [als Teil der Kulturgeschichte]; the history of art stands, now a little forlornly, as a subdivision of the history of cultures" (1989: 22f). Selbst GOMBRICH, der in seinem berühmten Werk "Art and Illusion" (⁵1977) die Künstlichkeit der Bildzeichen sehr stark betonte, hat in seiner Studie von 1981 vor einer Übertreibung dieses Aspekts gewarnt und auf die Bedeutung klarer Einsichten in den Zusammenhang zwischen Referent und Signifikant für die Bedeutung (Signifikat) gegenständlicher Bilder aufmerksam gemacht. Das Bild eines Löwen oder eines Fisches oder einer nackten Frau haben nicht selten die gleiche Bedeutung und wecken ähnliche oder gar die gleichen Emotionen und Reaktionen wie ein Löwe, ein Fisch oder eine nackte Frau selber. Die Eingliederung der Bilder letzterer in die literarische Tradition durch Titel wie "Bathseba", Susanna" oder "Venus" trägt oft gar nichts zum Verständnis des Bildes bei, und ist nur insofern interessant als sie zeigt, dass eine Aktdarstellung in einer bestimmten Gesellschaft des Umwegs über diese (literarisch-intellektuellen) Traditionen bedurfte, um gesellschaftsfähig zu werden.

Viel nachhaltigere und grundsätzlichere Kritik als die "vitale Daseinserfahrung" hat der zweite Schritt in Panofskys Methodenschema erfahren. Schon 1962 kritisierte K. BADT: "Isoliert betrieben stellt die Ikonographie gegenüber der echten Kunstbetrachtung, Geschichte wie Kritik, nur einen Rückfall in die Interessiertheit am bloss Gegenständlichen dar, die im Gegensatz zu früheren Zeiten nicht naiv beschreibt, sondern sich philologischer Mittel bedient um zu erklären. Die Sphäre des Künstlerischen, des schöpferischen Geistes, der sich in der Darstellung betätigt, erreicht die Erklärung des Stofflichen [gemeint ist: des Stoffes bzw. der Stoffe im Sinne des Gegenstandes, des Inhalts] niemals" (222). M. IMDAHL möchte deshalb die auf PANOFSKY zurückgehende Ikonographie und Ikonologie durch die auf die spezifische Eigenleistung des Bildes gerichtete Betrachtungsweise der Ikonik ergänzen. Diese versucht dem Bildcharakter des Bildes gerecht zu werden und bewusst zu machen, "dass die Malerei selbst eine durch nichts anderes zu substituierende 'Sprache' ist, dass sie eine durch nichts anderes zu substituierende Erfahrung eröffnet" (1980: 14). IMDAHL weist darauf hin, wie eingeschränkt PANOFSKYs Form- und Kompositionsbegriff (mindestens in seinem Methodenschema) ist (ebd. 89). "Nach der Auffassung PANOFSKYs ist Form ein Zeichen, wie ebenso Buchstaben oder Zahlen Zeichen sind. Eine über das mitgebrachte Vorwissen und Identifikationsvermögen hinausführende Perspektive enthält PANOFSKYs Formbegriff [hier jedenfalls] nicht: Entweder man erkennt nichts, oder doch nur schon Bekanntes. Es entfallen sämtliche visuellen Evidenzen, die über das bloss erinnernde, wiedererkennende Gegenstandssehen hinaus sind und, sozusagen als zukunftsoffene Neuerfahrungen, einem sehenden Sehen offenbar werden" (ebd. 90 und vgl. 129f mit Anm. 95).

Ich möchte einen solchen Offenbarungscharakter der Bildkunst, ohne ihn zu bestreiten, nicht in Anspruch nehmen und die Gefahr der Mystifizierung vermeiden. Richtig aber ist, dass das Methodenschema PANOFSKYs der Komposition, der Syntax nicht das nötige Gewicht gibt und im Anschluss an die Identifizierung der einzelnen "Vokabeln" gleich nach dem zugrundeliegenden (literarischen) Text sucht. Aber auch IMDAHL ist im Grunde nie über diese Position PANOFSKYs hinausgekommen. Noch in seinem letzten, postum erschienenen Aufsatz behauptet er lapidar: "Das Fundierende ist die textuelle Narration, das Fundierte das Bild" (1989: 170). IMDAHL spricht hier zwar im Kontext von Bibelillustrationen, aber seine Aussage zielt unverkennbar ins Grundsätzliche, wenn er weiter sagt: "Einerseits ist nicht zu bezweifeln, dass das Bild auf Texten, d.h. auf sprachlicher Narration, beruht und deren notwendige Sukzessivität in evidente, jegliche chronologische Differenzierung ausschliessende Simultaneität verwandelt. Eben diese szenische Simultaneität ist hier eine Bedingung des Bildsinns. Andererseits aber ist der Nachweis dieses so bedingten Bildsinns selbst ein Akt der Sprache, wie die Interpretation eines jeden Bildes an Sprache, an sukzessive Beschreibung und mehr noch an sukzessive Argumentation gebunden bleibt" (1989: 177). Das Bild hinkt so gleichsam auf der Sprache, wie auf zwei Krücken daher. Die erste Krücke ist allerdings eine aus der jüdisch-christlichen Tradition erwachsene, unzulässige Verallgemeinerung (vgl. Kapitel I und II). Die zweite erhebt die etwas esoterische akademische Rezeption von Bildern zur einzig möglichen (vgl. dazu FREEDBERG).

Auch IMDAHLs leicht modifiziertes Methodenschema verstösst gegen eine Grundregel der Komparatistik, die verlangt, jedes Zeugnis zuerst in seinem eigenen (beim Bild vor allem durch die Motivkombination und die Komposition ausgedrückten) Anliegen wahrzunehmen und dieses Anliegen dann synchron und diachron innerhalb seiner eigenen Tradition zu situieren. Der zweite Punkt kommt in PANOFSKYs Schema im Korrektivprinzip der Typen-Geschichte zum Zug, der erste aber wird vernachlässigt.

Seiner Wahrnehmung steht die bekannte massive europäische Tradition der Überbewertung der Sprache und der Abwertung der Bilder im Wege. So behauptet etwa S. LANGER in ihrem sehr einflussreichen Buch "Philosophy in a New Key", das Medium "Bild" hätte im Gegensatz zur Sprache "no vocabulary" (^{3}1957: 95). Ihre ganze Argumentation beruht aber auf der falschen Annahme, einzelne Linien, einzelne Farbflecken seien Äquivalente von Wörtern bzw. könnten das eben nicht sein. Das sprachliche Äquivalent einer einzelnen Linie, eines einzelnen Farbflecks aber ist nicht das Wort, sondern der einzelne Laut, der einzelne Buchstabe und die machen so wenig Sinn wie einzelne Linien und Farbflecken. Jeder Bildwörterduden demonstriert, dass Wörter durchaus ikonische Äquivalente haben und diese Wörter durch bestimmte Zusammenstellungen, durch Syntax zu aussagekräftigen Gebilden werden können. Durch Über- und Unterordnung, durch Parallelismen, Antithesen und ähnliche Konfigurationen werden die einzelnen Elemente Teile von Aussagen. Einzelne Elemente können dabei metaphorische Bedeutung verschiedenster Art erhalten, so etwa die Schlange im ägyptischen Bilde vom Sonnenlauf.

Die Kombination und Komposition, in der eine Schlange, ein Stier oder eine Taube erscheinen, sagen Wesentliches über die Bedeutung aus, die ihnen eine bestimmte Kultur gegeben hat. Dabei kann diese Bedeutung innerhalb einer aspektivischen Darstellungsweise eher locker assoziativ mehrdeutig oder innerhalb einer perspektivischen zwingender und eindeutiger sein.

Am wenigsten Kritik hat PANOFSKYs dritter Schritt erfahren. Es handelt sich um den Platz, den ein bestimmtes Thema im Gesamten einer Kultur einnimmt. Während die Ikonographie analog zur Geographie gleichsam die Oberflächenstruktur beschreibt, versucht die Ikonologie analog zur Geologie, die die Tiefenstrukturen und die erdgeschichtlichen Vorgänge darstellt, die ihnen zugrunde liegen, die kulturellen, mentalitätsgeschichtlichen Kräfte zu benennen, die zur Aufnahme oder Verwerfung bzw. zur Veränderung und besonderen Ausgestaltung eines Bildthemas geführt haben. Der Platz, den ein Bildthema im Gesamten einer Kultur einnimmt, lässt sich zu einem guten Teil aus seiner "topographischen" Position, seinem "Sitz im Leben" ablesen. Werden bestimmte Themen in kostbaren Materialien ausgeführt, haben sie ihren Platz in den Machtzentren der Gesellschaft oder überleben sie nur in der Peripherie? Solche und ähnliche Fragen und Beobachtungen führen zu Erkenntnissen über Konstellationen, an denen sich eine Gesellschaft orientiert, wofür sie Zeit, Energie und Geld eingesetzt oder wofür sie sich nicht interessiert hat. Natürlich kann das Bild einer Kultur nicht aufgrund des Zeugnisses eines Mediums (z.B. der Ikonographie) rekonstruiert werden. Ergänzend zum Zeugnis der Bilder muss das der Texte, der zivilisatorischen Hinterlassenschaften (Gebrauchsgegenstände) etc. studiert werden. Unter diesen verschiedenen Zeugen und Zeugnissen kommt den Bildern aber ein eigener Platz zu, der zwar in Relation zu andern Zeugnissen bestimmt werden muss, aber nicht a priori durch sie beeinträchtigt werden darf.

Schema Nr. 2 versucht, die wichtigsten (nicht alle) Aspekte aufzulisten, die bei einer Bildinterpretation berücksichtigt werden müssen, und zwar einer Bildinterpretation, die dem Anliegen der Bilder als solcher gerecht zu werden versucht, ehe sie das Zeugnis des Bildes mit anderen, z.B. literarischen Zeugnissen aus dem gleichen Raum in Beziehung setzt. Im Vergleich zu BÄTSCHMANNs "Grossem abstrakt-realem Bezugssystem der Auslegung von Bildern" (1984: 156-165, bes. 157) wirkt unser Schema einfach. Mit seiner Hierarchie-Kritik gehen wir durchaus einig. Das Oben und Unten, das Vorher und Nachher unseres Schemas basiert nur auf der Parallelisierung mit dem Schema PANOFSKYs, die den geringen, aber uns wichtigen Unterschied verdeutlichen soll. Das durch dieses Schema suggerierte 1, 2, 3 des Vorgehens ist für uns rein konventionell. Jeder einzelne Aspekt der Wahrnehmung und Reflexion steht in vielfältiger Beziehung mit jedem andern und die Reihenfolge spielt keine Rolle. Es können uns durchaus zuerst die Anbringung einer bestimmten Komposition an einem bestimmten Ort beschäftigen, dann gewisse Details der Komposition und die Beziehung dieser Signifikanten zum Referenten, dann ihre Beziehung zum Anbringungsort und erst dann die Komposition als Ganzes usw. Der Hauptunterschied zu BÄTSCHMANNs Schema besteht in der Zielsetzung. Uns interessiert altorientalische Kunst als Teil der altorientalischen Kulturen und besonders ihrer Religionen. BÄTSCHMANN will eine Auslegungshilfe für jegliche Art von Kunst bieten, von ägyptischer Grabkunst bis *action painting*. Dieses sehr weit gesteckte Ziel generiert ein eindrückliches, aber für unsere Bedürfnisse zu grosses und unhandliches Instrument.

Schema Nr. 1

	Gegenstand der Interpretation	Akt der Interpretation (fehlt im Schema von 1932)	Ausrüstung für die Interpretation (Subjektive Quelle der Interpretation)	Korrektivprinzip der Interpretation: Tranditionsgeschichte (Objektives Korrektiv der Interpretation)
1	*Primäres oder natürliches Sujet* – (A) tatsachenhaft, (B) ausdruckshaft –, das die Welt *künstlerischer Motive* bildet (Phänomensinn, zu teilen in Sach- und Ausdrucksinn)	*Vor-ikonographische Beschreibung* (und pseudo-formale Analyse)	*Praktische Erfahrung:* – Vertrautheit mit *Gegenständen* und *Ereignissen* – (Vitale Daseinserfahrung)	*Stil*-Geschichte: – Einsicht in die Art und Weise, wie unter wechselnden historischen Bedingungen *Gegenstände* und *Ereignisse* durch *Formen* ausgedrückt wurden (Gestaltungsgeschichte; Inbegriff des Darstellungsmöglichen)
2	*Sekundäres oder Konventionales Sujet*, das die Welt von *Bildern, Anekdoten* und *Allegorien* bildet (Bedeutungssinn)	Ikonographische Analyse (im engeren Sinn [1939])	*Kenntnis literarischer Quellen:* Vertrautheit mit bestimmten *Themen und Vorstellungen* (Literarisches Wissen)	*Typen*-Geschichte: Einsicht in die Art und Weise, wie unter wechselnden historischen Bedingungen bestimmte *Themen oder Vorstellungen* durch *Gegenstände* und *Ereignisse* ausgedrückt wurden (Typengeschichte; Inbegriff des Vorstellungsmöglichen)
3	*Eigentliche Bedeutung* oder *Gehalt*, der die Welt *"symbolischer" Werte* bildet. (*Dokumentsinn* bzw. *Wesenssinn*)	*Ikonographische Interpretation in einem tieferen Sinn Ikonographische Synthese* (1939) *Ikonologische Interpretation* (1955)	*Synthetische Intuition:* Vertrautheit mit den *wesentlichen Tendenzen des menschlichen Geistes:* geprägt durch persönliche Psychologie und *"Weltanschauung"* (*Weltanschauliches Urverhalten*)	Geschichte kultureller *Symptome* oder *"Symbole"* allgemein: Einsicht in die Art und Weise, wie unter wechselnden historischen Bedingungen wesentliche *Tendenzen des menschlichen Geistes* durch bestimmte *Themen und Vorstellungen ausgedrückt wurden* (Allgemeine Geistesgeschichte; Inbegriff des weltanschaulich Möglichen)

Schema Nr. 2

Gegenstand der Interpretation	Hauptfrage	Methodische Schritte	Kontrolle und Wertung
Motiv (Bildelement, Ikonem)	Welches Phänomen stellt ein Motiv dar? Verhältnis zwischen Signifikant und Referent	Motivkritik, -geschichte (biologisch-transkulturell, kulturell gebundene Züge) ───── Darstellungskonvention (malerisch, linear; realistisch, schematisch-künstlich)	Technische Qualität (Frage nach dem Erhaltungszustand des Bildes, dem Können des Herstellers, der Technik)
Szene (Bildtyp, Thema, Ikon)	Wie werden Motive zu inhaltlichen Aussagen verbunden? Verhältnis zwischen Signifikat und Signifikant (Referent)	Themenkritik, -geschichte (kulturell oder transkulturell nachweisbare, aufgrund biologischer oder gesellschaftlicher Gegebenheiten stereotyp kombinierte Motive), synchrone und diachrone Parallelen und Varianten solcher Kombinationen ───── Komposition (Grössenverhältnisse, Zuordnungen, Formen und Farben, assoziative, aspektivische oder perspektivische Organisation der Bildfläche) ───── Ko-Text (mit welchen anderen Szenen wird eine Szene regelmässig kombiniert?)	Bildqualität (Original oder Kopie, Einheitlichkeit des Werkes, spätere Hinzufügungen, verschiedene Hände)
Dekoration (Ikontext)	Wo werden welche (Motive, Szenen) Dekorationen zu welchem Zweck angebracht? ───── Signifikat im Hinblick auf Produzenten und Rezipienten ───── Funktion und Sinn eines Bildes im Rahmen der Mentalitätsgeschichte	Dekorationskritik, -geschichte (mit welchen Dekorationen werden Bildträger wie Kirchen- oder Schlafzimmerwände, Grabsteine oder Siegel dekoriert) ───── Aufbau der Gesamtdekoration ───── Sitz im Leben des Bildes, bzw. Bildträgers (Kontext)	Dekorationsqualität (Frage nach der Eignung einer bestimmten Dekoration für einen bestimmten Standort)

QUELLENVERZEICHNIS ZU DEN ABBILDUNGEN

Die Illustration ist dem mit einem * bezeichneten Werk entnommen. Zwei **
bedeuten, dass die Umzeichnung von Frau Hildi Keel-Leu, drei ***, dass sie
von Ines Haselbach gemacht worden ist.

Tierkampfszenen

1   LAJARD 1847: Pl. XXVII,9*; BOEHMER 1965: Abb. 7; ORTHMANN 1975: Abb.
    132g.
2   LAJARD 1847: Pl. XIII, 7*; COLLON 1982: Pl. XIII,98.
3   LAJARD 1847: Pl. XIX,6; BOEHMER 1965: Abb. 236; COLLON 1982: Pl.
    XV,114**.
4   SMITH 1876: 239*; COLLON 1982: Pl. XVI,117.
5   MÉNANT 1883: 94 Fig. 52*; BOEHMER 1965: Abb. 24; ORTHMANN 1975: Abb.
    134a.
6   CURTIUS 1912: 6 Abb. 2*.
7   BOEHMER 1965: Abb. 232**; ORTHMANN 1975: Abb. 135c.
8   LAJARD 1847: Pl. XXXV,7*; HEIDENREICH 1925: 13 Abb. 3; BOEHMER 1965:
    Abb. 280.
9   MOORTGAT 1940: Nr. 243; BOEHMER 1965: Abb. 274**.
10 WISEMAN 1962: Pl. Ib (BM 119308)**.
11 DELAPORTE 1910: Pl. 1,2; AMIET ^{2}1980: Fig. 412*.
12 VON DER OSTEN 1934: Nr. 695; SEIBERT 1969: 61 Abb. 50*; AMIET ^{2}1980: Fig.
    602.
13 ORTHMANN 1975: Taf. 72 a-b; BOEHMER 1975: Abb. 6*; AMIET ^{2}1980: Fig. 617.
14 MOORTGAT 1949: 14 Abb. 21*; ORTHMANN 1975: Taf. 73; AMIET ^{2}1980: Fig.
    616.
15 DELAPORTE 1923: Pl. 43,8 Nr. S.335; AMIET ^{2}1980: Fig. 585*.
16 FRANKFORT 1955: Nr. 800; KARG 1984: Taf. 3,1*.
17 FRANKFORT 1955: Nr. 801; KARG 1984: Taf. 3,9*.
18 FRANKFORT 1955: Nr. 799; KARG 1984: Taf. 14,8*.
19 KARG 1984: Taf. 7,4*.
20 Ebd. Taf. 5,3*.
21 Ebd. Taf. 6,11*.
22 Ebd. Taf. 5,5*.
23 LEGRAIN 1936: Pl. 12,241*; KARG 1984: Taf. 2,5.
24 Ebd. Taf. 7,7*.
25 Ebd. Taf. 8,1*.
26 LEGRAIN 1936: Pl. 15,294*; KARG 1984: Taf. 8,14.
27 FRANKFORT 1939: Pl. XII a; AMIET ^{2}1980: Pl. 77bis Nr. N*.
28 FRANKFORT 1939: Pl. XII c; ORTHMANN 1975: Abb. 131i; AMIET ^{2}1980: Fig.
    1034*.
29 FRANKFORT 1939: Pl. XIII f; AMIET ^{2}1980: Fig. 1046*.
30 FRANKFORT 1939: Pl. XIII a; AMIET ^{2}1980: Fig. 1076*; COLLON 1987: 30 Fig.
    84.

31 BOEHMER 1965: Abb. 14 a**.
32 Ebd. Abb. 69*.
33 Ebd. Abb. 300**.
34 Ebd. Abb. 58**.
35 Ebd. Abb. 166**
36 Ebd. Abb. 197**.
37 Ebd. Abb. 158*.
38 Ebd. Abb. 237**.
39 SMITH 1876: 283*; BOEHMER 1965: Abb. 501; COLLON 1982: Abb. 191.

Baumgöttinnen

40 HORNUNG 1982: 94f Abb. 62; WINTER [2]1987: Abb. 460*.
41 KISCHKEWITZ et al. 1985: 62 Nr. 122**.
42 DAVIES 1930: Pl. 45B (Text) und 46 (Bild)*.
43 DESROCHES-NOBLECOURT 1986: 46**.
43a Photo Schott 4268; vermittelt von Prof. E. Winter, Trier.
44 EDEL/WENIG 1974: Taf. 7*.
45 DAVIES 1900: Pl. 10, 178.186.192*.
46 HALL 1925: Pl. 23*.
46a DAVIES 1923: Pl. 56*.
47 DAVIES 1917: Pl. 8*.
47a WINTER [2]1987: Abb. 461*.
48 BRACK/BRACK 1977: Taf. 41**.
49 WRESZINSKI 1923: Taf. 222**.
50 DAVIES/GARDINER 1936: Pl. 69 (Ausschnitt)**.
51 HASSIA/LHOTE 1954: Fig. 153; KEEL 1977: 301 Abb. 233*.
51a NIWINSKI 1989: 134 Fig. 18* und Pl. 25c.
51b BRUYERE 1952: Pl. 7**.
51c BRUNNER-TRAUT/BRUNNER/ZICK-NISSEN [4]1984: 58f*.
52 DAVIES 1933: Pl. 40*.
53 DAVIES/GARDINER 1948: Pl. 34*.
54 ASSMANN 1991: Taf. 40* und Taf. LI,LVb.
55 DAVIES 1927: Pl. 10*.
56 DAVIES/GARDINER 1948: Pl. 29*.
57 HASSIA/LHOTE 1954: Fig. 138; KEEL [4]1984: 331 Abb. 479*.
58 THAUSING/KERSZT-KRATSCHMANN 1969: Taf. 1 Szene 4**.
59 NAVILLE 1886: Pl. 23*; HORNUNG 1979: 133.
60 BRUYERE 1926: 148f Fig. 99**.
61 MARTIN 1987: Pl. 32*.
62 BRESCIANI 1985: 71 Fig. 24*, 163 Tav. 35.
63 VANDIER D'ABBADIE 1954: Pl. 32*.
64 BRUYERE 1925: Pl. 11/1; SCHÄFER 1935: 24 Abb. 6*.
65 NAVILLE 1886: Pl. 75*; HORNUNG 1979: 140.
66 VIREY 1910: 243 Fig. 16*.
66a DONDELINGER 1979: Pl. 16; ROSSITER 1989: 46**.
67 WILD 1979: Pl. 23*; HUGONOT 1989: 199 Fig 172.

68　STEINDORFF/WOLF 1936: Taf. 13b; HUGONOT 1989: 201 Fig. 177*.
69　CRAMER 1936: Taf. 7 oben links; SEIPEL 1983: 144f Nr. 83; BRUNNER-TRAUT/
　　BRUNNER/ZICK-NISSEN [4]1984: 124f Nr. 99; KISCHKEWITZ et al. 1985: 112f Nr.
　　151**.
70　BORCHARDT 1897: 45 Abb. 72**; CRAMER 1936: Taf. 7 oben rechts.
71　KEIMER 1929: Pl. 1**.
72　WILDUNG [2]1976: 109ff Nr. 76a**.
73　FOUCART/BAUD/DRIOTON 1932: Pl. 20*; HUGONOT 1989: 202 Fig. 178.
74　ROSELLINI 1834: Tav. 134,1*; CHAMPOLLION 1845: Pl. 184.
75　DAVIES/GARDINER 1948: Pl. 35 [top]*.
75a　STARKEY/HARDING 1932: Pl. 58*.
76　ROSELLINI 1834: Tav. 134,3*; CHAMPOLLION 1845: Pl. 162.
77　WESTENDORF 1968: 191**; LECLANT 1980: 138 Abb. 125.
78　WRESZINSKI 1923: Taf. 114; FOUCART/BAUD/DRIOTON 1932: 37 Fig. 19*.
79　BRUYERE 1929: 87 Fig. 47**.
80　BRUYERE 1926: 186 Fig. 124*.
81　PRIESE 1991: 142 Nr. 86**.
82　LACAU 1926: Pl. 55*.
83　MURRAY 1917: 65**.
84　FOUCART/BAUD/DRIOTON 1928: 19 Fig. 13*.
85　VON BISSING 1924: 214 Abb. 2; BOSTICCO 1965: Pl. 48**.
86　MOFTAH 1965: 45 Abb. 7**; Photo M. Chuzeville, Musée du Louvre, Paris.
87　DARESSY 1909 Pl. 27*.
88　PIANKOFF/RAMBOVA 1957: Nr. 9 Szene 3; KEEL [4]1984: 166 Abb. 255*.
89　PIANKOFF/RAMBOVA 1957: Nr. 16 Szene 4**.
90　DARESSY 1909: Pl. 48 Ausschnitt**.
91　PIANKOFF/RAMBOVA 1957: Nr. 8 Szene 7**.
92　ENGLUND 1974: 51 Fig. 7**.
93　VIREY 1910: 241 Fig. 14*.
94　BRUYERE 1930: 275 Fig. 142*.
95　Turin Sarg Suppl. 7715 Ausschnitt; nach Photo des Autors**.
96　VIREY 1910: 242 Fig. 15*.
97　WINTER 1986: 68 Abb. 7**; KEEL 1986: 228 Abb. 132.

Taube
98　LOUD 1948: Pl. 245,18-19**.
99　BEN-DOR 1950: Pl. 12,10-12**.
100　ROWE 1940: 65 und Pl. 20,7-9.12* und Pl. 64A,1.
101　AMIRAN 1986: 84 Fig. 1B*.
102　BAR-ADON 1980: 24-28 Nr. 7; KEEL-KÜCHLER 1982: 406 Abb. 292*.
103　KENYON 1960: 496 Fig. 215,2*.
104　KEEL 1984: 147 Abb. 45*; BRETSCHNEIDER 1991: 204f Nr. 33.
105　VAN LOON 1983: 6; KEEL 1984: 147 Abb. 44*.
106　MOORTGAT 1967: 49f und Abb. 124**.

107 Unveröffentliches Rollsiegel aus der Sammlung des Biblischen Instituts der Universität Freiburg/Schweiz; Inventar-Nr. 113c; Masse: 21,6 x 9,3 mm; Material: Hämatit; altsyrisch, ca. 1850-1750**.
108 TEISSIER 1984: Nr. 565.
109 LOUD 1948: Pl. 160,3**.
110 PETRIE 1931: 8 und Pl. 21,114 und Pl. 24 Photo**.
111 LOUD 1948: Pl. 205,5**.
112 TUFNELL 1940: Pl. 21,44**; MCGOVERN 1985: 116 Nr. 91.
113 KEEL-LEU 1991: Nr. 137**.
114 TUFNELL 1953: Pl. 43,58*.
115 Ebd. 229ff und Pl. 28,2; KEEL 1984: 152 Abb. 55*.
116 FRANKEN/STEINER 1990: 128*.
117 WINTER [2]1987: Abb. 32-33*.
118 ZIFFER 1990: 11; KEEL/UEHLINGER 1992: 33 Abb. 16*.
119 PARROT 1960: 280f Abb. 346; KEEL [4]1984: 125 Abb. 191*.
120 YADIN 1960: 35 und Pl. 167*.
121 YEIVIN 1958: 98 und Pl. 11,1; KEEL 1984: 145 Abb. 41*.
122 ÖZGÜÇ 1965: Nr. 71; WINTER [2]1987: Abb. 268*.
123 KEEL [2]1984: 327 Abb. 475a*.
124 MATTHIAE 1969: Abb. 1* und Pl. 1 und 2.
125 COLLON 1975: Nr. 12*.
126 PLATON 1968: Pl. 108**.
127 VON DER OSTEN 1957: Nr. 306; WINTER [2]1987: Abb. 289*.
128 EMRE 1971: Pl. 11,4a-b; WINTER [2]1987: Abb. 290*.
129 MARINATOS/HIRMER [3]1976: Taf. 227 unten links; KEEL/WINTER 1977: 75 Abb. 28*.
130 KEEL/UEHLINGER 1990: 40 Abb. 38; WINTER [2]1987: Abb. 283*.
131 DELAPORTE 1923: PL. 97,1 Nr. A. 929; KEEL 1984: 148 Abb. 47*.
132 PORADA 1948: Nr. 968; WINTER [2]1987: Abb. 301*.
133 MCEWAN/KANTOR 1958: 78f und Pl. 73,44*; KEEL 1984: 150 Abb. 51.
134 PETRIE 1931: 7 und Pl. 13,33; PARKER 1949: Nr. 9; KEEL/UEHLINGER 1992: 51 Abb. 41*.
135 PRZEWORSKI 1926: 172 Fig. 1; gezeichnet nach einem Abdruck des Museums in Krakau**.
136 BOROWSKI 1981: 257 Nr. 209**.
137 KEEL 1986: 74f Abb. 30*.
138 DELAPORTE 1923: Pl. 96,12b Nr. A 914; WINTER [2]1987: Abb. 440*.
139 PORADA 1948: Nr. 1009**.

Stier

140 STAGER 1991: 25***.
141 DUNAND 1937: Pl. 58,2059; CHOURAQUI 1982: 439***.
142 STAGER 1991: 29***.
143 ÖZGÜÇ 1980: 90 Fig. III-5a**.
144 ÖZGÜÇ 1965: Nr. 58**.

145 PRITCHARD 1954: Nr. 616; AKURGAL/HIRMER 1961: Taf. 92; KEEL [4]1984: 212 Abb. 318*.

146 MAZAR 1982: 138 Fig. 3*.

147 YADIN 1961: Pl. 341; PRITCHARD1969: Nr. 832; KEEL/UEHLINGER 1992: 59 Abb. 45*.

148 PRITCHARD 1969: Nr. 828; SCHAEFFER 1966: 9 Fig. 5*.

149 DUNAND 1937: PL. 56,6499***.

150 Parrot 1956: 146 Fig. 87 und Pl. 56; SCHAEFFER 1966: 12 Fig. 9*.

151 ÖZGÜC 1965: Nr. 11; WINTER [2]1987: Abb.75*.

152 PORADA 1948: Nr. 510; WINTER [2]1987: Abb. 109*.

153 DELAPORTE 1910: Nr. 252; WINTER [2]1987: Abb. 85*.

154 DUNAND 1954: Pl. 61,9144; NEGBI 1976: 21f Fig. 26 Nr. 373; SEEDEN 1980: 42 Nr. 196 und Pl. 32,196*.

155 YADIN 1961: Pl. 324f*; PRITCHARD 1969: Nr. 835a-b.

156 LOUD 1948: Pl. 161,21; KEEL/UEHLINGER 1992: 45 Abb. 30*.

157 MOORTGAT 1940: Nr. 523; SAFADI 1974: Abb. 155*.

158 PORADA 1948: Nr. 967; WINTER [2]1987: Abb. 269*.

159 GORDON 1939: Nr. 38; WINTER [2]1987: Abb. 271*.

160 PORADA 1948: Nr. 942; WINTER [2]1987: Abb. 293*.

161 PETRIE 1932: Pl. 7,19; ROWE 1936: Nr. 527**.

162 LOUD 1948: Pl. 152,156; KEEL/UEHLINGER 1992: 93 Abb. 99*.

163 KOEFOED-PETERSEN 1948: Pl. 43; LEIBOVITCH 1944: 104 Fig. 12*; KEEL/SHUVAL/UEHLINGER 1990: 314f Fig. 89.

164 TUFNELL 1940: Pl. 18 und 18A*.

165 LOUD 1948: Pl. 204,3*.

166 SCHAEFFER 1956: 24f Fig. 32f*; COLLON 1987: 70f Nr. 310; KEEL/SHUVAL/UEHLINGER 1990: 193 Fig. 25.

167 PETRIE 1930: Pl. 35,389; KEEL/SHUVAL/UEHLINGER 1990: 191f Fig. 23*.

168 KEEL 1980a: 266f Nr. 9 und Pl. 88,9*; KEEL/SHUVAL/UEHLINGER 1990: 190-194 und Taf. 7,9.

169 MOORTGAT 1955: Taf. 67b**.

170 Ebd. 68a**.

171 PRITCHARD 1954: Nr. 501; BÖRKER-KLÄHN 1982: Nr. 125*.

172 LAYARD 1849: Pl. 14*.

173 BOTTA/FLANDIN 1849: Pl. 158; vgl. 57; MADHLOOM 1970: Pl. 10,1*.

174 KEEL 1984: Abb. 52*; KEEL/UEHLINGER 1990: 24f Abb. 13.

175 MOORTGAT 1940: Nr. 682; KEEL 1980: 123 Abb. 103*.

176 FRANKFORT 1939: Pl. 35g; KEEL 1980: 123 Abb. 102*.

Schlange

177 MACALISTER 1912: II 399 Fig. 488*.

178 YADIN 1961: Pl. 278, 20*; Pl. 339, 6.

179 LOUD 1948: Pl. 240, 1**.

180 STERN 1984: 123 Fig. 1*; Pl. 31,1.

181 ROTHENBERG 1988: Colour Pl. 11, 12; KEEL-KÜCHLER 1982: 303 Abb. 222*.

182 Yadin 1961: Pl. 339, 5**.

183 LOUD 1948: Pl. 240, 4**.
184 TUFNELL/WARD 1966: 169 Fig. 1*.
185 ZIFFER 1990: 124 Fig. 140**.
186 YADIN 1961: Pl. 196,13*; 313,13.
187 ROWE 1940: Pl. 70A, 5**.
188 BIRAN 1982: 27 Fig. 14*.
189 AHARONI 1974: 3f Fig. 1f; KEEL [4]1984: 340 Abb. 489 (nach Photo)*.
190 LOUD 1948: Pl. 22,11*; 121,2.
191 DUNAND 1937: Pl. 139***.
192 KENYON 1960: 402 Fig. 162*.
193 ROWE 1940: Pl. 14,1*; 58A,1-3.
194 Ebd. 1940: Pl. 57A, 3-4; PRITCHARD 1954: Nr. 585; GALLING [2]1977: 190*.
195 ROWE 1940: Pl. 16,2*; 59A,1-3.
196 Ebd. 1940: Pl. 16,3*; 60A,1-2.
197 ANDRAE 1922: Taf. 17,1*; GRESSMANN [2]1927: Nr. 443.
198 ROWE 1940: Pl. 14,5*.
199 Ebd. Pl. 16,8*.
200 Ebd. Pl. 17,1*; 57A,1-2; PRITCHARD 1954: Nr. 590; GALLING [2]1977: 190 Fig. 45,4 (stark ergänzt).
201 ROWE 1940: Pl. 17,2*; 56A,1 und 3.
202 YADIN 1960: Pl. 181; PRITCHARD 1969: Nr. 834; KEEL/KEEL-LEU/SCHROER 1989: 68 Abb. 46*.
203 TADMOR 1989: 87 Fig. 3**.
204 GRESSMANN [2]1927: Nr. 276; PRITCHARD 1954: Nr. 471**.
205 EDWARDS 1955: Pl. 4**.
206 Ebd. Pl. 3; WINTER [2]1987: Abb. 37*.
207 LEIBOVITCH 1937: 90 Fig. 7*.
208 GRESSMANN [2]1927: Nr. 271; PRITCHARD 1954: Nr. 472**.
209 LEIBOVITCH 1937: 89 Fig. 6*; HODJASH/BERLEV 1982: 131f Nr. 74.
209a Athen, National Archaeological Museum, Egyptian Collection 944; Photo des Museums.
210 JAMES 1970: 53f Nr. 2 und Pl. 42**.
211 TOSI/ROCCATI 1972: 102f; KEEL 1984: 134 Abb. 22*.
212 LEIBOVITCH 1961: 26 Fig. 1*.
213 HODJASH/BERLEV 1982: 133-135 Abb. 75**.
214 EMRE 1971: 56 Fig. 16*; 105 Nr. 15; Pl. 4,1a-b.
215 DELAPORTE 1923: Pl. 97,5 Nr. A. 933**.
216 SCHAEFFER-FORRER 1983: 59 Chypre A2*.
217 PRITCHARD 1954: Nr. 465; NEGBI 1976: 99 Fig. 118 Nr. 1700*; Pl. 54 Nr. 1700.
218 NEGBI 1976: 100 Fig. 119 Nr. 1701 (seitenverkehrt); Pl. 53 Nr. 1701; WINTER [2]1987: Abb. 42*.
219 MACALISTER 1912: III Pl. 221,9*.
220 GRANT 1929: 35**.
221 GIVEON 1991: 76 Fig. 110 [A]*.
222 TUFNELL 1953: 368 Pl. 43/43A,22; KEEL/SHUVAL/UEHLINGER 1990: 314 und 317 Fig. 91*.

223 Ebd. 314-317 Fig. 92 und Taf. 17,5*.
224 PETRIE 1930: Pl. 12,171; KEEL/SHUVAL/UEHLINGER 1990: 310-313 Fig. 85*.
225 CASSIRER 1959: 6f; KEEL/SHUVAL/UEHLINGER 1990: 312-314 Fig 86 (eigentlich Fig. 87)*.
226 Ebd. 309-311 Fig. 84 und Taf. 17,4**.
227 BESTE 1979: Nr. 182; KEEL/SHUVAL/UEHLINGER 1990: 313f Fig. 88*.
228 HUGHES et al. 1963: Pl. 421 unten*.
229 PIANKOFF/RAMBOVA 1957: Text Vol. 75 Fig. 54*; FORMAN/KISCHKEWITZ 1971: Abb. 50 (farbig).
230 HUGHES et al. 1963: Pl. 421 oben*; KEEL/SHUVAL/UEHLINGER 1990: 234f Fig. 56.
230a NAVILLE 1886: Taf. 9 Kapitel 7*; HORNUNG 1979: 48f.
230b Ebd. Taf. 20 Kapitel 15B III*.
230c Ebd. Taf. 53 Kapitel 39*; HORNUNG 1979: 107.
231 HORNUNG 1963: Taf. zur Siebenten Stunde, Mittleres Register*; HORNUNG 1982: 173 Abb. 142 (Farbig)
231a PIANKOFF/RAMBOVA 1954: Fig. 131 zwischen S. 392 und 393*; HORNUNG 1982: Abb. 144 (farbig).
232 PARROT 1960: Abb. 228; KANTOR 1966: Pl. 14/1*; PARROT 1974: Pl. 31; KEEL [4]1984: 39 Abb. 42.
233 EISEN 1940: Nr. 158; KEEL [4]1984: 42 Abb. 46*.
234 MENANT 1888: Nr. 295; WINTER [2]1987: Abb. 124*.
235 BOSSERT 1951: Nr. 852; COLLON 1987: Nr. 581; WINTER [2]1987: Abb. 201*.
236 WILLIAMS-FORTE 1983: 40 Fig. 8; Zeichnung nach Abdruck des Britischen Museums London**.
237 DELAPORTE 1923: Pl. 96,16 Nr. A. 918; WINTER [2]1987: Abb. 200*.
237a EISEN 1940: Nr. 159**.
238 PORADA 1984: 486 Ill. 1; BIETAK 1990: 15 Abb. 5; UEHLINGER 1990: 516 Abb. 1*.
239 PORADA 1947: Nr. 738; STEIN 1988: 194 Fig. 11*.
240 KEEL/UEHLINGER 1990: 42 Abb. 44**.
241 BUCHANAN 1966: NR. 632**.
242 AMIET 1977a: Pl. 102; UEHLINGER 1991: 71f Abb. 5*.
243 HROUDA 1962: Taf. 23,10**.
244 GRESSMANN [2]1927: Nr. 374a; COLLON 1987: Nr. 850**.
245 PORADA 1948: Nr. 688; KEEL [4]1984: 43 Abb. 48*.
246 KEEL/UEHLINGER 1990: 42 Abb. 46**.
247 MOORTGAT 1940: NR. 691; KEEL [4]1984: 43 Abb. 47*.
248 MOORTGAT 1940: Nr. 695**.
249 MACALISTER 1912: III Pl. 214,19*.
250 BUCHANAN 1966: Nr. 624***.
251 PARKER 1955: 103 und Pl. 15,2***.
252 BARNETT/MENDLESON 1987: 96 und Pl. 51,30.14/13***.
253 PENDLEBURY/JAMES 1962: 510 Nr. 510*.
254 PRITCHARD 1954: Nr. 670; BITTEL 1976: Abb. 279; KEEL [4]1984: 44 Abb. 50*.
255 KEEL/SHUVAL/UEHLINGER 1990: 317 Fig. 93*; KEEL-LEU 1991: Nr. 103.

256 VERCOUTTER 1945: Nr. 615; BOARDMAN 1982: 296 und Taf. 66,4**.
257 LODS 1934: 142 Fig. 2; KEEL/UEHLINGER 1992: 177 Abb. 182c*.
258 AMIET ²1980: Pl. 98 Nr. 1298*.
259 Ebd. Pl. 98 Nr. 1296*.
260 NOVEK 1975: 43**.
261 ORTHMANN 1975: Pl. 412a; HAAS 1982: 119 Abb. 30*.
261a DELAPORTE 1923: pl. 85,9 Nr. A 607**.
262 KEEL/UEHLINGER 1992: 249 Abb. 226b*.
263 LEGGE 1905: Pl. 10,17*; ALTENMÜLLER 1965: II 62f Nr. 71.
264 LEGGE 1905: Pl. 9,15*; ALTENMÜLLER 1965: II 103f Nr. 128.
265 Ebd. II 70f Abb. 9; LOUD 1948: Pl. 203,1*.
266 MATOUK 1977: 374 Nr. 47; KEEL/KEEL-LEU/SCHROER 1989: 285 Abb. 13*.
267 BRUYERE 1952: 142 Fig. 18*; KEEL 1978: 149: Abb. 86.
268 SEELE 1947: Pl. Ia neben p. 44**.
269 AMIET ²1980: Pl. 117, Nr.1573*.
270 Ebd. Nr. 1569*.
271 BRANDES 1979: 174-177 und Taf. 14*.
272 BARRELET 1955: 253 Fig. 19*; STROMMENGER/HIRMER 1962: Taf. 38.
273 BRANDES 1979: 184-189 und Taf. 18*.
274 Ebd. 190-196 und Taf. 21*.
275 AMIET ²1980: Pl. 64, Nr. 857*; MOORTGAT 1940: Nr. 77.
276 AMIET ²1980: Pl. 68, Nr. 900*.
277 Ebd. Pl. 98, Nr. 1294*.
278 Ebd. Pl. 98, Nr. 1284*.
279 Ebd. Pl. 98, Nr. 1288*; WISEMAN 1962: Pl. 27d.
280 DIKAIOS 1940: Pl. 43; GALLING ²1977: 80 Abb. 23*.
281 GRESSMANN ²1927: Nr. 387; PRITCHARD 1954: Nr. 658; FARBER 1983: 442*.
282 KLENGEL 1959/60: 341 Abb. 3*; FARBER 1983: 444 Abb. 3.
283 KLENGEL 1959/60: Taf 5, Nr. 11; KEEL/KÜCHLER/UEHLINGER 1984: 105 Abb. 44*.
284 FRANK 1908: 87 Abb. 5*.
285 BARNETT 1976: Pl. 47 und 51; KEEL/KÜCHLER/UEHLINGER 1984: 153 Abb. 79*.
286 FRANK 1908: Taf. 2; KEEL ⁴1984: 70 Abb. 92*.

ABKÜRZUNGEN

AASOR = Annual of the American Schools of Oriental Research
AfO = Archiv für Orientforschung
AJA = American Journal of Archaeology and of the History of fine Arts
ASAE = Annales du service des antiquités de l'Egypte
BaghF = Baghdader Forschungen
BAH = Bibliothèque archéologique et historique
BASOR = Bulletin of the American Schools of Oriental Research
BA = Biblical Archaeologist
BAR = Biblical Archaeology Review
BAR International Series = British Archaeological Reports. International Series
BIFAO = Bulletin de l'institut français d'archéologie orientale
BM = British Museum
BN = Biblische Notizen
BSAE = British School of Archaeology in Egypt
ErIs = Eretz-Israel
FIFAO = Fouilles de l'institut français d'archéologie orientale
GM = Göttinger Miszellen
IEJ = Israel Exploration Journal
JEA = Journal of Egyptian Archaeology
JNES = Journal of Near Eastern Studies
LÄ I = HELCK W./OTTO E. (Hrsg.), Lexikon der Ägyptologie Bd. I, Wiesbaden
LÄ II-VI = HELCK W./WESTENDORF W. (Hrsg.), Lexikon der Ägyptologie Bd. II-VI, Wiesbaden
MIFAO = Mémoires publiés par les membres de l'institut français d'archéologie orientale
MIO = Mitteilungen des Instituts für Orientforschung
OBO = Orbis Biblicus et Orientalis
OIP = Oriental Institute Publications
PEQ = Palestine Exploration Quarterly
QDAP = Quarterly of the Department of Antiquities in Palestine
RA = Revue d'assyriologie et d'archéologie orientale
SBS = Stuttgarter Bibelstudien
TT = Theban Tomb
UF = Ugarit-Forschungen
VT = Vetus Testamentum
ZÄS = Zeitschrift für ägyptische Sprache und Altertumskunde
ZDPV = Zeitschrift des deutschen Palästina-Vereins

VERZEICHNIS DER ZITIERTEN LITERATUR

ʾAAJI A. EL-, o.J., Ancient Art of the Mediterranean World. Ancient Coins (Numismatic Art and Ancient Coins Catalogue No. 6), Zürich.

ABOU ASSAF A. et al., 1982, Land des Baal. Syrien – Forum der Völker und Kulturen, Mainz.

AFANASIEVA V.K., 1979, Gilgamesch und Enkidu (russ.), Moskau.

AHARONI Y., 1974, The Horned Altar of Beersheba, in: BA 37, 2-6.

AKKERMANS P., 1991, Archeologie van het Nabije Oosten, Amsterdam.

AKURGAL E./HIRMER M., 1961, Die Kunst der Hethiter, München.

ALTENMÜLLER H., 1965, Die Apotropaia und die Götter Mittelägyptens. Eine typologische und religionsgeschichtliche Untersuchung der sog. "Zaubermesser" des Mittleren Reiches, München.

AMIET P., 1960, Le problème de la représentation de Gilgameš dans l'art, in: P. GARELLI (éd.), Gilgameš et sa légende (VIIe Roncontre Assyriologique Internationale), Paris, 169-173.

— 1965, Un vase rituel iranien, in: Syria 42, 235-251.

— 1977, Pour une interprétation nouvelle du répertoire iconographique de la glyptique d'Agadé, in: RA 71, 107-116.

— 1977a, L'art antique du Proche-Orient, Paris.

— ²1980, La glyptique mésopotamienne archaïque, Paris.

AMIRAN R., 1986, A New Type of Chalcolithic Ritual Vessel and Some Implications for the Naḥal Mishmar Hoard, in: BASOR 262, 83-87.

ANDRAE W., 1922, Assur. Archaische Ischtartempel (Wissenschaftliche Veröffentlichungen der deutschen Orientgesellschaft 39), Berlin.

ASSMANN J.,1975, Flachbildkunst des neuen Reiches, in: C. Vandersleyen, Propyläen Kunstgeschichte 15. Das alte Ägypten, Berlin.

— 1977, Die Verborgenheit des Mythos in Ägypten, in: GM 25, 7-43.

— 1983, Re und Amun. Die Krise des polytheistischen Weltbilds im Ägypten der 18.-20. Dyn. (OBO 51), Freiburg/Schweiz-Göttingen.

— 1991, Das Grab des Amenemope, TT 41 (Theben 3), Mainz.

BADT K., 1962, Domenichos *Caccia di Diana* in der Galleria Borghese, in: Münchener Jahrbuch für bildende Kunst 13, 216-237.

BANDI H.G./HUBER W./SAUTER M.-R./SITTER B. (Hrsg.), 1984 La contribution de la zoologie et de l'éthologie à l'interprétation de l'art des peuples chasseurs préhistoriques, Fribourg 1984.

BAR-ADON P., 1980, The Cave of the Treasure. The Finds from the Caves in Nahal Mishmar (Judean Desert Studies), Jerusalem.

BARNETT R.D.,1976, Sculptures from the North Palace of Assurbanipal at Nineveh (668-627 B.C.), London.

BARNETT R.D./MENDLESON C., 1987, Tharros. A Catalogue of Material in the British Museum from Phoenician and other Tombs at Tharros, Sardinia, London.

BARRELET M.-Th., 1950, Une peinture de la cour 106 du palais de Mari, in: A. PARROT (éd.), Studia Mariana (Documenta et Monumenta Orientis Antiqui 4), Leiden, 9-35.

— 1955, Les déesses armées et ailées, in: Syria 32, 222-260.

BÄTSCHMANN O., 1984, Einführung in die kunstgeschichtliche Hermeneutik. Die Auslegung von Bildern (Die Kunstwissenschaft. Einführungen in Gegenstand, Methoden und Ergebnisse ihrer Teildisziplinen und Hilfswissenschaften), Darmstadt.

BAUM N., 1988, Arbres et arbustes de l'Egypte ancienne. La liste de la tombe thébaine d'Ineni (no 81) (Orientalia Lovaniensia Analecta 31), Leuven.

BEHM-BLANCKE M.R., 1979, Das Tierbild in der altmesopotamischen Rundplastik. Eine Untersuchung zum Stilwandel des frühsumerischen Rundbildes (BaghF 1), Mainz.

BEN-DOR I., 1950, A Middle Bronze-Age Temple at Nahariya, in: QDAP 14, 1-41.

BERGER J., 1972, Ways of Seeing, Middlesex.

BERGMAN J., 1980, Isis, in: LÄ III, 186-203.

BERLANDINI J., 1983, La déesse bucéphale: une iconographie particulière de l'Hathor memphite, in: BIFAO 83, 33-50.

BESTE I., 1979, Skarabäen Teil 2 (Corpus Antiquitatum Aegyptiacarum. Lose-Blatt-Katalog Ägyptischer Altertümer, Lieferung 2), Mainz.

BIETAK M., 1990, Zur Herkunft des Seth von Avaris, in: Ägypten und Levante 1, 9-16.

BINGER T., 1992, Fighting the Dragon. Another Look at the Theme in the Ugaritic Texts, in: Scandinavian Journal of the Old Testament 6/1, 139-149.

BIRAN A., 1982, The Temenos at Dan, in: ErIs 16, 15-43 und 252*f.

BISSING FR. W. VON, 1924, Über eine Grabwand aus Memphis in der Glyptothek König Ludwigs, in: Münchener Jahrbuch der bildenden Kunst Neue Folge 1, 207-224.

BITTEL K., 1976, Die Hethiter. Die Kunst Anatoliens vom Ende des 3. bis zum Anfang des 1. Jahrtausends vor Christus (Universum der Kunst), München.

BLEIBTREU E., 1981, Rollsiegel aus dem Vorderen Orient. Zur Steinschneidekunst zwischen etwa 3200 und 400 vor Christus nach Beständen in Wien und Graz, Wien.

– 1992, Standarten auf neuassyrischen Reliefs und Bronzetreibarbeiten, in: Baghdader Mitteilungen 23, 347-356.

BLISS F.J./MACALISTER R.A.S., 1902, Excavations in Palestine during the Years 1898-1900, London.

BOARDMAN J., 1982, Greek Myths on 'Greco-Phoenician' Scarabs, in: B. VON FREYTAG/D. MANNSPERGER/F. PRAYON (Hrsg.), Praestant interna. Festschrift für Ulrich Hausmann, Tübingen, 295-297.

— 1990, Herakles fights a snake, in: L. KAHIL (ed.), Lexicon Iconographicum Mythologiae Classicae V, Zürich-München, 119f. Nr. 2820-2833.

BOARDMAN J./MOOREY R., 1986, The Yunus Cemetery Group: Haematite Scarabs, in: M. KELLY-BUCCELLATI (ed.), Insight through Images. Studies in Honor of Edith Porada (Bibliotheca Mesopotamica 21), Malibu, 35-48.

BOEHMER R.M., 1965, Die Entwicklung der Glyptik in der Akkad-Zeit (Untersuchungen zur Assyriologie und Vorderasiatischen Archäologie 4), Berlin.

— 1974, Das Auftreten des Wasserbüffels in Mesopotamien in historischer Zeit und seine sumerische Bezeichnung, in: Zeitschrift für Assyriologie 64, 1-19.

— 1975, Art. Held. B. In der Bildkunst, in: Reallexikon der Assyriologie IV, Berlin, 293-302.

BONNET H., [2]1971, Reallexikon der ägyptischen Religionsgeschichte, Berlin.

BORCHARDT L., 1897, Die ägyptische Pflanzensäule. Ein Kapitel zur Geschichte des Pflanzenornaments, Berlin.

BOREUX C., 1939, La stèle C. 86 du musée du Louvre et les stèles similaires, in: Mélanges Syrien, offerts à M. R. Dussaud II, Paris, 673-687.

BORGER R. et al., [2]1975, Die Welt des Alten Orients. Keilschrift-Grabungen-Gelehrte. Handbuch und Katalog zur Ausstellungzum 200. Geburtstag G.F. Grotefends, Göttingen.

BÖRKER-KLÄHN J., 1982, Altvorderasiatische Bildstelen und vergleichbare Felsreliefs (BaghF 4), Mainz.

BOROWSKI E., 1952, Die Sammlung Henry Austen Layard, in: Orientalia 21, 168-183.

BOROWSKI E. (Hrsg.), 1981, Archäologie zur Bibel. Kunstschätze aus den biblischen Ländern, Mainz.

BOSSERT H.TH., 1951, Altsyrien, Tübingen.

BOSTICCO S., 1965, Museo Archeologico di Firenze. Le Stele egiziane del Nuovo Regno, Roma.

BOTTA P.E./FLANDIN E., 1849, [2]1972, Monument de Ninive I-II, Paris; Nachdruck: Osnabrück.

BOTTI G., 1932, Il cofano N. 1969 del Museo civico di Bologna, in: R. MOND (ed.), Studies presented to F. Ll. Griffith, London, 263-266.

BRACK A. und A., 1977, Das Grab des Tjanuni. Theben Nr. 74 (Deutsches Archäologisches Institut. Abteilung Kairo. Archäologische Veröffentlichungen 19) Mainz.

BRANDES M.A., 1979, Siegelabrollungen aus den archaischen Bauschichten in Uruk-Warka (Freiburger Altorientalische Studien 3), Wiesbaden.

BRAUNFELS W., 1970, Heiliger Geist, in E. KIRSCHBAUM (Hrsg.), Lexikon der christlichen Ikonographie II, Freiburg i. Br., 228f.

BRENTJES B., 1962, Nutz- und Hausvögel im Alten Orient, in: Wissenschaftliche Zeitschrift der Martin-Luther-Universität Halle-Wittenberg. Gesellschafts- und Sprachwissenschaften 11/6, 635-702.

BRESCIANI E., 1985, Le stele egiziane del Museo Civico Archeologico di Bologna, Bologna.

BRETSCHNEIDER J., 1991, Architekturmodelle in Vorderasien und der östlichen Ägäis vom Neolithikum bis in das 1. Jahrtausend (Alter Orient und Altes Testament 229), Kevelaer.

BRUNNER H.,1984, Sched, in: LÄ V, 547-549.

BRUNNER-TRAUT E./BRUNNER H., 1981, Die Ägyptische Sammlung der Universität Tübingen, 2 Bde., Mainz.

BRUNNER-TRAUT E./BRUNNER H./ZICK-NISSEN J., [4]1984, Osiris, Kreuz und Halbmond. Die drei Religionen Ägyptens, Mainz.

BRUNTON G., 1948, Matmar. British Museum Expedition to Middle Egypt 1929-1931, London.

BRUYERE B., 1925, Rapport sur les fouilles de Deir el Médineh 1923-1924 (FIFAO 2), Le Caire.

—   1926, Rapport sur les fouilles de Deir el-Médineh 1924-1925 (FIFAO 3/3), Le Caire.

—   1929, Rapport sur les fouilles de Deir el Médineh 1928 (FIFAO 6/2), Le Caire.

—   1930, Mert Seger à Deir el Médineh (MIFAO 58), Le Caire.

—   1952, Tombes thébaines de Deir el Médineh à décoration monochrome (MIFAO 86), Le Caire.

—   1952a, Sur le dieu Ched, à propos de quelques monument nouveaux trouvés à Deir el Médineh en 1939, in: DERS., Rapport sur les fouilles de Deir el Médineh 1935-1940 (FIFAO 20/3), Le Caire, 138-170.

—   1959, La tombe no 1 de Sen-nedjem à Deir el Médineh (MIFAO 88), Le Caire.

BUCHANAN B., 1966, Catalogue of Ancient Near Eastern Seals in the Ashmolean Museum I. Cylinder Seals, Oxford.

—   1981, Early Near Eastern Seals in the Yale Babylonian Collection, New Haven-London.

BUCHANAN B./MOOREY P.R.S., 1988, Catalogue of Ancient Near Eastern Seals in the Ashmolean Museum III. The Iron Age Stamp Seals, Oxford.

BUCHHOLZ H.-G./KARAGEORGHIS V., 1971, Altägäis und Altkypros, Tübingen.

BUDGE E.A.W., 1909, British Museum. A Guide to the Egyptian Galleries. Sculpture, London.

BUHL M.L., 1947, The Goddesses of the Egyptian Tree Cult, in: JNES 6, 80-97.

BUREN E.D. VAN, 1930, Clay Figurines of Babylonia and Assyria (Yale Oriental Series 16), New Haven.

— 1933, The Flowing Vase and the God with Streams, Berlin.

— 1934, The God Ningizzida, in: Iraq 1, 60-89.

BURKERT W., 1984, Die orientalisierende Epoche in der griechischen Religion und Literatur (Sitzungsberichte der Heidelberger Akademie der Wissenschaften - Philosophisch-historische Klasse 1), Heidelberg.

BURNEY C.F., 1918, ^{2}1970, The Book of Judges, Rivington; Nachdruck New York.

CALMEYER-SEIDL U., 1983, W, in: R.M. BOEHMER/H. HAUPTMANN (Hrsg.), Beiträge zur Altertumskunde Kleinasiens. Festschrift Kurt Bittel, Mainz, 151-154.

CAPART J., 1942, Rezension der Mélanges syriens offerts à Monsieur René Dussaud par ses amis et élèves, Paris 1939, in: Chronique d'Egypte 34, 237-239.

CARRE GATES M.-H., 1986, Casting Tiamat into Another Sphere: Sources for the ʿAin Samiya Goblet, in: Levant 18, 75-81.

CASSIRER M., 1959, A Scarab with an Early Representation of Resheph, in: JEA 45, 6f.

CHAMPOLLION J.-F., 1845, Monuments de l'Egypte et de la Nubie II, Paris.

CHOURAQUI A., 1982, L'univers de la Bible I, Paris.

COLLON D., 1975, The Seal Impressions from Tell Atchana/Alalakh (Alter Orient und Altes Testament 27), Kevelaer.

— 1982, Catalogue of the Western Asiatic Seals in the British Museum. Cylinder Seals II: Akkadian - Post Akkadian - Ur-III Periods, London.

— 1986, Western Asiatic Seals in the British Museum. Cylinder Seals III. Isin-Larsa and Old Babylonian Periods, London.

— 1987, First Impressions. Cylinder Seals in the Ancient Near East, London.

CRAMER M., 1936, Ägyptische Denkmäler im Kestner Museum zu Hannover, in: ZÄS 72, 81-108.

CULLIMORE A., 1842-1843, Oriental Cylinders. Impressions of Ancient Oriental Cylinders or Rolling Seals of the Babylonians, Assyrians and Medo-Persians, 4 Faszikel, London.

CURTIUS L., 1912, Studien zur Geschichte der altorientalischen Kunst. I: 'Gilgamisch' und 'Heabani' (Sitzungsberichte der Königlich bayerischen Akademie der Wissenschaften zu München - Philosophisch-philologische und historische Klasse 1912/7), München.

DARESSY G., 1909, Cercueils des cachettes royales. Catalogue général des antiquités égyptiennes du Musée du Caire. Nos 61001-61044, Le Caire.

DAVIES N.G., 1900, The Mastaba of Ptahhetep and Akhethetep at Saqqara (Archaeological Survey of Egypt 8 and 9), London.

— 1905, 1908, The Rock Tombs of el Amarna III und VI (Archaeological Survey of Egypt 15 und 18), London.

— 1917, The Tomb of Nakht at Thebes (Publications of the Metropolitan Museum of Art-Egyptian Expedition. Robb de Peyster Tytus Memorial Series 1), New York.

— 1923, The Tomb of Puyemrê at Thebes II (Publications of the Metropolitan Museum of Art-Egyptian Expedition. Robb de Peyster Tytus Memorial Series 4), New York.

— 1927, Two Ramesside Tombs (Publications of the Metropolitan Museum of Art-Egyptian Expedition. Robb de Peyster Tytus Memorial Series 5), New York.

— 1930, The Tomb of Ken-amūn at Thebes (The Metropolitan Museum of Art-Egyptian Expedition 5), New York.

DAVIES N.G./DAVIES N.M., 1933, The Tomb of Nefer-ḥotep at Thebes (The Metropolitan Museum of Art-Egyptian Expedition 9), New York.

DAVIES N.G./GARDINER A.H., 1948, Seven Private Tombs at Ḳurnah (Mond Excavations at Thebes 2), London.

DAVIES N.M./GARDINER A.H., 1936, Ancient Egyptian Paintings, Chicago.

DAVIS W., 1989, The Canonical Tradition in Ancient Egyptian Art, Cambridge.

DELAPORTE L., 1910, Catalogue des cylindres orientaux et des cachets de la Bibliothèque Nationale, Paris.

— 1923, Musée du Louvre. Catalogue des cylindres, cachets et pierres gravées de style oriental II. Acquisitions, Paris.

DESROCHES-NOBLECOURT Ch.et al., 1986, Sen-nefer. Die Grabkammer des Bürgermeisters von Theben, Mainz.

DEVRIES L., 1975, Incense Altars from the Period of the Judges and their Significance, Ann Arbor.

DIJK J. VAN, 1983, Lugal ud me-lám-bi Nir-gál. Le récit épique et didactique des Travaux de Ninurta, du Déluge et de la Nouvelle Création I. Introduction. Texte composite. Traduction, Leiden.

DIKAIOS P., 1940, The Excavations at Vounos-Bellapais in Cyprus 1931-1932, Oxford.

DONDELINGER E., 1979, Papyrus d'Ani. BM 10470, Paris/Graz.

DOTHAN M., 1956, The Excavations at Nahariyah: Preliminary Report (Season 1954/55), in: IEJ 6, 14-25.

DUNAND M., 1937/1939, Fouilles de Byblos I. 1926-1932. Atlas et texte, Paris.

— 1950/1954/1958, Fouilles de Byblos II. 1933-1938. Atlas et deux volumes de texte, Paris.

EDEL E./WENIG ST., 1974, Die Jahreszeitenreliefs aus dem Sonnenheiligtum des Königs Ne-user-re (Staatliche Museen zu Berlin. Mitteilungen aus der ägyptischen Sammlung 7), Berlin.

EDWARDS I.E.S., 1955, A Relief of Qudshu-Astarte-Anath in the Winchester College Collection, in: JNES 14, 49-51.

EDZARD D.O., 1965, Art. "Dumuzi" und "Dumuziabzu", in: H.W. HAUSSIG (Hrsg.), Götter und Mythen im Vorderen Orient (Wörterbuch der Mythologie I,1), Stuttgart, 51-54.

— 1965a, Art. Laḫama, Laḫmu, in: H.W. HAUSSIG (Hrsg.), Götter und Mythen im Vorderen Orient (Wörterbuch der Mythologie I,1), Stuttgart, 93f.

EISSFELDT O., 1940/41, 1963, Lade und Stierbild, in: Zeitschrift für die alttestamentliche Wissenschaft 58, 190-215 = Kleine Schriften II, Tübingen, 282-305.

EISEN G.A., 1940, Ancient Oriental Cylinder and Other Seals with a Description of the Collection of Mrs. William H. Moore (OIP 47), Chicago.

EMRE K., 1971, Anatolian Lead Figurines and their Stone Moulds (Türk Tarih Kurumu Yayinlarindan 6/14), Ankara.

ENGLUND G., 1974, Propos sur l'iconographie d'un sarcophage de la 21e dynastie, in: From the Gustavianum Collections in Uppsala (Boreas 6), Uppsala, 37-69.

ERMAN A./GRAPOW H., [2]1971, Wörterbuch der ägyptischen Sprache, 5 Bde., Berlin.

EVANS A., 1937, The Palace of Minos at Knossos IV, London.

FARBER W., 1983, Lamaštu, in: EDZARD D.O. (Hrsg.), Reallexikon der Assyriologie und Vorderasiatischen Archäologie VI, Berlin, 439-446.

— 1989, Dämonen ohne Stammbaum: Zu einigen mesopotamischen Amuletten aus dem Kunsthandel, in: A. LEONARD/B.B. WILLIAMS (eds.),

Essays in Ancient Civilization Presented to Helene J. Kantor (Studies in Ancient Oriental Civilization 47), Chicago, 93-112.

FAULKNER R.O., 1969, The Ancient Egyptian Pyramid Texts. Translated into English, Oxford.

— 1973, 1977, 1978, The Ancient Egyptian Coffin Texts, 3 vols., Warminster.

FAUTH W., 1981, Ištar als Löwengöttin und die löwenköpfige Lamaštu, in: Welt des Orients 12, 21-36.

FINKBEINER U./RÖLLIG W. (Hrsg.), 1986, Ǧamdat Naṣr. Period or Regional Style? (Beihefte zum Tübinger Atlas des Vorderen Orients. B [Geisteswissenschaften] 62), Wiesbaden.

FISCHER H., 1978, Another Example of the Verb *nh* "Shelter", in: JEA 64, 131-132.

FORMAN W./KISCHKEWITZ H. 1971, Die altägyptische Zeichnung, Hanau/M.

FOUCART G./BAUD M./DRIOTON E., 1928, Tombes thébaines 1. Nécropole de Dirâᶜ Abû'n-Nága. Le tombeau de Roÿ (MIFAO 57/1), Le Caire.

— 1932, Tombes thébaines 2. Nécropole de Dirâᶜ Abû'n-Nága. Le tombeau de Panehsy (MIFAO 57/2), Le Caire.

FRANK H., 1908, [2]1968, Babylonische Beschwörungsreliefs. Ein Beitrag zur Erklärung der sog. Hadesreliefs (Leipziger Semitistische Studien III/3), Leipzig; Nachdruck: Leipzig.

FRANKEN H.J./STEINER M.L., 1990, Excavations in Jerusalem 1961-1967 II. The Iron Age Extramural Quarter on the South East Hill, Oxford.

FRANKFORT H., 1939, Cylinder Seals. A Documentary Essay on the Art and Religion of the Ancient Near East, London.

— 1950, Rezension von Moortgats "Tammuz", in: JNES 9, 189-191.

— 1955, Stratified Cylinder Seals from the Diyala Region (OIP 72), Chicago.

FREEDBERG D., 1989, The Power of Images. Studies in the History and Theory of Response, Chicago.

FRITZ V., 1970, Israel in der Wüste. Traditionsgeschichtliche Untersuchung der Wüstenüberlieferung des Jahwisten (Marburger Theologische Studien 7), Marburg.

GALLING K., 1967, Steinerne Rahmenfenster, in: ZDPV 83, 123-125.

— [2]1977, Biblisches Reallexikon, Tübingen.

GAMER-WALLERT I., 1975, Baum, heiliger, in: LÄ I, Wiesbaden, 655-660.

GARELLI P. (éd.), 1960, Gilgameš et sa légende. Études recueillis à l'occasion de la VIIe Rencontre Assyriologique Internationale (Paris-1958), Paris.

GATES M.-H., 1984, The Palace of Zimri-Lim at Mari, in: BA 47/2, 70-87.

GERMER R., 1985, Flora des pharaonischen Ägypten (Deutsches Archäologisches Institut. Abteilung Kairo. Sonderheft 14), Mainz.

GERHARD G., 1843, ²1974, Etruskische Spiegel I, Berlin; Nachdruck: Berlin.

GESELL G.C., 1976, The Minoan Snake Tube: A Survey and Catalogue, in: AJA 80, 247-259 und Pls. 41-45.

GIVEON R., 1978, The Impact of Egypt on Canaan. Iconographical and Related Studies (OBO 20), Freiburg/Schweiz-Göttingen.

GIVEON SH., 1991, Tel Ḥarasim, in: Ḥadašot Arkheologiot 97, 75-76.

GLOCK A., 1988, Minuscule Monuments of Ancient Art. Catalogue of Near Eastern Stamp and Cylinder Seals. Collected by Virginia E. Bailey. Exhibition March-May 1988 in the New Jersey Museum of Archaeology at Drew University, Madison.

GOFF B.L., 1979, Symbols of Ancient Egypt in the Late Period. The Twenty-first Dynasty (Religion and Society 13), The Hague-Paris-New York.

GOMBRICH E.H., ⁵1977, Art and Illusion. A Study in the Psychology of Pictorial Representation, Oxford.

— 1981, Image and Code. Scope and Limits of Conventionalism in Pictorial Representation, in: W. STEINER (ed.), Image and Code, Ann Arbor, 10-42.

GORDON C.H., 1939, Western Asiatic Seals in the Walters Art Gallery, in: Iraq 6/1, 3-34.

GRANT E., 1929, Beth Shemesh (Palestine). Progress of the Haverford Archaeological Expedition, Haverford.

GREEN A., 1983, Neo-Assyrian Apotropaic Figures, in: Iraq 45, 87-96.

GRESSMANN H., ²1927, Altorientalische Bilder zum Alten Testament, Berlin und Leipzig.

GUBEL E. et al., 1986, Les Phéniciens et le monde méditerranéen, Bruxelles.

HAAS H., 1925, Bilderatlas zur Religionsgeschichte. 6. Lieferung.: Babylonisch-Assyrische Religion, Leipzig.

HAAS V., 1982, Hethitische Berggötter und hurritische Steindämonen. Riten, Kulte und Mythen (Kulturgeschichte der antiken Welt 10), Mainz.

HAHN J., 1981, Das Goldene Kalb. Die Jahwe-Verehrung bei Stierbildern in der Geschichte Israels, Frankfurt/Bern.

HALL H.R.,1925, The British Museum. Hieroglyphic Texts from Egyptian Stelae etc. 7, London.

HAMMADE H., 1987, Cylinder Seals from the Collections of the Aleppo Museum, Syrian Arab Republic 1. Seals of Unknown Provenience (BAR International Series 335), Oxford.

HANSEN D.P., 1975, Frühsumerische und frühdynastische Flachbildkunst, in: W. ORTHMANN (Hrsg.), Der Alte Orient (Propyläen Kunstgeschichte 14), Berlin 179-193.

HARMS W. (Hrsg.), 1990, Text und Bild. Bild und Text. Deutsche Forschungs-Gemeinschaft-Symposion 1988, Stuttgart.

HASSIA/LHOTE A., 1954, Les chefs-d'ouevre de la peinture égyptienne, Paris.

HEERMA VAN VOSS M., 1982, Iconography of Religions XVI,9. Ägypten, die 21. Dynastie, Leiden.

HEIDENREICH R., 1925, Beiträge zur Geschichte der Vorderasiatischen Steinschneidekunst, Heidelberg.

HELCK W., [2]1971, Die Beziehungen Ägyptens zu Vorderasien (Ägyptologische Abhandlungen 5), Wiesbaden.

HERMSEN E., 1981, Lebensbaumsymbolik im alten Ägypten (Arbeitsmaterialien zur Religionsgeschichte 5) Köln.

HEUZEY L., 1884, La stèle des vautours, in: Gazette archéologique 1884, 193-200.

HODJASH S./BERLEV O., 1982, The Egyptian Reliefs and Stelae in the Pushkin Museum of Fine Arts Moscow, Leningrad.

HOGART D.G./WOOLLEY C.L., 1914, [2]1969, Carchemish. Report on the Excavations at Djerabis on Behalf of the British Museum I, London.

HOLLAND T.A., 1977, A Study of Palestinian Iron Age Baked Clay Figurines, with Special Reference to Jerusalem: Cave 1, in: Levant 9, 121-155.

HORNUNG E., 1963, Das Amduat. Die Schrift des verborgenen Raumes (Ägyptologische Abhandlungen 7), Wiesbaden.

—   1971, Das Grab des Haremhab im Tal der Könige, Bern.

—   1972, Ägyptische Unterweltsbücher, Zürich-München.

—   [2]1973, Der Eine und die Vielen. Ägyptische Gottesvorstellungen, Darmstadt.

—   1975, Amentet, in: LÄ I, 223.

—   1979, Das Totenbuch der Ägypter, Zürich-München.

—   1981, Die Tragweite der Bilder. Altägyptische Bildaussagen, in: Eranos-Jahrbuch 48, 183-237.

—   1982, Tal der Könige. Die Ruhestätte der Pharaonen, Zürich-München.

—   1991, Die Nachtfahrt der Sonne. Eine altägyptische Beschreibung des Jenseits, Zürich-München.

HORNUNG E./BADAWY A., 1975, Apophis, in: LÄ I, 350-352.

HORNUNG E./STAEHELIN E., 1976, Skarabäen und andere Siegelamulette aus Basler Sammlungen, Mainz.

HOULIHAN P.F., 1986, The Birds of Ancient Egypt, Warminster.

HROUDA B., 1962, Tell Halaf IV. Die Kleinfunde aus historischer Zeit, Berlin.

— 1965, Die Kulturgeschichte des assyrischen Flachbildes (Saarbrücker Beiträge zur Altertumskunde 2), Bonn.

HUGHES G.R. et al., 1963, Medinet Habu VI (OIP 84), Chicago.

HUGONOT J.-CL., 1989, Le jardin dans l'Egypte ancienne (Publications Universitaires Européennes XXXVIII/27), Frankfurt-Bern.

ILIFFE J.H., 1934, A Nude Terracotta Statuette of Aphrodite, in: QDAP 3, 106-111.

IMDAHL M., 1980, Giotto. Arenafresken. Ikonographie. Ikonologie. Ikonik (Theorie und Geschichte der Literatur und der schönen Künste, Texte und Abhandlungen 60), München.

— 1989, Werke der ottonischen Kunst. Anschauung und Sprache, in: (Tübinger) Theologische Quartalschrift 169, 163-186.

JACOBSTHAL P., 1906, Der Blitz in der orientalischen und griechischen Kunst. Ein formgeschichtlicher Versuch, Berlin.

JAEGER B., 1982, Essai de classification et datation des scarabées Menkhéperrê (OBO Series Archaeologica 2), Fribourg Suisse-Göttingen.

JAMES T.G.H., 1970, The British Museum. Hieroglyphic Texts from Egyptian Stelae etc. 9, London.

— 1985, Egyptian Painting, London.

JAROS K., ²1982, Die Stellung des Elohisten zur kanaanäischen Religion (OBO 4), Freiburg/Schweiz-Göttingen.

JENNI E., 1962, Debora, in: B. REICKE/L.ROST (Hrsg.) Biblisch-historisches Handwörterbuch I, Göttingen, Sp. 330.

JOHNSON S.B., 1990, The Cobra Goddess of Ancient Egypt. Predynastic, Early Dynastic, and Old Kingdom Periods, London/New York.

JOINES K.R., 1968, The Bronze Serpent in the Israelite Cult, in: Journal of Biblical Literature 87/3, 245-256.

— 1974, Serpent Symbolism in the Old Testament. A Linguistic, Archaeological and Literary Study, Haddonfield/New Jersey.

KAEMMERLING E. (Hrsg.), 1979, Bildende Kunst als Zeichensystem 1. Ikonographie und Ikonologie. Theorien, Entwicklung, Probleme (Dumont Taschenbücher 83), Köln.

KAKOSY L., 1980, Horusstele, in: LÄ III, 60-62.

KANTOR H.J., 1966, Landscape in Akkadian Art, in: JNES 25, 145-152.

KARG N., 1984, Untersuchungen zur älteren frühdynastischen Glyptik Babyloniens (BaghF 8), Mainz.

KEEL O., 1974, Die Weisheit spielt vor Gott. Ein ikonographischer Beitrag zur Deutung des *mesaḥäqät* in Sprüche 8,30f, Freiburg/Schweiz-Göttingen.

— 1977, Jahwe-Visionen und Siegelkunst. Eine neue Deutung der Majestätsschilderungen in Jes 6, Ez 1 und 10 und Sach 4 (SBS 84/85) Stuttgart.

— 1978, Jahwes Entgegnung an Ijob. Eine Deutung von Ijob 38-41 vor dem Hintergrund der zeitgenössischen Bildkunst (Forschungen zur Religion und Literatur des Alten und Neuen Testaments 121), Göttingen.

— 1980, Das Böcklein in der Milch seiner Mutter und Verwandtes. Im Lichte eines altorientalischen Bildmotivs (OBO 33), Freiburg/Schweiz-Göttingen.

— 1980a, 1990; La glyptique, in: J. BRIEND/J.B. HUMBERT (éds.), Tell Keisan (1971-1976). Une cité phénicienne en galilée (OBO Series Archaeologica 1), Fribourg Suisse-Göttingen-Paris.

— 1984, Deine Blicke sind Tauben. Zur Metaphorik des Hohen Liedes (SBS 114/115), Stuttgart.

— ⁴1984, Die Welt der altorientalischen Bildsymbolik und das Alte Testament. Am Beispiel der Psalmen, Zürich-Neukirchen.

— 1986, Das Hohelied (Zürcher Bibelkommentare AT 18), Zürich.

— 1986a, Review Article: Ancient Seals and the Bible, in: Journal of the American Oriental Society 106/2, 307-311.

KEEL O./KÜCHLER M., 1982, Orte und Landschaften der Bibel. Ein Handbuch und Studienreiseführer zum Heiligen Land 2. Der Süden, Zürich-Göttingen.

KEEL O./KÜCHLER M./UEHLINGER CH., 1984, Orte und Landschaften der Bibel. Ein Handbuch und Studienreiseführer zum Heiligen Land 1. Geographisch-geschichtliche Landeskunde, Zürich-Göttingen.

KEEL O./SCHROER S., 1985, Studien zu den Stempelsiegeln aus Palästina/Israel I (OBO 67), Freiburg/Schweiz-Göttingen.

KEEL O./SHUVAL M./UEHLINGER CH., 1990, Studien zu den Stempelsiegeln aus Palästina/Israel III. Die Frühe Eisenzeit. Ein Workshop (OBO 100), Freiburg/Schweiz-Göttingen.

KEEL O./UEHLINGER CH., 1990, Altorientalische Miniaturkunst. Die ältesten visuellen Massenkommunikationsmittel. Ein Blick in die Sammlungen des Biblischen Instituts der Universität Freiburg Schweiz, Mainz.

— 1992, Göttinnen, Götter und Gottessymbole. Neue Erkenntnisse zur Religionsgeschichte Kanaans und Israels aufgrund unerschlossener ikonographischer Quellen (Quaestiones Disputatae 134), Freiburg i. Br.

KEEL O./WINTER U., 1977, Vögel als Boten. Studien zu Ps 68,12-14, Gen 8,6-12, Koh 10, 20 und dem Aussenden von Botenvögeln in Ägypten. Mit einem Beitrag zu Ps 56,1 und zur Ikonographie der Göttin mit der Taube (OBO 14, Freiburg/Schweiz-Göttingen.

KEEL-LEU H., 1991, Vorderasiatische Stempelsiegel. Die Sammlung des Biblischen Instituts der Universität Freiburg Schweiz (OBO 110), Freiburg/Schweiz-Göttingen.

KEIMER L.,1929, Sur un bas-relief en calcaire représentant la déesse dans le sycomore et la déesse dans le dattier, in: ASAE 29, 81-88.

— 1930, Quelques remarques sur la huppe (*Upupa epops*) dans l'Egypte ancienne, in: BIFAO 30, 305-331.

— 1952, Des pigeons dans une palmeraie, motif amarnien et ramesside, in: Bulletin of the Faculty of Art Fouad I University 14/2, 86-96.

KENNA V.E.G., 1971, Corpus of Cypriote Antiquities 3. Catalogue of the Cypriote Seals of the Bronze Age in the British Museum (Studies in Mediterranean Archaeology 20,3), Göteborg.

KENYON K.M., 1960, Excavations at Jericho I. The Tombs excavated in 1952-4, London.

— 1965, Excavations at Jericho II. The Tombs excavated in 1955-8, London.

KHALESI Y.M. AL-, 1978, The Court of the Palms: A Functional Interpretation of the Mari Palace (Bibliotheca Mesopotamica 8), Malibu.

KISCHKEWITZ H et al., 1985, Nofret - Die Schöne. Die Frau im Alten Ägypten, Hildesheim.

KLENGEL H., 1959/1960, Neue Lamaštu-Amulette aus dem Vorderasiatischen Museum zu Berlin und dem British Museum, in: MIO 7, 334-355.

— 1963, Weitere Amulette gegen Lamaštu, in: MIO 8, 24-29.

KLENGEL-BRANDT E., 1988, Das Siegelbild als Wiederspiegelung gesellschaftlicher Verhältnisse des 3. Jahrtausend (*sic*) v. Chr. in Mesopotamien. Versuch einer Interpretation, in: Akkadica 60, 1-14.

KÖCHER F., 1953, Der babylonische Göttertypentext, in: MIO 1, 57-107.

KOEFOED-PETERSEN O., 1948, Les stèles égyptiennes (Publications de la Glyptothèque Ny Carlsberg 1), Copenhague.

— 1951, Catalogues des sarcophages et cercueils égyptiens (Publications de la Glyptothèque Ny Carlsberg 4), Copenhague.

KRAUS F.R., 1953, Rezension von Moortgats "Tammuz", in: Wiener Zeitschrift für die Kunde des Morgenlandes 52, 36-80.

KURTH D., 1982, Nut, in: LÄ IV, 535-541.

LACAU P., 1909, 1926, Stèles du Nouvel Empire, 2 vols., Le Caire.

LAGARCE E., 1983, Le rôle d'Ugarit dans l'élaboration du répertoire iconographique syro-phénicien du premier millénaire avant J.-C., in: Atti del I Congresso internazionale di Studi Fenici e punici, Roma, 5-10 Novembre 1979, II, Roma, 547-561.

LAJARD F., 1837-1848, Recherches sur le culte, les symboles, les attributs et les monuments figurés de Vénus en Orient et en Occident, Paris.

—   1847, ²1976, Introduction à l'étude du culte public et des mystères de Mithra en Orient et en Occident (Tafelband), Paris; Nachdruck Teheran.

—   1867, ²1976, Recherches sur le culte public et les mystères de Mithra en Orient et en Occident (Textband), Paris; Nachdruck Teheran.

LAMBERT W.G., 1985, Trees, Snakes and Gods in Ancient Syria and Anatolia, in: Bulletin of the School of Oriental and African studies 48, 435-451.

—   1987, Gilgamesh in Literature and Art: The Second and First Millenia, in: A.E. FARKAS/P.O. HARPER/E.B. HARRISON (eds.), Monsters and Demons in the Ancient and Medieval Worlds. Papers presented in Honor of Edith Porada, Mainz.

—   1992, Sotheby's. Western Asiatic Cylinder Seals and Antiquities from the Erlenmeyer Collection (Part I), London 9th July 1992, London.

LANDSBERGER B., 1948, Sam'al. Studien zur Entdeckung der Ruinenstätte Karatepe. 1. Lieferung. (Veröffentlichungen der Türkischen Historischen Gesellschaft 7/16), Ankara.

LANGER S.K., ³1957, Philosophy in a New Key. A Study in the Symbolism of Reason, Rite, and Art, Cambridge, Mass.

LANZONE R.V., 1885, Dizionario di Mitologia Egizia 4/1, Torino.

LAYARD H.A., 1849, The Monuments of Niniveh from Drawings Made on the Spot I, London.

LECLANT J., 1980, Ägypten II. Das Grossreich (Universum der Kunst), München.

LEEMANS C., 1840, Monuments égyptiens du Musée d'Antiquités des Pays-Bas à Leide III. Monuments funéraires. Momies et cercueils, Leiden.

LEGGE F., 1905, The Magic Ivories of the Middle Empire, in: Proceedings of the Society of Biblical Archaeology 27, 130-152.

LEGRAIN L., 1925, The Culture of the Babylonians, Philadelphia.

—   1930, Terracottas from Nippur, Philadelphia.

—   1936, Ur Excavations III. Archaic Seal-Impressions, London-Philadelphia.

LEIBOVITCH J., 1937, Deux stèles inédites de la déesse Qadech, in: Bulletin de l'Institut d'Égypte 19/1, 81-91.

—   1942, Une imitation d'époque gréco-romaine d'une stèle de la déesse Qadech, in: ASAE 41, 77-86.

—   1944, Une statuette du dieu Seth, in: ASAE 44, 101-107.

—   1961, Kent et Qadech, in: Syria 38, 23-34.

LIEBOWITZ H.A., 1977, Bone and Ivory Inlay from Syria Palestine, in: IEJ 27, 89-97.

LLOYD S., ²1980, Foundations in the Dust. The Story of Mesopotamian Exploration. Revised and Enlarged Edition, London.

LODS M., 1934, Autel ou réchaud? A propos du 'brule-parfums' de Taanak, in: Revue de l'Histoire des Religions 55, 129-148.

LOON VAN M., 1983, Hammâm et-Turkmân on the Balikh: First Results of the University of Amsterdams 1982 Excavations, in: Akkadica 35, 1-23.

LOUD G., 1948, Megiddo II. Seasons of 1935-39 (OIP 62), Chicago.

MACALISTER R.A.S., 1912, The Excavation of Gezer 1902-1905 and 1907-1909, 3 vols., London.

MADHLOOM T.A., 1970, The Chronology of Neo-Assyrian Art, London.

MALLOWAN M.E.L./CRUIKSHANK ROSE J., 1935, Excavations at Tall Arpachiyah 1933, in: Iraq 2/1, 1-178.

MARGALITH O., 1986, Samson's Riddle and Samson's Magic Locks, in: VT 36, 225-234.

— 1987, The Legends of Samson/Heracles, in: VT 37,63-70.

MARINATOS S./HIRMER M., [3]1976, Kreta, Thera und das mykenische Hellas, München.

MARTIN G.TH., 1987, Corpus of Reliefs of the New Kingdom from the Memphite Necropolis and Lower Egypt 1, London.

MARTIN K., 1986, Uräus, in: LÄ VI, 864-868.

MATOUK F.S., 1977, Corpus du scarabée égyptien II. Analyse thématique, Beirut.

MATTHÄUS H., 1985, Metallgefässe und Gefässuntersätze der Bronzezeit, der geometrischen und archaischen Periode auf Cypern (Prähistorische Bronzefunde II/8), München.

MATTHIAE P., 1969, Empreintes d'un cylindre paléosyrien de Tell Mardikh, in: Syria 46, 1-43.

MATZ F., 1962, Kreta, Mykene, Troja. Die minoische und die homerische Welt (Grosse Kulturen der Frühzeit 20), Stuttgart.

MAYER I. GRUBER, 1986, Hebrew Qedešah and her Canaanite and Akkadian Cognates, in: UF 18, 133-148.

MAYSTRE CH., 1936, Tombes de Deir el Médineh. La tombe de Nebenmât, No 219 (MIFAO 71), Le caire.

MAZAR A., 1982, A Cultic Site from the Period of the Judges in the Northern Samaria Hills, in: ErIs 16, 135-145 (hebr.), 256*f (engl.) und Pl. 15-18.

— 1982a, The 'Bull Site' — An Iron Age I Open Cult Place, in: BASOR 247, 27-42.

— 1982b, The Site of the Bull – An Ancient Cultic Site in the Samaria Hills, in: Qadmoniot 15, 61-63 (hebr.).

— 1983, Bronze Bull Found in Israelite 'High Place' from the Time of the Judges, in: BAR 9/5, 34-40.

MAZZONI ST., 1990, Observations about Iron Age Glyptics from Tell Afis and Tell Mardikh, in: Festschrift A. Bounni, Publications de l'institut historique-archéologique néerlandais de Stamboul 67, 215-226.

MCEWAN C./KANTOR H.J., 1958, Soundings at Tell Fakharijah (OIP 79), Chicago.

MCGOVERN P.E., 1985, Late Bronze Palestinian Pendants. Innovation in a Cosmopolitan Age (Journal for the Study of the Old Testament/ American School of Oriental Research Monograph Series 1), Sheffield.

MEKHITARIAN A., 1954, La peinture égyptienne, Genève.

MÉNANT J., 1883, Les pierres gravées de la Haute-Asie. Recherches sur la glyptique orientale. Première partie: Cylindres de la Chaldée, Paris.

— 1886, Les pierres gravées de la Haute-Asie. Recherches sur la glyptique orientale. Seconde Partie: Cylindres de l'Assyrie, Médie, Asie Mineure, Perse, Égypte et Phénicie, Paris.

— 1888, Collection de Clercq. Catalogue méthodique et raisonné. Tome I Cylindres Orientaux, Paris.

MERKELBACH R., 1984., Mithras, Königstein/Ts.

MOFTAH R., 1965, Die uralte Sykomore und andere Erscheinungen der Hathor, in: ZÄS 92: 40-47.

— 1992, Le défunt et le Palmier-Doum, in: GM 127, 63-68.

MOORTGAT A., 1940, ^{2}1981, ^{3}1988, Vorderasiatische Rollsiegel. Ein Beitrag zur Geschichte der Steinschneidekunst, Berlin .

— 1949, Tammuz. Der Unsterblichkeitsglaube in der altorientalischen Bildkunst, Berlin.

— 1954, ^{2}1990, Der Bilderzyklus des Tammuz, in: Compte Rendu de la IIIième Rencontre Assyriologique International à Leyden, Leiden; wiederabgedruckt in: A. MOORTGAT, Kleine Schriften zur vorderasiatischen Altertumskunde (1927-1974) I, Bonn, 407-446.

— 1955, Tell Halaf III. Die Bildwerke, Berlin.

— 1967, Die Kunst des Alten Mesopotamien. Die klassische Kunst Vorderasiens, Köln.

— 1971, ^{2}1981, Einführung in die vorderasiatische Archäologie, Darmstadt.

MOORTGAT-CORRENS U., 1988, Tell Chuēra in Nordost-Syrien.Vorläufiger Bericht über die elfte Grabungskampagne 1985, Berlin.

— 1988, Ein Kultbild Ninurtas aus neuassyrischer Zeit, in: AfO 35, 117-133.

MOSCATI S., 1988, The Phoenicians, Mailand.

MURRAY M.A., 1917, Some fresh Inscriptions, in: Ancient Egypt 2: 65.

MÜLLER M., 1981, Das Thema der Aggressivität in der akkadischen Kunst, in: Sandoz Bulletin 16/58, 15-22.

MÜLLER W., 1963, Die stillende Gottesmutter in Ägypten (Materia Medica Nordmark 2, Sonderheft), Hamburg.

MÜNSTER M., 1968, Untersuchungen zur Göttin Isis. Vom Alten Reich bis zum Ende des Neuen Reiches (Münchner Ägyptologische Studien 11) München.

MÜNTER F., 1827, Die Religion der Babylonier, Kopenhagen.

NAGEL W./STROMMENGER E., 1968, Reichsakkadische Glyptik und Plastik im Rahmen der mesopotamisch-elamischen Geschichte, in: Berliner Jahrbuch für Vor- und Frühgeschichte 8, 137-206.

NAUERTH C., 1985, Simsons Taten. Motivgeschichtliche Überlegungen, in: Dielheimer Blätter zum Alten Testament und seiner Rezeption in der Alten Kirche 21, 94-120.

NAVILLE E., 1886, [2]1971, Das ägyptische Totenbuch der XVIII. bis XX. Dynastie, Berlin; Nachdruck: Graz.

NEGBI O., 1976, Canaanite Gods in Metal. An Archaeological Study of Ancient Syro-Palestinian Figurines, Tel Aviv.

NEWBERRY P.E., 1912, The Tree of the Herakleopolite Nome, in: ZÄS 50, 78-79.

NISSEN H.J., 1977, Aspects of the Development of Early Cylinder Seals, in: M. GIBSON/R.D. BIGGS (eds.), Seals and Sealing in the Ancient Near East (Bibliotheca Mesopotamica 6), Malibu, 15-23.

— 1986, The Development of Writing and of Glyptic Art, in: FINKBEINER/RÖLLIG 1986: 316-331.

NIWIŃSKI A., 1988, 21st Dynasty Coffins from Thebes. Chronological and Typological Studies (Theben 5), Mainz.

— 1989, Studies on the Illustrated Theban Funerary Papyri of the 11th and 10th Centuries B.C. (OBO 86), Freiburg/Schweiz-Göttingen.

NOUGAYROL J., 1969, La Lamaštu à Ugarit, in: C.F.A. SCHAEFFER (éd.), Mission de Ras Shamra 17. Ugaritica VI, Paris, 393-408.

— 1971, La Lamaštu à Byblos, in: RA 45, 173f.

NOVECK M., 1975, The Mark of Ancient Man. Ancient Near Eastern Stamp Seals and Cylinder Seals: The Gorelick Collection, New York.

ODEN R., 1987, The Bible without Theology, San Francisco.

OPIFICIUS R., 1961, Das altbabylonische Terrakottarelief (Untersuchungen zur Assyriologie und vorderasiatischen Archäologie 2), Berlin.

OFFNER G., 1960, L'épopée de Gilgameš a-t-elle été fixée dans l'art?, in: P. GARELLI (éd.), 1960, 175-181.

ORTHMANN W. (Hrsg.), 1975, Der alte Orient (Propyläen Kunstgeschichte Band 14), Berlin.

OSTEN VON DER H.H., 1934, Ancient Oriental Seals in the Collection of Mr. Edward T. Newell (OIP 22), Chicago.

— 1936, Ancient Oriental Seals in the Colection of Mrs. Agnes Baldwin Brett (OIP 37), Chicago.

— 1957, Altorientalische Siegelsteine der Sammlung Hans Silvius von Aulock (Studia Ethnographica Upsaliensia 13), Uppsala.

OSTEN-SACKEN VON DER E., 1992, Der Ziegen-'Dämon'. ʿObed- und Urukzeitliche Götterdarstellungen (Alter Orient und Altes Testament 230), Kevelaer-Neukirchen/Vluyn.

ÖZGÜÇ N., 1965, The Anatolian Group of Cylinder Seal Impressions from Kültepe (Türk Tarih Yayinlarindan 5/22), Ankara.

— 1980, Seal Impressions from the Palaces at Acemhöyük, in: E. PORADA (ed.), Ancient Art in Seals, Princeton, 61-99.

PÄCHT O., 1977, Methodisches zur kunsthistorischen Praxis. Ausgewählte Schriften, München.

PARKER B., 1949, Cylinder Seals from Palestine, in: Iraq 11/1, 1-43.

— 1955, Excavations at Nimrud 1949-1953. Seals and Seal Impressions, in: Iraq 17, 93-125.

PARROT A., 1956, Mission archéologique de Mari I. Le temple d'Ishtar (BAH 65), Paris.

— 1958, Mission archéologique de Mari II. Le palais. 2. Peintures murales (BAH 69), Paris.

— 1960, Sumer. Die mesopotamische Kunst von den Anfängen bis zum 12. vorchristlichen Jahrhundert (Universum der Kunst), München.

— 1974, Un cylindre agéen trouvé à Mari, in: Iraq 36, 189-191.

PEET T.E., 1914, The Cemeteries of Abydos II. 1911-1912 (Egypt Exploration Fund 34), London.

PENDLEBURY J.D.S./JAMES T.G.H., 1962, The Egyptian Type Objects, in: H. PAYNE/T.J. DUNBABIN, Perachora II. The Sanctuaries of Hera Akraia and Limenia II, Oxford, 461-516.

PETRIE F., 1930, Beth-Pelet I (BSAE 48), London.

— 1931, Ancient Gaza I (BSAE 53), London.

— 1932, Ancient Gaza II (BSAE 54), London.

— 1934, Ancient Gaza IV (BSAE 56), London

— 1953, Ceremonial Slate Palettes (BSAE 66A), London.

PETTINATO G., 1971, Das altorientalische Menschenbild und die sumerischen und akkadischen Schöpfungsmythen (Abhandlungen der Heidelberger Akademie der Wissenschaften. Philosophisch-historische Klasse 1971/1), Heidelberg.

PIANKOFF A./RAMBOVA N., 1954, The Tomb of Ramesses VI (Bollingen Series 40/1), New York.

— 1957, Mythological Papyri, 2 vols. (Bollingen Series 40/3), New York.

PITTMAN H., 1988, Ancient Art in Miniature: Near Eastern Seals from the Collection of Martin und Sarah Cherkasky, New York.

PLATON N., 1968, Crète, Genève.

POESCHKE J., 1972, Taube, in: E. KIRSCHBAUM (Hrsg.), Lexikon der christlichen Ikonographie IV, Freiburg i. Br., 241-244.

PORADA E., 1947, Seal Impressions of Nuzi (AASOR 24), New Haven.

— 1948, Corpus of Ancient Near Eastern Seals in North American Collections I. The Collection of the Pierpont Morgan Library (The Bollingen Series 14), Washington.

— 1984, The Cylinder Seal from Tell el-Dabᶜa, in: AJA 88, 485-488.

— 1990, Animal Subjects of the Ancient Near Eastern Artist, in: A.C. GUNTER (ed.), Investigating Artistic Environments in the Ancient Near East, Washington, 71-79.

PORTER B./MOSS R.L.B., ²1960, Topographical Bibliography of Ancient Egyptian Hieroglyphic Texts, Reliefs, and Paintings I. The Theban Necropolis 1. Private Tombs, Oxford.

— ²1964, Topographical Bibliography of Ancient Egyptian Hieroglyphic Texts, Reliefs, and Paintings I. The Theban Necropolis 2. Royal Tombs and Smaller Cemeteries, Oxford.

PORTER B./MOSS R.L.B./MALEK J., ²1974, Topographical Bibliography of Ancient Egyptian Hieroglyphic Texts, Reliefs, and Paintings III. Memphis 1. Abû Rawâsh to Abûṣîr, Oxford.

— ²1978, Topographical Bibliography of Ancient Egyptian Hieroglyphic Texts, Reliefs, and Paintings III. Memphis 2. Ṣaqqâra to Dahshûr 1, Oxford.

POTRATZ H., 1955, Das Kunstwerk und seine Interpretation, in: Orientalistische Literaturzeitung 50, 341-352.

PRIESE K.-H. (Hrsg.), 1991, Ägyptisches Museum. Staatliche Museen zu Berlin, Berlin.

PRITCHARD J.B., 1943, ²1967, Palestinian Figurines in Relation to Certain Goddesses Known through Literature (American Oriental Series 24), New Haven; Reprint: New York.

— 1954, The Ancient Near East in Pictures. Relating to the Old Testament, Princeton/New Jersey.

— 1969, The Ancient Near East. Supplementary Texts and Pictures. Relating to the Old Testament, Princeton/New Jersey.

PRZEWORSKI S., 1926, Un cylindre hittite de Cracovie, in: AfO 3, 172-174.

QUAEGEBEUR J., 1989, Textes bibliques et iconographie égyptienne, in: Orientalia Lovaniensia Periodica 20, 49-73.

RANKE H., 1950, Ein ägyptisches Relief in Princeton, in: JNES 9: 228-236.

RAVN O.E., 1960, A Catalogue of Oriental Cylinder Seals and Seal Impressions in the Danish National Museum, Kobenhavn.

REICH R./BRANDL B., 1985, Gezer under Assyrian Rule, in: PEQ 117, 41-54.

RITTIG D., 1977, Assyrisch-babylonische Kleinplastik magischer Bedeutung vom 13.-6. Jh. v. Chr. (Münchener Vorderasiatische Studien 1), München.

RÖLLIG W., 1981, Zum "Sakralen Königtum" im Alten Orient, in: B. GLADIGOW (Hrsg.), Staat und Religion, Düsseldorf, 114-125.

ROMANO J.F., 1989, The Bes-Image in Pharaonic Egypt, 2 Bde., Ann Arbor.

ROSELLINI H., 1834, [2]1977, Monumenti dell'Egitto e della Nubia II. Monumenti civili, Pisa, Nachdruck: Genève.

ROSSITER E., 1989, Le livre des morts des anciens Egyptiens. Papyrus d'Ani, Hunefer, Anhaï, Paris.

ROTHENBERG B., 1972, Timna. Valley of the Biblical Copper Mines, London.

— 1988, The Egyptian Mining Temple at Timna (Researches in the Arabah 1959-1984 I), London.

ROWE A., 1936, A Catalogue of Egyptians Scarabs, Scaraboids, Seals and Amulets, Le Caire.

— 1940, The Four Canaanite Temples of Beth-Shan I. The Temples and Cult Objects, Philadelphia.

SAFADI, H. EL-, 1974, Die Entstehung der syrischen Glyptik und ihre Entwicklung in der Zeit von Zimrilim bis Ammitaqumma, in: UF 6, 313-352 und Taf. 2*-25*.

SALJE B., 1990, Der 'Common Style' der Mitanni-Glyptik und die Glyptik der Levante und Zyperns in der Späten Bronzezeit (BaghF 11), Mainz.

SCHÄFER H., 1935, Altägyptische Bilder der auf- und untergehenden Sonne, in: ZÄS 71, 15-38.

SCHAEFFER C. F.A., 1949, Ugaritica II (Mission de Ras Shamra V), Paris.

— 1956, Ugaritica III (Mission de Ras Shamra VIII), Paris.

— 1966, Nouveaux témoingnages du culte de El et de Baal à Ras Shamra-Ugarit et ailleurs en Syrie-Palestine, in: Syria 43, 1-19.

SCHAEFFER-FORRER C.F.-A., 1983, Corpus des Cylindres-sceaux de Ras Shamra-Ugarit et d'Enkomi-Alasia I (Éditions Recherche sur les Civilisations. Synthése 13), Paris.

SCHMÖKEL H., 1966, Das Gilgamesch Epos. Eingeführt, rhythmisch übertragen und mit Anmerkungen versehen, Stuttgart.

SCHOTT A/VON SODEN W., 1969, Das Gilgamesch-Epos. Neu übersetzt und mit Anmerkungen versehen von A. SCHOTT. Ergänzt und teilweise neu gestaltet von W. VON SODEN (Reclams 7235/35a), Stuttgart (zahlreiche Nachdrucke).

SCHROER S., 1986, Der Geist, die Weisheit und die Taube. Feministisch-kritische Exegese eines neutestamentlichen Symbols auf dem Hintergrund seiner altorientalischen und hellenistisch-frühjüdischen Traditionsgeschichte, in: Freiburger Zeitschrift für Philosophie und Theologie 33, 197-225.

—   1987, In Israel gab es Bilder. Nachrichten von darstellender Kunst im Alten Testament (OBO 74), Freiburg/Schweiz-Göttingen.

SEEBER CH., 1976, Untersuchungen zur Darstellung des Totengerichts im Alten Ägypten (Münchner Ägyptologische Studien 35), München-Berlin.

SEEDEN H., 1980, The Standing Armed Figurines in the Levant (Prähistorische Bronzefunde I/1), München.

SEELE K.C., 1947, Horus on the Crocodiles, in: JNES 6, 43-52.

SEIBERT I., 1969, Hirt - Herde - König. Zur Herausbildung des Königtums in Mesopotamien, Berlin.

SEIDL U., 1989, Die babylonischen Kudurru-Reliefs. Symbole mesopotamischer Gottheiten (OBO 87), Freiburg/Schweiz-Göttingen.

SEIPEL W., 1983, Bilder für die Ewigkeit. 3000 Jahre ägyptische Kunst, Konstanz.

SHILO Y., 1984, Excavations at the City of David I. 1978-1982 (Qedem 19), Jerusalem.

SMITH G., 1875, Assyrian Discoveries; an Account of Explorations and Discoveries on the Site of Nineveh, during 1873 and 1874, London.

—   1876, The Chaldean Account of Genesis containing the Description of the Creation, the Fall of Man, the Deluge, the Tower of Babel, the Times of the Patriarchs, and Nimrod; Babylonian Fables, and Legends of the Gods; from the Cuneiform Inscriptions, London und New York.

SOUTHESK J., 1908, Catalogue of the Collection of Antique Gems formed by James Ninth Earl of Southesk K.T., London.

SPIEGEL J., 1956, Die Entwicklung der Opferszenen in den thebanischen Gräbern, in: Mitteilungen des Deutschen Archäolog. Instituts. Abteilung Kairo 14: 190-207.

STADELMANN R., 1967, Syrisch-Palästinensische Gottheiten in Ägypten (Probleme der Ägyptologie 5), Leiden.

—   1984, Qadesch, in: LÄ V, 26f.

STAGER L.E., 1991, When Canaanites and Philistines ruled Ashkelon, in: BAR 17/2, 24-29.

STEIN D.L., 1988, Mythologische Inhalte der Nuzi-Glyptik, in: V. HAAS (Hrsg.), Hurriter und Hurritisch (Xenia. Konstanzer Althistorische Vorträge und Forschungen 21), Konstanz, 173-209.

STEINDORFF G./WOLF W., 1936, Die Thebanische Gräberwelt (Leipziger Ägyptologische Studien 4), Glückstadt und Hamburg.

STERN E., 1984, Excavations at Tel Mevorakh (1973-1976) II. The Bronze Age (Qedem 18), Jerusalem.

— 1992, Dor - the Ruler of the Seas. Ten Years of Excavations in the Israeli-Phoenician Harbor Town on the Carmel Coast (hebr.), Jerusalem.

STEVENS K.G., 1989, Eine ikonographische Untersuchung der Schlange im vorgeschichtlichen Mesopotamien, in: L. DE MEYER/E. HAERINCK (Hrsg.), Archaeologia Iranica et Orientalis. Miscellanea in Honorem Louis Vanden Berghe I, Gent, 1-32.

STEWART H.M., 1976, Egyptian Stelae, Reliefs and Paintings from the Petrie Collection I. The New Kingdom, Warminster.

STROMMENGER E./HIRMER M., 1962, Fünf Jahrtausende Mesopotamien. Die Kunst von den Anfängen um 5000 v. Chr. bis zu Alexander dem Grossen, München.

TADMOR M., 1989, The 'Cult Standard' from Hazor in a New Light, in: ErIs 20, 86-89.

TADMOR M. et al., 1986, Treasures of the Holy Land. Ancient Art from the Israel Museum, New York.

TALLQVIST K.L.,1938, [2]1974, Akkadische Götterepitheta (Studia orientalia. Helsingfors 7), Helsinki, Nachdruck Hildesheim.

TEISSIER B., 1984, Ancient Near Eastern Cylinder Seals from the Marcopoli Collection, Berkeley.

TE VELDE H., [2]1977, Seth, the God of Confusion. A Study of his Role in Egyptian Mythology and Religion (Probleme der Ägyptologie 6), Leiden.

THAUSING G./KERSZT-KRATSCHMANN T., 1969, Das grosse ägyptische Totenbuch (Papyrus Reinisch) der Papyrussammlung der österreichischen Nationalbibliothek (Schriften des Österreichischen Kulturinstituts Kairo. Archäologisch-historische Abteilung 1), Kairo.

THUREAU-DANGIN F., 1921, Rituel et amulettes contre Labartu, in: RA 18, 161-198.

THÜRLEMANN F., 1990, Vom Bild zum Raum. Beiträge zu einer semiotischen Kunstwissenschaft (Dumont Taschenbücher 244), Köln.

TIGAY J.H., 1982, The Evolution of the Gilgamesh Epic, Philadelphia.

TOSI M./ROCCATI A., 1972, Stele e altre epigrafi di Deir el Medine n. 50001-n.50262 (Catalogo del Museo Egizio di Torino II/1), Torino.

TOWERS J.R., 1931, A Syrian God and Amen-Ra?, in: Ancient Egypt 16, 75f.

TROKAY M., 1991, Les origines du dieu elamite au serpent, in: L. DE MEYER/H. GASCHE (Hrsg.), Mesopotamie et Elam. Actes de la XXXVIième Rencontre Assyriologique Internationale (Mesopotamian History and Environment. Occasional Publications I), Gent, 153-161.

TUFNELL O., 1940, Lachish II (Tell ed Duweir), London.

— 1953, Lachish III (Tell ed Duweir), London.

TUFNELL O./WARD W.A., 1966, Relations between Byblos, Egypt and Mesopotamia at the End of the Third Millenium B.C. A Study of the Montet Jar, in: Syria 43, 165-241.

UEHLINGER CH., 1990, Leviathan und die Schiffe in Ps 104,25-26, in: Biblica 71, 499-526.

— 1991, Der Mythos vom Drachenkampf. Ein biblisches Feindbild und seine Geschichte, in: Bibel und Kirche 46, 66-77.

UNGER E., 1966, Der Beginn der altmesopotamischen Siegelbildforschung. Eine Leistung der österreichischen Orientalistik (Sitzungsberichte der österreichischen Akademie der Wissenschaften - Philosophisch-historische Klasse 250/2), Wien.

VAN BUREN siehe BUREN VAN

VANDIER D'ABBADIE J., 1954, Deux tombes ramessides à Gournet-Mourraï (MIFAO 87), Le Caire.

VANEL A., 1965, L'iconographie du dieu de l'orage (Cahiers de la Revue Biblique 3), Paris.

VELDE H. TE s. TE VELDE H.

VERCOUTTER J., 1945, Les objets égyptiens et égyptisants du mobilier funéraire carthaginois (BAH 40), Paris.

VIREY PH., 1900, La tombe des vignes à Thèbes, in: Recueil de travaux relatifs á la philologie et á l'archéologie égyptiennes et assyriennes 22, 83-97.

— 1910, La religion de l'ancienne Egypte, Paris.

VOLKELT J., 1905, ^{2}1927, System der Ästhetik 1. Grundlegung der Ästhetik, München.

VYCICHL W., 1966, L'allaitement divin du Pharaon expliqué par une coutume africaine, in: Genève-Afrique 5: 261-265.

WACKER M.-TH., Kosmisches Sakrament oder Verpfändung des Körpers? "Kultprostitution" im biblischen Israel und im hinduistischen Indien. Religionsgeschichtliche Überlegungen im Interesse feministischer Theologie, in: BN 61, 51-75.

WALLERT I., 1962, Die Palme im alten Ägypten (Münchner Ägyptologische Studien 1), Berlin.

WALSER G., 1980, Persepolis. Die Königspfalz des Darius, Tübingen.

WALTERS H., 1926, Catalogue of Engraved Gems and Cameos in the British Museum, London.

WARD W.A., 1987, Scarab Typology and Archaeological Context, in: AJA 91, 507-532.

WARD W.H., 1887, The Rising Sun on Babylonian Cylinders, in: AJA 3, 50-56.

— 1910, The Seal Cylinders of Western Asia, Washington D.C.

WEBER O., 1920, Altorientalische Siegelbilder (Der Alte Orient 17-18/1), Leipzig.

WEIPPERT H., 1988, Palästina in vorhellenistischer Zeit (Handbuch der Archäologie. Vorderasien II/1), München.

WELLHAUSEN J., 1899, Zur apokalyptischen Literatur. Skizzen und Vorarbeiten VI, Berlin.

WELTEN P., 1977, Schlange, in: K. GALLING, [2]1977, 280-282.

WENNING R./ZENGER R., 1982, Der siebenlockige Held Simson. Literarische und ikonographische Beobachtungen zu Richter 13-16, in: BN 17, 43-55.

— 1986, Ein bäuerliches Baal-Heiligtum im samarischen Gebirge aus der Zeit der Anfänge Israels. Erwägungen zu dem von A. Mazar zwischen Dotan und Tirza entdeckten 'Bull Site', in: ZDPV 102, 75-86.

WESTENDORF W., 1968, Das alte Ägypten. Kunst im Bild. Der neue Weg zum Verständnis der Weltkunst, Baden-Baden.

WIGGERMANN F.A.M., 1981-1982, *Exit* Talim!: Jaarbericht van het vooraziatisch-egyptisch genootschap 'ex oriente lux' 27, 90-105.

— 1986, Babylonian Prophylactic Figures: The Ritual Texts, Amsterdam.

WILD H., 1979, La tombe de Néfer-Hotep (I) et Neb-Néfer à Deir el Médîna [No 6] et autres documents les concernant (MIFAO 103), Le Caire.

WILDUNG D., [2]1976, Staatliche Sammlung ägyptischer Kunst, München.

WILDUNG D./BURGES A., 1978, Ägyptische Malerei. Das Grab des Nacht, München.

WILDUNG D./SCHOSKE S., 1985, Entdeckungen. Ägyptische Kunst in Süddeutschland, Mainz.

WILKINSON J.G./BIRCH S., [3]1878, The Manners and Customs of the Ancient Egyptians, 3 vols., London.

WILLIAMS B.E., 1908, Cult Objects, in: H.B. HAWES et al., Vasiliki, and Other Prehistoric Sites on the Isthmus of Hierapetra, Crete, Philadelphia, 47f.

WILLIAMS-FORTE E., 1983, The Snake and the Tree in the Iconography and Texts of Syria during the Bronze Age, in: L. GORELICK/E. WILLIAMS-FORTE (eds.), Ancient Seals and the Bible, Malibu, 18-43.

WINTER U., 1986, Der "Lebensbaum" in der altorientalischen Bildsymbolik, in: H. SCHWEIZER (Hrsg.), ...Bäume braucht man doch. Das Symbol des Baumes zwischen Hoffnung und Zerstörung, Sigmaringen, 57-88.

— [2]1987, Frau und Göttin. Exegetische und ikonographische Studien zum weiblichen Gottesbild im Alten Israel und in dessen Umwelt (OBO 53), Freiburg/Schweiz-Göttingen.

WISEMAN D.J., 1962, Catalogue of the Western Asiatic Seals in the British Museum. Cylinder Seals I: Uruk - Early Dynastic Periods, London.

WOOLLEY C.L., 1934, Ur Excavations II. The Royal Cemetery, New York.

WRESZINSKI W., 1923, Atlas zur altägyptischen Kulturgeschichte I, Leipzig.

WYATT N., 1992, Of Calves and Kings: The Canaanite Dimension in the Religion of Israel, in: Scandinavian Journal of the Old Testament 6/1, 68-91.

YADIN Y., 1960, Hazor II. An Account of the Second Season of Excavations, 1956, Jerusalem.

— 1961, Hazor III-IV. An Account of the Third and Fourth Season of Excavations, 1957-1958, Jerusalem.

— 1970, Symbols of Deities at Zinjirli, Carthage and Hazor, in: J.A. SANDERS (Hrsg.), Near Eastern Archaeology in the 20th Century. Essays in Honor of Nelson Glueck, Garden City, New York, 199-231.

YEIVIN S., 1958, Jachin and Boaz, in: ErIs 5, 97-104 und 89*.

ZANDEE J., 1963, Seth als Sturmgott, in: ZÄS 90, 144-156.

ZIFFER I., 1990, At that Time the Canaanites were in the Land. Daily Life in Canaan in the Middle Bronze Age 2, 2000-1550 B.C.E., Tel Aviv.

ZIMMERN H, 1907, Sumerisch-babylonische Tamūzlieder (Berichte der (k.) sächsischen Gesellschaft der Wissenschaften - Philologisch-historische Klasse 59/4), Leipzig, 201-252.

— 1909, Der babylonische Gott Tamūz (Abhandlungen der (k.) sächsischen Gesellschaft der Wissenschaften - Philologisch-historische Klasse 27/20), Leipzig, 699-738.

ORBIS BIBLICUS ET ORIENTALIS

Bd. 33   OTHMAR KEEL: *Das Böcklein in der Milch seiner Mutter und Verwandtes*. Im Lichte eines altorientalischen Bildmotivs. 163 Seiten, 141 Abbildungen. 1980.

Bd. 34   PIERRE AUFFRET: *Hymnes d'Egypte et d'Israël*. Etudes de structures littéraires. 316 pages, 1 illustration. 1981.

Bd. 35   ARIE VAN DER KOOIJ: *Die alten Textzeugen des Jesajabuches*. Ein Beitrag zur Textgeschichte des Alten Testaments. 388 Seiten. 1981.

Bd. 36   CARMEL McCARTHY: *The Tiqqune Sopherim and Other Theological Corrections in the Masoretic Text of the Old Testament*. 280 Seiten. 1981.

Bd. 37   BARBARA L. BEGELSBACHER-FISCHER: *Untersuchungen zur Götterwelt des Alten Reiches im Spiegel der Privatgräber der IV. und V. Dynastie*. 336 Seiten. 1981.

Bd. 38   MÉLANGES DOMINIQUE BARTHÉLEMY. *Etudes bibliques offertes à l'occasion de son 60e anniversaire*. Edités par Pierre Casetti, Othmar Keel et Adrian Schenker.
724 pages, 31 illustrations. 1981.

Bd. 39   ANDRÉ LEMAIRE: *Les écoles et la formation de la Bible dans l'ancien Israël*. 142 pages, 14 illustrations. 1981.

Bd. 40   JOSEPH HENNINGER: *Arabica Sacra*. Aufsätze zur Religionsgeschichte Arabiens und seiner Randgebiete. Contributions à l'histoire religieuse de l'Arabie et de ses régions limitrophes. 347 Seiten. 1981.

Bd. 41   DANIEL VON ALLMEN: *La famille de Dieu*. La symbolique familiale dans le paulinisme. LXVII–330 pages, 27 planches. 1981.

Bd. 42   ADRIAN SCHENKER: *Der Mächtige im Schmelzofen des Mitleids*. Eine Interpretation von 2 Sam 24. 92 Seiten. 1982.

Bd. 43   PAUL DESELAERS: *Das Buch Tobit*. Studien zu seiner Entstehung, Komposition und Theologie. 532 Seiten + Übersetzung 16 Seiten. 1982.

Bd. 44   PIERRE CASETTI: *Gibt es ein Leben vor dem Tod?* Eine Auslegung von Psalm 49. 315 Seiten. 1982.

Bd. 45   FRANK-LOTHAR HOSSFELD: *Der Dekalog*. Seine späten Fassungen, die originale Komposition und seine Vorstufen. 308 Seiten. 1982. Vergriffen.

Bd. 46   ERIK HORNUNG: *Der ägyptische Mythos von der Himmelskuh*. Eine Ätiologie des Unvollkommenen. Unter Mitarbeit von Andreas Brodbeck, Hermann Schlögl und Elisabeth Staehelin und mit einem Beitrag von Gerhard Fecht. XII–129 Seiten, 10 Abbildungen. 1991. 2. ergänzte Auflage.

Bd. 47   PIERRE CHERIX: *Le Concept de Notre Grande Puissance (CG VI, 4)*. Texte, remarques philologiques, traduction et notes. XIV–95 pages. 1982.

Bd. 48   JAN ASSMANN/WALTER BURKERT/FRITZ STOLZ: *Funktionen und Leistungen des Mythos*. Drei altorientalische Beispiele. 118 Seiten, 17 Abbildungen. 1982. Vergriffen.

Bd. 49   PIERRE AUFFRET: *La sagesse a bâti sa maison*. Etudes de structures littéraires dans l'Ancien Testament et spécialement dans les psaumes. 580 pages. 1982.

Bd. 50/1 DOMINIQUE BARTHÉLEMY: *Critique textuelle de l'Ancien Testament*. 1. Josué, Juges, Ruth, Samuel, Rois, Chroniques, Esdras, Néhémie, Esther. Rapport final du Comité pour l'analyse textuelle de l'Ancien Testament hébreu institué par l'Alliance Biblique Universelle, établi en coopération avec Alexander R. Hulst †, Norbert Lohfink, William D. McHardy, H. Peter Rüger, coéditeur, James A. Sanders, coéditeur. 812 pages. 1982.

Bd. 50/2 DOMINIQUE BARTHÉLEMY: *Critique textuelle de l'Ancien Testament.* 2. Isaïe, Jérémie, Lamentations. Rapport final du Comité pour l'analyse textuelle de l'Ancien Testament hébreu institué par l'Alliance Biblique Universelle, établi en coopération avec Alexander R. Hulst †, Norbert Lohfink, William D. McHardy, H. Peter Rüger, coéditeur, James A. Sanders, coéditeur. 1112 pages. 1986.

Bd. 50/3 DOMINIQUE BARTHÉLEMY: *Critique textuelle de l'Ancien Testament.* Tome 3. Ézéchiel, Daniel et les 12 Prophètes. Rapport final du Comité pour l'analyse textuelle de l'Ancien Testament hébreu institué par l'Alliance Biblique Universelle, établi en coopération avec Alexander R. Hulst†, Norbert Lohfink, William D. McHardy, H. Peter Rüger, coéditeur†, James A. Sanders, coéditeur. 1424 pages. 1992.

Bd. 51 JAN ASSMANN: *Re und Amun.* Die Krise des polytheistischen Weltbilds im Ägypten der 18.–20. Dynastie. XII–309 Seiten. 1983.

Bd. 52 MIRIAM LICHTHEIM: *Late Egyptian Wisdom Literature in the International Context.* A Study of Demotic Instructions. X–240 Seiten. 1983.

Bd. 53 URS WINTER: *Frau und Göttin.* Exegetische und ikonographische Studien zum weiblichen Gottesbild im Alten Israel und in dessen Umwelt. XVIII–928 Seiten, 520 Abbildungen. 1987. 2. Auflage. Mit einem Nachwort zur 2. Auflage.

Bd. 54 PAUL MAIBERGER: *Topographische und historische Untersuchungen zum Sinaiproblem.* Worauf beruht die Identifizierung des Ǧabal Mūsā mit dem Sinai? 189 Seiten, 13 Tafeln. 1984.

Bd. 55 PETER FREI/KLAUS KOCH: *Reichsidee und Reichsorganisation im Perserreich.* 119 Seiten, 17 Abbildungen. 1984. Vergriffen. Neuauflage in Vorbereitung

Bd. 56 HANS-PETER MÜLLER: *Vergleich und Metapher im Hohenlied.* 59 Seiten. 1984.

Bd. 57 STEPHEN PISANO: *Additions or Omissions in the Books of Samuel.* The Significant Pluses and Minuses in the Massoretic, LXX and Qumran Texts. XIV–295 Seiten. 1984.

Bd. 58 ODO CAMPONOVO: *Königtum, Königsherrschaft und Reich Gottes in den Frühjüdischen Schriften.* XVI–492 Seiten. 1984.

Bd. 59 JAMES KARL HOFFMEIER: *Sacred in the Vocabulary of Ancient Egypt.* The Term *DSR,* with Special Reference to Dynasties I–XX. XXIV–281 Seiten, 24 Figures. 1985.

Bd. 60 CHRISTIAN HERRMANN: *Formen für ägyptische Fayencen.* Katalog der Sammlung des Biblischen Instituts der Universität Freiburg Schweiz und einer Privatsammlung. XXVIII-199 Seiten. Mit zahlreichen Abbildungen im Text und 30 Tafeln. 1985.

Bd. 61 HELMUT ENGEL: *Die Susanna-Erzählung.* Einleitung, Übersetzung und Kommentar zum Septuaginta-Text und zur Theodition-Bearbeitung. 205 Seiten + Anhang 11 Seiten. 1985.

Bd. 62 ERNST KUTSCH: *Die chronologischen Daten des Ezechielbuches.* 82 Seiten. 1985.

Bd. 63 MANFRED HUTTER: *Altorientalische Vorstellungen von der Unterwelt.* Literar- und religionsgeschichtliche Überlegungen zu «Nergal und Ereškigal». VIII–187 Seiten. 1985.

Bd. 64 HELGA WEIPPERT/KLAUS SEYBOLD/MANFRED WEIPPERT: *Beiträge zur prophetischen Bildsprache in Israel und Assyrien.* IX–93 Seiten. 1985.

Bd. 65 ABDEL-AZIZ FAHMY SADEK: *Contribution à l'étude de l'Amdouat.* Les variantes tardives du Livre de l'Amdouat dans les papyrus du Musée du Caire. XVI–400 pages, 175 illustrations. 1985.

Bd. 66 HANS-PETER STÄHLI: *Solare Elemente im Jahweglauben des Alten Testamentes.* X–60 Seiten. 1985.

Bd. 67 OTHMAR KEEL / SILVIA SCHROER: *Studien zu den Stempelsiegeln aus Palästina/Israel*. Band I. 115 Seiten, 103 Abbildungen. 1985.

Bd. 68 WALTER BEYERLIN: *Weisheitliche Vergewisserung mit Bezug auf den Zionskult*. Studien zum 125. Psalm. 96 Seiten. 1985.

Bd. 69 RAPHAEL VENTURA: *Living in a City of the Dead*. A Selection of Topographical and Administrative Terms in the Documents of the Theban Necropolis. XII–232 Seiten. 1986.

Bd. 70 CLEMENS LOCHER: *Die Ehre einer Frau in Israel*. Exegetische und rechtsvergleichende Studien zu Dtn 22, 13–21. XVIII–464 Seiten. 1986.

Bd. 71 HANS-PETER MATHYS: *Liebe deinen Nächsten wie dich selbst*. Untersuchungen zum alttestamentlichen Gebot der Nächstenliebe (Lev 19,18). XII–204 Seiten. 1990. 2. verbesserte Auflage.

Bd. 72 FRIEDRICH ABITZ: *Ramses III. in den Gräbern seiner Söhne*. 156 Seiten, 31 Abbildungen. 1986.

Bd. 73 DOMINIQUE BARTHÉLEMY/DAVID W. GOODING/JOHAN LUST/EMANUEL TOV: *The Story of David and Goliath*. 160 Seiten. 1986.

Bd. 74 SILVIA SCHROER: *In Israel gab es Bilder*. Nachrichten von darstellender Kunst im Alten Testament. XVI–553 Seiten, 146 Abbildungen. 1987.

Bd. 75 ALAN R. SCHULMAN: *Ceremonial Execution and Public Rewards*. Some Historical Scenes on New Kingdom Private Stelae. 296 Seiten, 41 Abbildungen. 1987.

Bd. 76 JOŽE KRAŠOVEC: *La justice (Ṣdq) de Dieu dans la Bible hébraïque et l'interprétation juive et chrétienne*. 456 pages. 1988.

Bd. 77 HELMUT UTZSCHNEIDER: *Das Heiligtum und das Gesetz*. Studien zur Bedeutung der sinaitischen Heiligtumstexte (Ez 25–40; Lev 8–9). XIV–326 Seiten. 1988.

Bd. 78 BERNARD GOSSE: *Isaïe 13,1–14,23*. Dans la tradition littéraire du livre d'Isaïe et dans la tradition des oracles contre les nations. 308 pages. 1988.

Bd. 79 INKE W. SCHUMACHER: *Der Gott Sopdu – Der Herr der Fremdländer*. XVI–364 Seiten, 6 Abbildungen. 1988.

Bd. 80 HELLMUT BRUNNER: *Das hörende Herz*. Kleine Schriften zur Religions- und Geistesgeschichte Ägyptens. Herausgegeben von Wolfgang Röllig. 449 Seiten, 55 Abbildungen. 1988.

Bd. 81 WALTER BEYERLIN: *Bleilot, Brecheisen oder was sonst?* Revision einer Amos-Vision. 68 Seiten. 1988.

Bd. 82 MANFRED HUTTER: *Behexung, Entsühnung und Heilung*. Das Ritual der Tunnawiya für ein Königspaar aus mittelhethitischer Zeit (KBo XXI 1 – KUB IX 34 – KBo XXI 6). 186 Seiten. 1988.

Bd. 83 RAPHAEL GIVEON: *Scarabs from Recent Excavations in Israel*. 114 Seiten. Mit zahlreichen Abbildungen im Text und 9 Tafeln. 1988.

Bd. 84 MIRIAM LICHTHEIM: *Ancient Egyptian Autobiographies chiefly of the Middle Kingdom*. A Study and an Anthology. 200 Seiten, 10 Seiten Abbildungen. 1988.

Bd. 85 ECKART OTTO: *Rechtsgeschichte der Redaktionen im Kodex Ešnunna und im «Bundesbuch»*. Eine redaktionsgeschichtliche und rechtsvergleichende Studie zu altbabylonischen und altisraelitischen Rechtsüberlieferungen. 220 Seiten. 1989.

Bd. 86 ANDRZEJ NIWIŃSKI: *Studies on the Illustrated Theban Funerary Papyri of the 11th and 10th Centuries B.C.* 488 Seiten, 80 Seiten Tafeln. 1989.

Bd. 87 URSULA SEIDL: *Die babylonischen Kudurru-Reliefs*. Symbole mesopotamischer Gottheiten. 236 Seiten, 33 Tafeln und 2 Tabellen. 1989.

Bd. 112   EDMUND HERMSEN: *Die zwei Wege des Jenseits.* Das altägyptische Zweiwegebuch und seine Topographie. XII–282 Seiten, 1 mehrfarbige und 19 Schwarz-weiss-Abbildungen. 1992.

Bd. 113   CHARLES MAYSTRE: *Les grands prêtres de Ptah de Memphis.* XIV–474 pages, 2 planches. 1992.

Bd. 114   THOMAS SCHNEIDER: *Asiatische Personennamen in ägyptischen Quellen des Neuen Reiches.* 480 Seiten. 1992.

Bd. 115   ECKHARD VON NORDHEIM: *Die Selbstbehauptung Israels in der Welt des Alten Orients.* Religionsgeschichtlicher Vergleich anhand von Gen 15/22/28, dem Aufenthalt Israels in Ägypten, 2 Sam 7, 1 Kön 19 und Psalm 104. 240 Seiten. 1992.

Bd. 116   DONALD M. MATTHEWS: *The Kassite Glyptic of Nippur.* 208 Seiten. 210 Abbildungen. 1992.

Bd. 117   FIONA V. RICHARDS: *Scarab Seals from a Middle to Late Bronze Age Tomb at Pella in Jordan.* XII–152 Seiten, 16 Tafeln. 1992.

Bd. 118   YOHANAN GOLDMAN: *Prophétie et royauté au retour de l'exil. Les origines littéraires de la forme massorétique du livre de Jérémie.* XIV–270 pages. 1992.

Bd. 119   THOMAS M. KRAPF: *Die Priesterschrift und die vorexilische Zeit. Yehezkel Kaufmanns vernachlässigter Beitrag zur Geschichte der biblischen Religion.* XX-364 Seiten. 1992.

Bd. 120   MIRIAM LICHTHEIM: *Maat in Egyptian Autobiographies and Related Studies.* 236 Seiten, 21 Tafeln. 1992.

Bd. 121   ULRICH HÜBNER: *Spiele und Spielzeug im antiken Palästina.* 256 Seiten. 58 Abbildungen. 1992.

Bd. 122   OTHMAR KEEL: *Das Recht der Bilder, gesehen zu werden. Drei Fallstudien zur Methode der Interpretation altorientalischer Bilder.* 332 Seiten, 286 Abbildungen. 1992

UNIVERSITÄTSVERLAG FREIBURG SCHWEIZ